吴德刚中国教育问题研究系列

中国教育改革发展研究

Study on China's Education Reform Development

吴德刚 ◎ 著

教育科学出版社
·北 京·

Study on China's Education Reform Development Study on China's
Education Reform Development Study on China's Education Reform
Development Study on China's Education Reform Development
Study on China's Education Reform Development Study on China's
Education Reform Development Study on China's Education Reform
Development Study on China's Education Reform Development
Study on China's Education Reform Development Study on China's
Education Reform Development Study on China's Education Reform
Development Study on China's Education Reform Development
Study on China's Education Reform Development Study on China's
Education Reform Development Study on China's Education Reform
Development Study on China's Education Reform Development
Study on China's Education Reform Development Study on China's
Education Reform Development Study on China's Education Reform
Development Study on China's Education Reform Development
Study on China's Education Reform Development Study on China's
Education Reform Development Study on China's Education Reform
Development Study on China's Education Reform Development
Study on China's Education Reform Development Study on China's
Education Reform Development Study on China's Education Reform
Development Study on China's Education Reform Development
Study on China's Education Reform Development Study on China's
Education Reform Development Study on China's Education Reform
Development Study on China's Education Reform Development
Study on China's Education Reform Development Study on China's

本书曾获
中国教育学会优秀专著奖

内容提要

本书对党的十一届三中全会以来20年教育改革的历史进程进行了全面的回顾，系统总结了改革开放以来教育改革取得的历史性成就和基本经验，分析了教育改革发展中面临的困难和问题。

具体来说，本书对教育体制改革、农村和城市教育综合改革、企业教育综合改革等宏观问题进行了专题研究；对基础教育、职业教育、成人教育、高等教育、民族教育、师范教育等各级各类教育改革进行了分类研究；对缩小我国教育的地区差距、性别差距、民族差距等问题进行了探索；对市场经济快速发展、知识经济初见端倪、经济全球化背景下的中国教育战略对策进行了思考。本书在此基础上，提出了面向21世纪中国教育改革的指导思想和原则。

Abstract

The book gives an overall picture of the historical process of twenty years' education reform ever since the Third Plenary Session of the 11th Central Committee of CPC, makes a conclusion on the historical achievements and basic experiences of the education reform ever since Reform and Opening Up, as well as analyzes the plights and problems confronted in the education reform and development.

Specifically speaking, the book makes subject studies on the macro issues such as education system reform, rural and urban education's comprehensive reform, and enterprises education's comprehensive reform. It also does classification studies on all levels and kinds of education reforms such as basic education, vocational education, adult education, higher education, national education and teachers' education. Based on the discussion on the issues of narrowing the gaps among diverse areas, different genders and nations in China and the reflection on China's educational strategies in the background of rapid developed market economy, emerging knowledge economy and global economy, the book points out the guidelines and principals of China's education reform facing the 21st century.

丛书前言

20世纪70年代末，伴随着改革开放的脚步，我开始了教育理论的学习、研究和实践，迄今已经整整32年了。

三十多年来，我先后完成了教育学专业本科、硕士七年脱产学习以及博士研究生的四年在职学习；经历了在新疆师范大学、西藏教育厅先后八年的教学工作和教育管理实践；经历了在教育部民族教育司、农村教育综合改革办公室、政策法规司、人事司等多个部门岗位的锻炼。这些经历使自己从一个缺乏系统文化知识学习的插队知青，逐步成长为具有一定理论和实践经验的教育行政工作者。

三十多年来，我常常用陶行知先生“捧着一颗心来，不带半根草去”的精神激励自己。无论是在大学里读书学习，还是在大学里教书育人，也无论是在西藏教育厅管理农牧区基础教育，还是在教育部从事教育宏观政策研究或干部人事管理工作，我自始至终对教育事业抱着神圣而庄重的情怀，并不懈地付出自己的努力，力求使自己成为教育工作的行家里手。

三十多年来，我始终以“把工作当学问做”的科学精神鞭策着自己。尤其是在教育部工作期间，伴随着不同岗位的交流，使得我对民族教育工作的特殊性、农村教育综合改革的艰巨性、政策研究与法制建设迫切性以及人事工作的敏感性与重要性都有了许多切身的感受，对政策和策略是党的生命这一科学论断有了越来越深刻的认识。也因此，每当组织安排新的岗位之后，我总会花较多的时间，对所从事的工作从科学研究层面上进行刻苦的学习、理性的思考和深入的钻研。粗算一下，过去在教育部工作的20年间，我至少把自己一半以上的休息日和节假日用在了学习和理论研究上。我坚信，干部的理论素养主要是在八小时外形成的。

这里，奉献给大家的几本书，就是我在20世纪八九十年代攻读研究生学位期间以及我在教育部工作期间完成的专题研究成果。这些成果既有潜心研究的学术专著，也有凝聚工作研究成果的编著，出版后，有的获得全国教育科学奖，有的获得吴玉章奖，有的还成为海峡两岸高等学校研究生参考书或培训教材。在此我要感谢教育科学出版社的大力支持，使这些成果能够有机会修订再版。

由于本人的水平有限，再加上著作完成的时间都比较早，这些成果仍然有很大的局限性，书中的不足也在所难免。希望广大读者给予批评。

最后，借此机会，衷心感谢所有曾经关心和支持过我的人。我深知，如果没有国家助学金的支持、没有党和人民的培养、没有无数老师们的精心教育和指导，没有中央国家机关良好的工作条件，没有领导和同事们的关心支持，自己无论如何努力也不会取得今天的进步。

吴德刚

2010年12月于北京西单大木仓胡同35号

目录

contents

总论

中国教育改革发展20年概述（1978—1998年） ………………………（3）
、中国教育改革发展的宏观背景 ………………………………（3）
二、中国教育改革发展的主要历程 ………………………………（5）
三、中国教育事业发展的历史成就 ………………………………（12）
四、中国教育改革发展的基本经验 ………………………………（17）
五、中国教育改革发展的困难与问题 ……………………………（18）

第一篇 中国教育宏观改革

第一章 中国教育体制改革 ………………………………………（23）
第一节 我国教育体制的重大变革 ………………………………（23）
第二节 办学体制改革 ……………………………………………（28）
第三节 教育管理体制改革 ………………………………………（31）
第四节 高校招生、收费和就业制度改革 ………………………（33）
第五节 校内管理体制改革 ………………………………………（36）
第六节 教育行政管理体制改革 …………………………………（37）

第二章 教育投资体制改革 ………………………………………（43）
第一节 教育投资体制的改革历程 ………………………………（43）
第二节 我国教育投资的状况分析 ………………………………（45）
第三节 教育投资体制改革的思考 ………………………………（50）

第三章　农村教育综合改革 …… (56)
第一节　农村教育综合改革历程 …… (56)
第二节　农村教育综合改革的成效和经验 …… (58)
第三节　农村教育综合改革存在的主要问题 …… (66)
第四节　开创农村教育综合改革新局面的思考 …… (68)

第四章　城市教育综合改革 …… (72)
第一节　城市教育综合改革历程 …… (72)
第二节　城市教育综合改革的成效和经验 …… (76)
第三节　城市教育综合改革存在的主要问题 …… (79)
第四节　城市教育综合改革对策的思考 …… (80)

第五章　企业教育综合改革 …… (83)
第一节　企业教育综合改革历程 …… (83)
第二节　企业教育综合改革的成效和经验 …… (86)
第三节　企业教育综合改革的总体思路、目标及对策 …… (90)

第六章　高等教育综合改革 …… (93)
第一节　高校教育综合改革历程 …… (93)
第二节　高校教育综合改革的成效 …… (94)
第三节　高校内部管理体制改革 …… (100)
第四节　高校教育综合改革的纵深发展 …… (103)

第二篇　中国各级各类教育改革

第七章　基础教育改革发展 …… (109)
第一节　基础教育改革发展历程 …… (109)
第二节　基础教育改革发展的成就 …… (116)
第三节　基础教育存在的难点和热点问题 …… (120)
第四节　基础教育改革发展原则的思考 …… (124)

第八章　职业教育改革发展 …… (130)
第一节　职业教育改革发展历程 …… (130)
第二节　职业教育改革发展的主要成效 …… (131)

第三节 职业教育改革发展的主要问题 …………………………… (136)
第四节 深化职业教育改革发展的思考 …………………………… (137)

第九章 成人教育改革发展 ………………………………………… (142)
第一节 改革开放初期的工农教育和职工教育 ………………… (142)
第二节 成人教育的改革与发展成就 ……………………………… (144)
第三节 "基本扫除文盲"工作的历程与成效 ………………… (149)
第四节 成人教育工作的对策思考 ………………………………… (154)

第十章 高等教育改革发展 ………………………………………… (156)
第一节 高等教育改革的主要措施 ………………………………… (156)
第二节 高等教育改革发展的成就 ………………………………… (166)
第三节 高等教育存在的主要问题 ………………………………… (168)
第四节 加快我国高等教育改革和发展的对策思考 …………… (170)

第十一章 民族教育改革发展 ……………………………………… (174)
第一节 民族教育的改革发展历程 ………………………………… (174)
第二节 民族教育改革发展的成就和经验 ……………………… (175)
第三节 民族教育改革发展存在的主要问题 …………………… (178)
第四节 民族教育改革发展战略对策的思考 …………………… (179)

第十二章 师范教育改革发展 ……………………………………… (188)
第一节 师范教育改革发展历程 …………………………………… (188)
第二节 师范教育改革发展的主要成效 ………………………… (190)
第三节 师范教育改革发展存在的问题 ………………………… (192)
第四节 师范教育改革发展的对策思考 ………………………… (195)

第三篇 中国教育发展不均衡问题的研究

第十三章 中国教育发展地区差距的研究 ………………………… (205)
第一节 本课题的研究意义 ………………………………………… (205)
第二节 我国教育发展地区差距的现状分析 …………………… (206)
第三节 形成教育发展地区差距的主要原因分析 ……………… (211)
第四节 解决我国教育发展地区差距的对策建议 ……………… (213)

第十四章　中国教育发展性别差距的研究 …… (216)
第一节　改革开放以来女性教育的发展变化 …… (216)
第二节　我国教育发展性别差距的分析 …… (217)
第三节　教育性别差距形成的主要原因 …… (219)
第四节　加强女性教育的几点思考 …… (220)

第十五章　中国教育发展民族差距的研究 …… (224)
第一节　不平衡性：我国民族发展的一个重要特征 …… (224)
第二节　各民族间教育发展的差距分析 …… (225)
第三节　少数民族与全国教育发展平均水平的差距 …… (227)
第四节　我国各少数民族地区间的教育发展差距 …… (229)
第五节　形成我国各民族教育发展差距的原因分析 …… (230)
第六节　缩小各民族间教育发展差距的对策思考 …… (232)

第十六章　中国教育发展城乡差距的研究 …… (234)
第一节　改革开放以来城乡差距的变化 …… (234)
第二节　我国农村教育事业的基本情况 …… (235)
第三节　我国城乡教育差距简要分析 …… (239)
第四节　制约城乡教育差距的主要因素及对策思考 …… (240)

第四篇　21世纪中国教育改革发展展望

第十七章　我国教育改革发展面临的机遇与挑战 …… (245)
第一节　当前教育改革发展面临的机遇 …… (245)
第二节　当前教育改革发展面临的挑战 …… (248)

第十八章　教育改革与市场经济 …… (250)
第一节　经济改革与教育改革 …… (250)
第二节　市场经济体制的特征及对教育改革的影响 …… (252)

第十九章　教育改革与知识经济 …… (259)
第一节“知识经济”的由来及其特征 …… (259)
第二节　知识经济的兴起给教育带来的挑战 …… (260)

第二十章 教育改革与社会主义初级阶段的基本国情 ……………… (263)
第一节 初级阶段的基本国情是教育改革发展的基础 …………… (263)
第二节 我国社会主义初级阶段教育的基本特征 ………………… (266)

第二十一章 实施科教兴国战略，促进教育发展的宏观思考 ……… (269)
第一节 实施科教兴国战略的重大意义 ………………………… (269)
第二节 加快实施科教兴国步伐，促进教育改革的思考 ………… (273)

第二十二章 进一步深化教育改革的指导思想和基本原则 ………… (277)
第一节 面向21世纪教育改革的指导思想 ……………………… (277)
第二节 面向21世纪教育改革的基本原则 ……………………… (278)

参考文献 ……………………………………………………… (286)

后 记 ……………………………………………………… (288)

总 论

中国教育改革发展20年概述
(1978—1998年)

20年前，党的十一届三中全会重新确定了解放思想、实事求是的思想路线，实现了党的工作重点转移，使中国在结束了10年“文化大革命”后，走上了改革开放的道路，开创了建设中国特色社会主义的伟大历史时期。20年岁月，只是人类历史长河的一个瞬间，然而20年间中国改革的深度、广度和力度都是空前的，改革所取得的成就举世瞩目。党的十一届三中全会以来20年的改革历史，是中国社会主义建设史上最有魅力的篇章之一。

改革是开创性的事业，又是复杂而艰难的事业。随着改革的不断深入，不可避免地触及深层次的问题，诸如改变传统的观念，改变已有的利益格局等。因此，中国改革的道路将是漫长而曲折的。

20年来，教育改革作为整个改革的重要组成部分，同样取得了历史性的成就。随着21世纪的到来以及建立社会主义市场经济提出的要求，未来教育改革和发展变得更加迫切。即将到来的21世纪将是充满了更多机遇和挑战的世纪，信息社会和知识经济时代的出现，将给人们的生产、生活、学习乃至思维方式等带来深刻的影响，从而也对教育提出了新的、更高的要求。党的“十五大”进明确指出，要努力造就数以亿计的高素质的劳动者和千万计的专门技术人才，广大教育工作者肩负着神圣的历史使命。

在这样的历史时刻，客观地总结改革开放20年来中国教育改革发展的成就与经验，找出问题和不足，进一步深化教育改革，尽快地提高整个中华民族的科学文化素质，是摆在广大教育工作者面前的重要任务，也是需要在理论上深入研究和探讨的问题。

一、中国教育改革发展的宏观背景

十一届三中全会以来中国教育改革发展的20年，是同我国整个社会政治、经济、科技的改革发展密切联系在一起的。20 年来，政治、经济、科技的改革和发展变化，不断对教育改革和发展提出新的要求，同时也为教育改革和发展提供了丰富的机遇和强大的动力。特别是进入 20 世纪 90 年代以来，随着我国政治体制的进一步完善、经济体制由计划经济向市场经济转轨以及科技体制改革的不断深化，使我国教育改革发展的步伐随之加快。

第一，十一届三中全会以来的政治环境及政治体制改革，为教育改革发展创造了良好的社会环境，并对教育体制改革产生了积极影响。

——实现了政治思想路线的根本性转变，长期以来给党和国家政治生活带来极大危害的“左”的流毒彻底得到了清算，实事求是，改革开放、建设中国特色社会主义的思想路线已深入人心。

——20 年间党和国家政治局势稳定，党中央顺利实现了第二代领导集体与第三代领导集体的交替。

——20 年间，我国政治体制改革不断深入，决策的科学化、民主化水平不断提高。

——民族区域自治制度日趋完善，各民族人民团结一心，欣欣向荣。

——1997 年我国正式恢复了对香港行使主权。这一切都为我国教育的进一步改革和发展，奠定了良好的政治基础，创造了稳定的社会环境。

第二，改革开放 20 年来，我国经济建设迅速发展，经济实力不断增强，国际地位显著提高。

——中国的国内生产总值（GDP）1978 年为 3 654 亿元人民币，到 1997 年达到 78 973 亿元人民币，比 1978 年增长二十多倍，经济总量已居世界第 7 位，增长速度居世界首位。

——据国家统计局提供的数字，按当年人民币对美元的平均汇率计算，1997 年中国 GDP 为 9020 亿美元，1979—1997 年，中国经济的年均增长率为 9.8%，比同期世界经济年均增长率高 6.5 个百分点。

——我国主要工农业产品产量居世界前列。1978—1997 年，中国煤炭和布匹产量始终保持世界首位；谷物、棉花、油菜籽、猪牛羊肉、钢、水泥和电视机 8 种产品分别由第 2—16 位上升至世界第 1 位；发电量和化肥产量分别由第 7 位和第 4 位升至第 2 位；原油产量由第 8 位升至第 5 位。

——在对外贸易方面，1978 年我国外贸总额位居世界第 29 位。到 1997 年，进出口贸易总额达 3 251 亿美元，比 1978 年扩大 17.7 倍，年均增长

15.6%，列世界第10位。中国的外汇储备1978年仅有1.67亿美元，到1997年底达1 399亿美元，稳居世界第2位。

——改革开放前，中国利用外资几乎为零。而改革开放以来，中国实际利用外资总额达3 483.5亿美元。1993年后，中国吸收外国资金总额已连续5年保持全球第2位（仅次于美国）。此外，1997年中国旅游外汇收入达121亿美元，比1978年增长45倍，位居世界第8位。①

改革开放以来，我国经济的快速、持续发展，既为教育改革发展，提供了强大的物质基础，同时也对教育提出了挑战、增加了动力。

第三，改革开放以来，我国科技事业发生了重大变化。

——党的十一届三中全会以来，科技工作的重要地位进一步得到落实，党中央、国务院制定了一系列有利于科技事业发展的政策。

——加强了科技队伍的建设，党和国家投入巨额资金，培养了大批科技人才，1997年国有企事业单位的专业技术人员达到2 600多万人。

——20年来，我国科技总体水平显著提高，重大科技成果层出不穷。仅1979—1993年，全国累计取得重大科学研究成果227 932项，其中获国家奖励的发明共2 488项。

科技的发展，一方面促进了对教育事业培养人才的需求；另一方面也在科学技术方面，影响了教育手段的改进。

二、中国教育改革发展的主要历程

党的十一届三中全会以来，我国教育改革发展大体经历了三个主要阶段。

（一）第一阶段：1978年12月—1985年5月

这一时期教育改革发展的主要特征是，在十一届三中全会精神的指引下，教育战线进一步解放了思想，端正了路线，教育事业得到了全面恢复、调整和整顿，在调整中某些单项的改革开始起步。

这一时期教育改革和发展涉及的主要内容包括以下内容。

① 数据来源于中华人民共和国国家统计局公布的“改革开放三十年经济社会发展成就系列报告”。

1. 继续拨乱反正，端正思想路线，彻底推翻“两个估计”，清除“左”的思想对教育思想带来的影响。

在教育战线广泛深入开展关于真理标准问题的讨论，打破了思想僵化状态。1980 年教育部召开了全国教育工作会议，总结了新中国成立 30 年来的教育工作经验，并指出清除四人帮“左”的思想对教育战线的影响是一项艰巨的任务。

2. 恢复教育事业

恢复高考使停顿了近十年之久的大批学校重新恢复正常教学，1978 年 12 月，经国务院批准，恢复和增设了普通高等院校 169 所，恢复了高等学校研究生招生制度，建立了我国学位制度；与此同时，学校的思想政治工作得到恢复和加强，教育部还加强了各级各类学校的教学工作，组织了大中小学教材的统一编写，修订、调整并颁发了大中小学的教学计划（试行草案）。此外，还加强和整顿了师资队伍，恢复了师范教育，强化了学校管理制度建设。

3. 普及教育工作再次引起了重视

1980 年 12 月，中共中央、国务院发布了《关于普及小学教育若干问题的决定》。各级党委和政府把普及教育工作列入重要议事日程。

4. 农村教育改革开始起步

1983 年 5 月，中共中央、国务院发出《关于加强和改革农村学校教育若干问题的通知》（以下简称《通知》），针对农村经济的变革，该《通知》要求“各级党委和政府必须充分认识加强和改革农村学校教育、提高农村文化水平的重要性和紧迫性，认清教育在农村现代化建设中的地位和作用”。

（二）第二阶段：1985 年 5 月—1992 年 10 月

以 1985 年 5 月党中央、国务院召开全国教育工作会议并作出《中共中央关于教育体制改革的决定》（以下简称《决定》）为重要标志，教育体制进行了全面的改革，教育事业得到迅速、健康的发展。具体表现在以下几点。

1. 中共中央作出关于教育体制改革的决定，指明了教育改革的方向，描绘了我国教育改革发展的宏伟蓝图

第一，《决定》指出了我国教育事业的落后和教育体制的弊端：①在教

育事业管理权限的划分上，政府有关部门对学校主要是对高等学校统得过死，使学校缺乏应有的活力；而政府应该加以管理的事情，又没有很好地管起来。②在教育结构上，基础教育薄弱，学校数量不足、质量不高，合格的师资和必要的设备严重缺乏，经济建设大量急需的职业和技术教育没有得到应有的发展，高等教育内部的科系、层次比例失调。③在教育思想、教育内容、教育方法上，从小培养学生独立生活和思考的能力很不够，发挥立志为祖国富强而献身的精神很不够，生动活泼地用马克思主义思想教育学生的方法很不够。不少课程内容陈旧，教学方法死板，实践环节不被重视，专业设置过于狭窄，不同程度地脱离了经济和社会发展的需要，落后于当代科学文化的发展。中央认为，要从根本上改变这种状况，必须从教育体制入手，有系统地进行改革。

第二，《决定》提出了进行教育改革应遵循的指导方针，即“教育必须为社会主义现代化建设服务，教育必须同生产劳动相结合，培养德、智、体全面发展的建设者和接班人”的方针。《决定》指出，教育体制改革的根本目的是提高民族素质，多出人才，出好人才。

第三，《决定》提出了教育体制改革的具体对策和措施：①实施九年制义务教育，实行基础教育由地方负责、分级管理。②大力发展职业技术教育。中央认为，职业技术教育是我国整个教育事业最薄弱的环节，一定要采取切实有效的措施改变这种状况，力争有一个大的发展。③要改革大学招生和毕业生分配制度，扩大高校的自主权。④简政放权，加强党和政府对教育工作的领导，成立国家教育委员会。

1985 年《中共中央关于教育体制改革的决定》的颁布，是我国教育发展改革史上的一个重要里程碑。第一，它与同一时期中央作出的《关于经济体制改革的决定》《关于科技体制改革的决定》共同组成我国新时期经济、社会整体发展的宏伟蓝图。第二，《中共中央关于教育体制改革的决定》对于实现 1987 年党的“十三大”提出的我国经济建设转移到依靠科技进步和提高劳动者素质的轨道上来的第二次战略转移，起到了重要的基础和推动作用。第三，《中共中央关于教育体制改革的决定》为后来制定的《中国教育改革和发展纲要》以及《中华人民共和国教育法》奠定了重要基础，在指导思想上起到了定向作用。邓小平同志曾指出：“教育体制改革的决定草案，我看是个好文件。现在，纲领有了，蓝图有了，关键是要真正重视，扎扎实实地抓，组织好施工。”《决定》颁布之后，在全社会引起了极大的反响，有力地推动了教育事业的发展。

2. 颁布《中华人民共和国教育法》，实施九年制义务教育

1986年4月12日，第六届全国人民代表大会第四次会议通过了《中华人民共和国义务教育法》（以下简称《义务教育法》），并决定于当年7月1日起实施。《义务教育法》的颁布，开辟了我国立法机关制定单项教育立法之先河，它以法律的形式确定了我国义务教育制度，标志着我国基础教育开始走上依法治教的轨道。

《义务教育法》规定了我国义务教育的性质，义务教育的入学年龄和学习期限；适龄儿童、少年的权利和义务，适龄儿童、少年的父母（包括继父母）或监护人的义务；还规定了社会和国家在义务教育中的义务；规定了义务教育的管理体制，规定了义务教育的实施步骤及有关法律规定。

3. 以基础教育管理体制改革为主，对基础教育实行了全面整体改革

第一，以《决定》为起点，对我国基础教育管理体制进行了重大改革，根据该《决定》和《义务教育法》正式确立的“基础教育实行地方负责、分级管理”的原则，在全国加大了基础教育改革的力度。除基础教育的大政方针和宏观规划由中央决定外，具体政策、制度、计划的制定和实施以及对学校的领导、管理和检查，其责任和权力都交给各级地方政府。基础教育管理体制的改革，有力地调动了各级地方政府主要是县乡两级政府、企事业单位和广大人民群众的办学积极性，有力地改善了办学条件，促进普及九年制义务教育的实施。

第二，对基础教育的校内管理体制进行了改革。在进行试点的基础上，肯定并推广了一些学校形成的“校长负责制”“教师聘任制”“岗位责任制”等合理制度建设的成功经验。

第三，进一步改革和完善了基础教育的招生考试制度。从1985—1988年，连续4次发文要求各地在已经普及初中教育的地方，试行小学毕业生就近直接升入中学，不再举行升学考试。1985年，原国家教委开始在上海、浙江等地试行了普通高中毕业会考制度。

第四，加大了基础教育“六、三”和“五、四”学制的对比实验，召开了“全国学制改革经验交流会”；为了逐步改革以升学为中心的课程模式，1989年制订了《九年制义务教育小学、初中课程计划》和新的各科教

学大纲，1990年颁布了《现行普通高中教学计划的调整意见》；此外还召开了九年义务教育教材编写规划会议，编写了多套新教材。

4. 有计划地组织实施了农村教育综合改革和城市教育、企业教育综合改革

1986年以来，原国家教委在全国范围内选择了若干地区进行了教育综合改革试点工作。其中农村教育综合改革的成效最为明显。农村教育综合改革的实施，有力地促进了农村教育更好地为农村经济建设服务。到20世纪90年代，全国进行农村教育综合改革的试点县已达到六百多个，其中国家级试点县116个，省（市、自治区）级试点县540个。与此同时，原国家教委还分别在全国一百多个大中城市以及102个大型国营企业进行了城市教育综合改革和企业教育综合改革。

5. 高等教育的改革全面展开

1985年以后，为了使高等教育更好地适应新时期“四化”建设对人才的需要，进一步提高高等教育的质量和水平，按照《决定》的有关精神，高等教育进行了一系列的改革。

一是改进和加强了高等学校思想政治工作。二是调整了高校的科类专业结构，加强了文科教育的比重；改善了高教的层次结构，加强了专科教育；增设了应用文、理科专业和新兴边缘学科专业。三是高等教育体制改革力度加强。在管理体制上，进一步强调了扩大高校的办学自主权。1986年，国务院发布了《高等教育管理职责暂行规定》，划分了中央各部之间、中央与地方之间在管理高等教育方面的权限、职责，在试点的基础上，1990年10月，原国家教委发布了《普通高等学校评估暂行规定》，加强了对高校的宏观管理；在高校内部的管理体制上，1989年，中央决定高等学校基本实行党委领导下的校长负责制，并继续进行部分校长负责制的试点，同时在学校内部人事、财务、教学、科研等方面，要求高校从实际出发，大胆改革探索有利于高教发展的路子；在办学体制上，1988年5月，国务院办公厅转发了国家教委《关于推动联合办学和校际协作若干问题的意见》，推动了跨部门、跨地区的联合办学和高等学校之间的协作；在招生制度上，采取了国家指令性计划与调节性计划（包括委托培养等）相结合，改变了过去统一录取的办法，实行了“学校录取、招办监督”的新体制，并试招收中学保送生；在毕业生分配制度上，扩大了学校的分配权限，试行了

“供需见面”的办法和进行了招聘考核录用的改革试点，分配中的指令性计划逐渐减少，指导性计划增加；在教学过程的改革上，狠抓了教学质量工作，1998 年，又颁布了新修订的《普通高校本科专业目录》及教学计划；改革了教学管理制度和人才培养模式。四是进一步完善了学位制度，加强了研究生教育的改革。

6. 职业技术教育改革发展取得显著成就，我国教育结构得到优化

1985 年《中共中央关于教育体制改革的决定》强调指出，职业技术教育是当前我国整个教育事业最薄弱的环节，一定要采取切实有效的措施改变这种状况，力争职业技术教育有一个大的发展。1991 年 10 月，国务院又作出关于大力发展职业技术教育的决定。上述两个《决定》的颁布推动了职业教育改革的全面展开。一是中等教育突破了单一结构模式，逐步形成了基础教育和职业技术教育“双轨”并行的格局；二是加强和改进了职业技术培训的形式，实行“先培训，后上岗”；三是改革了中等专业教育的领导管理体制和招生分配制度，强调扩大学校的办学自主权，面向农村的农业中专学校采取特殊的招生和分配办法。1988 年 4 月，国家教委等 8 部委联合发出《关于农业中等专业学校招收农村不包分配班的若干规定》；四是改进各类职业学校的教学内容和教学方法，推广了教学、技术（社会）服务、生产实践相结合的办学路子和农村职中“上挂、横联、下辐射”的办学经验。

7. 成人教育和扫盲教育得到全面促进

1986 年，我国召开了新中国成立以来第一次全国成人教育工作会议。1987 年 6 月，国务院批转了国家教委《关于改革和发展成人教育的决定》，强调要充分调动举办成人教育的积极性，把开展岗位培训作为成人教育的重点。同时，采取了有力措施，加快扫盲工作的进度。1988 年国务院发布了《扫除文盲工作条例》，同年，国家教委召开了全国扫除文盲工作会议，制定了全国扫盲规划的总目标。1991 年 10 月，国家教委又签发了《关于进一步加强扫除文盲工作的意见》，提出了高标准扫盲的目标。

8. 建立了我国教育督导制度

为了加强对我国教育工作的督导检查，国家教委于 1986 年 9 月设立了督导司，并设置了总督学、副总督学，建立了省、地、县三级教育督导机构；1990—1991 年，对全国 29 个省（区、市）的基础教育工作进行了督

察；1991 年，国家教委颁布了《教育督导暂行规定》。

此外，这一阶段在师范教育、少数民族教育等方面也都进行了较系统的改革。

（三）第三阶段：1992 年 10 月—1998 年

以邓小平同志 1992 年春视察南方和同年 10 月党的“十四大”召开为标志，中国的经济体制进入了建立社会主义市场经济体制的新阶段。与此同时，中国的教育改革发展也进入了一个新的、更加富有生机和活力的时期。

这一阶段教育改革发展的主要特点是，为使教育的改革发展更加适应建立社会主义市场经济的需要，党中央、国务院更加重视对教育工作的领导；加快了依法治教的步伐，教育法制建设取得较大进展；从改革的层面看，教育改革由过去的单项改革转向综合配套改革，原国家教委组织实施的农村教育、城市教育、企业教育综合改革向纵深发展；从改革的深度看，越来越涉及体制范畴等方面的深层次问题的改革；各级各类教育事业的规模发生了非常大的变化。

在此阶段，中共中央、国务院于 1993 年 2 月印发了《中国教育事业和发展纲要》（以下简称《纲要》），《纲要》对建设有中国特色的社会主义教育体制进行了整体性的设计，是指导新时期乃至 21 世纪初我国教育工作的纲领性文件。

以党的“十四大”精神为指导，从我国的国情出发，根据我国现代化建设对教育工作的要求，《纲要》明确了 20 世纪 90 年代乃至 21 世纪初教育工作的主要任务，即“两基”（基本普及九年义务教育、基本扫除青壮年文盲）、“两全”（全面贯彻党的教育方针、全面提高教育质量）、“两重”（建设一百所左右重点大学和一批重点学科），使全民教育水平有明显提高，形成有中国特色的、面向 21 世纪的社会主义教育体系的基本框架。在结构选择上，以九年义务教育为基础，大力加强基础教育，积极发展职业技术教育、成人教育和高等教育，把提高劳动者素质，培养中初级人才摆在突出的位置。

《纲要》还明确指出了 20 世纪 90 年代乃至 21 世纪初教育工作的重点。

1. 深化改革

《纲要》提出，在 20 世纪 90 年代，随着经济体制、政治体制和科技体制改革的深化，教育体制改革要采取综合配套、分步推进的方针，加快步伐，改革在计划经济体制下形成的包得过多、统得过死的体制，初步建立起与社会主义市场经济体制、政治体制和科技体制改革相适应的教育新体制。

2. 加强师资队伍建设

《纲要》指出，振兴民族的希望在教育，振兴教育的希望在教师。要下决心、采取重大政策和措施，提高教师的社会地位，大力改善教师的工作、学习和生活条件，努力使教师成为最受人尊重的职业，努力建设一支具有良好政治业务素质、结构合理、相对稳定的教师队伍。

3. 改革和完善教育投资体制

《纲要》指出，要增加教育经费，拓宽筹措教育经费的来源渠道，提高教育经费的使用效益，从物质上保证20世纪90年代教育任务的顺利完成。

《纲要》进一步绘制了我国教育改革和发展的蓝图，必将加速我国社会主义教育现代化的进程，产生越来越重要的影响。

三、中国教育事业发展的历史成就

党的十一届三中全会以来的20年，我国教育事业稳步发展，取得了历史性的成就。

（一）全国教育发展的总体水平大幅度提高

教育人口：1998年，全国教育人口总数为3.3亿人，占全国人口的26.7%。

国民平均受教育年限：1997年，全国15岁及以上人口平均受教育年限为7.08年，比1990年时的6.42年提高了10.28个百分点。

入学学龄人口入学率：按各地不同学制和入学年龄计算，1998年小学学龄儿童入学率为98.92%，比1978年提高了4.9个百分点。

文盲人口及文盲率：1997年全国文盲人口为1.45亿人，总人口文盲率已由1982年的22.81%下降为12.01%；其中青壮年文盲人口3 755万，青壮年文盲率由1982年时的18.5%下降至5.5%。

初中、高中、大学入学率：1997年各级学校学龄人口毛入学率分别是：初中（12—14岁）87.1%；高中（15—17岁）40.6%；大学（18—21

岁）7.6%。

各级学校毕业生升学率：1997 年各级学校升学率分别是：小学 93.7%；初中 51.5%；普通高中 48.6%。

人口受教育程度：1997 年全国每十万人中接受过各级教育的人分别为大专以上的2065 人，比 1982 年上升 1350 人；高中 8282 人，比 1982 年上升 1503 人；初中 27283 人，比 1982 年上升 9391 人；小学 38441 人，比 1982 年上升 3204 人。

（二）基础教育

1. 中小学规模

改革开放以来，特别是 1985 年《中共中央关于教育体制改革的决定》颁发后，中国基础教育实行了"地方负责，分级管理"的新体制，极大地调动了各级政府和广大人民群众的办学积极性，基础教育得到了长足发展。到 1997 年全国中小学学校数已有 71 万所，在校生人数达到 2 亿人。

2. 九年义务教育进展

1986 年，国家颁发了《义务教育法》，开始在全国有计划有步骤地实施九年义务教育。到 1997 年，全国共有小学约 63 万所，在校学生 1.40 亿人，全国小学学龄儿童入学率达到 98.9%，在 90% 以上的人口地区已经普及初等教育；全国共有初级中学 64762 所，在校生 5167.79 万人，初中毛入学率达 87.1%，比 1978 年增加了近 20 个百分点；大中城市基本普及了初级中等教育，全国城乡和男女童入学率的差距逐步缩小（表 1）。

表 1　小学、初中入学率

年　份	小学入学率（%）	初中入学率（%）
1978	94.0	66.4
1992	97.2	71.8
1998	98.9	87.3

1998 年全国普及九年义务教育的人口覆盖率达到 73% 以上，"普九"验收的县（市、区）总数达到 1882 个，有 9 个省市已按要求全部实现"普九"和扫盲。

3. 特殊教育

1997 年，全国特殊教育学校达 1440 所，在校生达 34.06 万人，分别为 1978 年的 4.93 倍和 11.01 倍。

4. 学前教育

1997 年，全国的幼儿园总数达到 18.25 万所，在园幼儿（包括学前班）2518.96 万人，分别比 1978 年增长了 1.14 倍、3.38 倍。幼儿毛入学率达到 39.7%。比 1978 年提高了 25 个百分点。①

（三）职业技术教育

1. 中等职业教育的规模

党的十一届三中全会以来，中等技术教育发展变化很大。到 1997 年全国中等职业技术学校已达到 17116 所，在校生 1089.5 万人，分别为 1978 年的 2.7 倍和 6.4 倍。

2. 高中阶段教育中职业技术教育的结构变化

到 1997 年高中阶段职业技术教育规模已超过普通高中规模。1997 年高中阶段职业技术教育的招生人数和在校生人数占高中阶段教育总数的比例分别达到 56.3% 和 56.2%。

改革开放近 20 年，中等职业技术教育的蓬勃发展为经济和社会发展输送了大量适用人才，共培养中级技术人才 2632.76 万人。

（四）高等教育

1. 本专科教育规模

改革开放以来，中国高等教育事业获得长足发展，已形成了多层次、多形式、学科门类基本齐全的高等教育体系。到 1997 年，全国已有普通高等学校和成人高等学校共 2127 所，其中普通高等学校为 1020 所。本、专科在校生规模已达到 589.83 万人。

2. 本专科层次结构

20 世纪 80 年代以来，为了多出人才，快出人才，更好地满足经济建设的需要，国家加大了专科教育招生力度，高等教育专科比例明显加大，教

---

① 数据来源于《1997 年全国教育经费执行情况统计公告》，教财［1998］第 14 号。

育层次结构逐步趋于合理。

3. 本专科学科结构

随着国家经济和社会的发展，高等教育学科比例有所调整，应用学科比例明显提高。

4. 学位及研究生教育

1980年2月，全国人大常委会审议通过了《中华人民共和国学位条例》，建立了学士、硕士、博士三级学位制度。原国家教委据此制定了研究生培养和学位授予等一系列规章制度，研究生的培养能力显著增强，规模不断扩大。到1997年，全国已有研究生培养机构735个（包括普通高校和科研机构），在校研究生17.63万人（其中：博士3.99万人，硕士13.64万人）。从1981—1997年，全国共培养博士学位研究生近3.6万余人，培养硕士学位研究生38万人。

5. 高级专门人才培养

自1977年国家恢复高校招生考试制度以来，全国共培养高级专门人才1528.53万人。其中近6年，共培养734.78万人。

（五）少数民族和妇女教育

改革开放以来，我国少数民族教育迅速发展，到1997年全国独立设置的民族中小学25635所，民族高等学校13所。在全国小学、中学和高等学校中少数民族学生分别达到1248.25万人，426.86万人和21.68万人，分别为1978年的1.6倍、1.7倍和6.0倍。内蒙古、宁夏、新疆、广西、西藏、贵州、云南、青海8个民族自治区和多民族聚居地学龄儿童入学率逐步提高。

改革开放以来，我国妇女教育状况发生了很大变化（表2）。

表2　各级学校女生比例变化情况

年　份	小学入学率（%）	初中入学率（%）	大学入学率（%）
1978	44.9	41.4	24.1
1992	46.6	43.3	33.7
1997	47.6	48.5	37.3

（六）教师队伍建设

1. 教师规模

新中国成立以后，国家十分重视教师的培养和培训。1993 年国家颁布了《中华人民共和国教师法》，为教师的培养与提高提供了法律保障。1997 年，全国已有高等师范学校 232 所，在校生 64.3 万人，中等师范学校 892 所，在校生 91.1 万人。各级师范院校新教师的年培养量达到 48.3 万人。1997 年，全国各级各类学校专任教师已达 1098.65 万人（表 3）。全国的高校师资培训交流中心、教育学院、教师进修学校共同负担在职教师培养提高的任务。到 1997 年全国已建成 35 个高等学校师资培训交流中心，229 所教育学院，2142 所教师进修学校。

表 3　1997 年全国教师人数（万人）

普通学校	高等学校	40.25
	中等学校	430.12
	初等学校	579.36
成人学校	高等学校	10.02
	中等学校	32.47
	初等学校	6.43

2. 师资水平

近年来，教师队伍整体素质明显提高，中小学教师达到国家规定的合格学历标准的比例不断上升。高等学校专任教师中具有中、高级专业技术职务教师的比重增加。

（七）教育经费投入和办学条件改善发生了很大变化

改革开放以来，教育事业成为国民经济发展的战略重点。通过建立以政府财政拨款为主，其他多种渠道为辅的经费筹措体制，教育经费获得较大增长。到 1997 年，全国教育经费支出总计已达 2531.73 亿元，其中财政性教育经费总支出 1862.54 亿元，占教育经费总支出的比例为 73.57%。国家财政性教育经费支出中，财政预算内教育拨款 1357.73 亿元，占教育经费总支出的 53.63%。国家财政性教育经费支出占国民生产总值（GNP）的比重为2.49%。

到1997年，全国各级各类学校校舍面积总计达126.198万平方米。比1992年增加33.128万平方米，增长35.6%。到1997年，全国普通高校有固定资产839.42亿元，教学仪器设备值218.68亿元，图书4.83亿册。

四、中国教育改革发展的基本经验

党的十一届三中全会以来，我国的教育改革及教育事业发展取得了巨大成就，同时也创造和积累了一些基本的、具有普遍性和规律性的宝贵经验。

这些基本经验主要是以下方面。

第一，必须切实保证教育优先发展的战略地位。教育是实施科教兴国战略和最终实现社会主义现代化目标的基础，落实教育优先发展战略地位，关键是各级党委和政府的主要领导要坚持以邓小平教育理论为指导，以政治家的战略眼光和胆识切实重视教育，亲自抓好教育。改革开放20年来，凡是领导重视、措施得力的地方，教育改革搞得就好，事业发展速度就快。

第二，必须全面贯彻党和国家的教育方针，坚持教育的社会主义方向，全面提高教育质量和办学效益，培养德智体全面发展的建设者和接班人。

第三，教育改革发展必须遵循教育自身的基本规律，围绕社会主义建设的中心任务，正确处理好教育与经济、政治、科技发展的关系。即必须坚持教育为社会主义现代化建设服务，自觉地服从和服务于经济建设这一中心任务，促进社会的全面进步。

第四，必须提高社会的重教意识，调动全社会一切积极力量，支持和关心教育改革和发展。在坚持政府办学为主的前提下，要充分发挥社会各方面和人民群众办学的积极性；在经费投入上，坚持以政府投入为主，多渠道筹措教育经费的教育投入体制。

第五，必须依靠广大教育工作者的力量，特别是要充分调动教师的积极性。广大教职员工是教育改革和事业发展的具体实践者，只有不断地提高他们的社会地位和自身的政治业务素质，努力改善他们的工作、学习和生活条件，才能保证教育改革和事业发展目标的实现。

第六，必须从全局出发，进行整体的、综合性的改革。在教育的外部，要努力使教育改革与政治经济、科技体制的改革相协调，在教育的内部，要加强基础教育、职业教育、成人教育、高等教育等各类教育的统筹，使之协调发展，实现教育结构的优化和最佳效益。从教育事业的全局出发，进行整体的，综合性的改革，也是我国农村教育综合改革和城市教育综合改革十多年的实践中取得的成功经验。

第七，必须坚持实事求是的思想路线，从我国的国情出发，因地制宜，分类指导，分区规划，按照统一性与多样性相结合的原则，走一条符合我国和各地区实际的教育发展路子。

第八，必须坚持教育的改革开放，努力改革教育体制、教育结构、教学内容和教学方法，大胆吸收和借鉴人类社会的一切文明成果，勇于创新，大胆实践，不断改革与完善社会主义教育制度。

第九，必须走依法治教的道路，不断加强教育法制建设。

上述宝贵经验的取得，是20年来在党中央、国务院的正确领导下不断改革和探索的结果，是广大教育工作者大量心血和汗水的结晶，是我国教育改革发展史上的宝贵财富。这些经验必将对我国今后的教育改革和发展产生重要的指导作用。

五、中国教育改革发展的困难与问题

（一）真正落实科教兴国战略地位的任务还十分艰巨

目前，仍有一些地区和部门对中央所提出的科教兴国战略存在着认识不到位、行动不到位、政策措施不到位的情况，与“使科教兴国战略真正成为全民族的广泛共识和实际行动”的要求仍有距离，教育优先发展的战略地位还没有真正得到落实；教育体系内部在促进社会全面进步、促进社会主义精神文明建设，教育与科技、经济的结合方面，尚缺乏更有力的推动和大的举措。

（二）教育改革的整体水平仍然滞后，不能全面适应社会主义市场经济发展的要求

教育体制上还存在着条块分割、力量分散、层次偏低、效益不高等问题，教育与经济“两张皮”的现象还很普遍；基础教育片面追求升学率的倾向仍然十分严重；高教管理体制改革有待进一步深化，学科专业设置不

合理，办学体制改革仍需大力推动；大中专学校招生与毕业分配制度改革有待进一步深化。

（三）教育观念、教育内容和教学方法等还不能适应现代化建设的需要

基础教育阶段学生负担过重，教材内容偏于陈旧、繁琐等问题仍有待解决；现行教育在科学素质的养成、创新意识和创造能力的培养以及复合型人才的培养等方面与知识经济时代提出的新的挑战有较大差距。

（四）教育的结构、效益、质量乃至数量总体上还都不能适应社会主义现代化建设及人民群众对教育日益增长的要求

在提高国民素质和培养专门人才特别是培养创新拔尖人才方面，现行教育还远不能适应落实科教兴国战略的要求，目前十分有限的教育资源和教育条件难以满足人民群众高质量、多层次的教育需求。

（五）教育与科技、经济的结合仍然不够

高校在创新能力，产、学、研结合与高新技术产业化方面，思想还不够解放，改革力度还不到位，关系尚未彻底理顺。教育面向经济建设主战场的渠道不够畅通，政策尚不配套。

（六）教育投入严重不足，效益不高仍然是制约教育改革发展的瓶颈

教育经费短缺，是长期以来制约我国教育改革发展的主要矛盾之一。尽管近年来党中央、国务院采取了一系列的措施，但仍然没有从根本上改变教育经费不足的状况，尤其在农村和贫困地区更为严重。“教育财政拨款的增长应当高于财政经常性收入的增长”的原则尚未落实；教育经费占国内生产总值的比重，徘徊不前，完成《中国教育改革发展纲要》所提出的“逐步提高国家财政性教育经费支出占国民生产总值的比例，20 世纪末达到4%”的目标难度很大。教育经费的投入总量不足，直接带来了生均公用教育经费不足，局部地区教师工资拖欠问题以及学校乱收费等一系列派生性问题，部分问题在农村更为突出。

（七）农村教育亟待进一步深化改革，需要把办学目标转移到主要为当地社会经济、政治、文化建设服务兼顾升学的轨道上来

农村教育是我国教育的大头，是普及义务教育的重点和难点。当前农村教育存在的突出问题仍然是办学指导思想脱离农村实际，很多地方农村的教育没有很好地与当前的生产劳动结合起来，教育在农村经济发展和社会全面进步中，没有发挥应有的作用。

第一篇

中国教育宏观改革

第一章
中国教育体制改革

教育体制是一个国家在一定政治、经济制度和科技发展水平基础上建立起来的办学形式、层次结构、组织管理和相对稳定的教育模式。就产生和发展而言，教育体制要受到社会政治、经济、科技、民族、历史传统等诸多因素的制约，它是社会发展到一定历史阶段的产物，又随着社会各种条件的变化而发展。

第一节　我国教育体制的重大变革

一、计划经济体制下的教育体制

改革开放前的 25 年（1953—1978 年）我国一直实行的是计划经济体制。

发生在 1929—1933 年的世界性经济危机，使资本主义发达国家遭受了巨大冲击，其滞后效应对世界经济产生了长期影响，也暴露了市场经济的弊端；而苏联在实行计划经济的最初二三十年取得了举世瞩目的成就。所以，当时不仅新成立的社会主义国家普遍实行计划经济体制，而且许多资本主义国家学者也纷纷研究计划经济条件的作用和凯恩斯主义的国家干预问题，提倡搞好宏观调控，弥补市场的欠缺和不足。在这种大的国际环境下，新中国作为以公有制为基础的社会主义国家，确立计划经济的体制是理所当然的。

新中国成立以后，除了要迅速恢复国民经济、保障人民最低的基本生活需要外，面临的主要任务是要集中必要的人力、财力和物力，进行重点建设，大力发展工业，改变旧中国遗留下来的不合理的产业结构。实行高度集中的计划经济体制，是实现新中国经济建设战略目标的最有效保证手段。实践证明，新中国成立初期实行高度集中的计划经济体制对恢复和加速国民经济发展起到了不可忽视的积极作用。

实行计划经济管理的基本原则是统一计划、分级管理，直接计划和间接计划相结合。计划经济管理的主要方法和要求，是通过自上而下颁发计划数字，自下而上编制和呈报计划草案，自上而下批准和下达计划任务，实现综合平衡。国家通过部门计划系统（条条）和地方计划系统（块块），来指导和管理全国的经济和社会发展工作。在这种计划管理体制下，国家经济运行和社会运转形成了行业、地方两大体系并存的模式。受经济体制的影响，教育资源的布局和结构也形成了“条、块”并存的格局。

在计划经济体制下，教育资源结构布局的模式与计划经济体制相辅相成。从办学体系、投资体制、管理体制、招生规模和程序、教学内容、培养模式以及毕业生就业制度等，都由政府包揽，这种体制总体特征可以归结为一个“包”字，即国家包办各级教育，对学校包投资、包经费，对学生包培养、包就业。客观地讲，这种由国家包下来的体制在历史上确实发挥过积极作用，但其弊端又很明显。一方面，国家难以承受各级教育规模持续扩大带来的财政需要，从而阻碍了各级教育达到应有的发展程度；另一方面，国家“包”得过多必然带来政府“统”得过死，学校基本上没有办学自主权，毕业生基本上没有自主择业权，导致教育缺乏生机和活力，影响办学水平的提高，难以适应市场经济运行的客观要求。

就高等教育而言，我国原有的高等教育管理体制，是一种国家集中计划、中央政府各个部委（俗称“条”）和省级政府（俗称“块”）分别投资办学和直接管理的体制。从办学体制和经费隶属关系来看，中央部委所属高校三百多所，其中教育部 35 所，地方政府所属院校七百多所。这种“条”“块”结合相互交叉又自成体系的办学体制，是计划经济体制下经济运行体系的翻版。这种体制在新中国成立初期所起的积极作用在于：①使国家在短时间内集中有限的财力办成了一批高等院校，建立了比较完整的教育体系并培养了大批人才；②通过行业办学，形成了学科门类齐全、与经济发展和产业政策紧密相关的人才培养模式，快速适应了国民经济发展的需要；③调动了企业办学的积极性，加速了各级教育的发展。但久而久之，这种体制却逐步衍化成“条”“块”分割、自成体系、封闭发展的格局。系统之间、院校之间甚至同一院校的系科之间重复建设、自成体系，资源浪费严重，办学效益低下。

随着在以市场取向的经济改革中，由原来的以“条条”为主逐步转化为主要由“块块”来规划和组织国民经济的发展，行业发展规划对国民经济的引导性作用日益削弱，行业主管部门与企业经济运行逐步脱离，对企业的制约作用已经消失，行业所属教育机构的发展失去了原有的依托，发展陷入困境。但随着国家经济发展规模和现代化进程的迅速提高，社会对高等教育的发展提出了更高的要求，而原有的在历史上发挥过重要作用的高等教育管理体制难以适应时代的要求，“条”“块”分割的弊端及其所带来的问题日趋严重。

表 1－1　按管理体制区分的高等学校情况（1992 年）

隶属关系	校数（所）	在校生数（万人）	校均规模（人）	教师数（万人）	生师比
全国合计	1065	253.7	2381	38.8	6.54
教委所属	36	25.5	7103	4.75	5.37
部委所属	325	85.5	2625	14.1	6.06
地方所属	704	142.7	2026	19.9	7.17

在计划经济体制下，学校教育的培养模式和教学内容，完全按既定的模式安排和执行，从专业设置到教材选用都由国家计划指定，特别是教学内容已形成固定模式，几十年一贯制，严重滞后于社会发展实际。事实上，在国家经济发展和社会进步的推动下，学校教育也进行过一些改进，例如缩短了学制，增设了专业等。但这种计划经济思路下的改革往往不能摆脱国家包办的思想束缚，结果是专业设置越来越细，人才培养模式是越来越专，越来越死。据统计，我国普通高等学校专业设置数量，1956 年为 313 个，1985 年增加到 823 个，1990 年为 841 个，经过调整合并到 1996 年是 798 个，专业划分过细，学生所学知识面越来越窄，不能适应社会实际需要。教学方法侧重于知识的传授，信息量大，但创新意识差，动手能力差，不利于学生的创造性思维的培养。

二、改革开放以来，我国教育体制的变革

我国教育体制改革进程实现实质性推进有两个阶段：一是在十一届三中全会以来，特别是以 1985 年中共中央作出《关于教育体制改革的决定》为标志，到 1992 年初，改革的重点是筹措教育经费的多渠道、招生和就业制度“双轨”制以及政府放权等主要内容；二是以邓小平同志南巡讲话、“十四大”的召开到 1993 年党中央、国务院印发《中国教育改革和发展纲要》乃至党的“十五大”召开为标志，教育改革开始以改革教育制度为重点，以建立适应社会主义市场经济体制需要的新教育体制为目标。

改革开放以来，教育体制的改革经历了以下变化。

（一）计划经济条件下传统教育模式解体

自 1978 年以来，随着经济体制改革的不断深入，我国在教育体制方面进行了一系列重大改革，办学体制、管理体制、培养模式、就业方式等都进行了全面改革，改革的基本特点是从高度集权的计划管理体制转向国家计划与市场调节相结合的过渡体制。其变革主要表现在以下几方面。

1. 办学体制的改革

在计划经济时代，学校全部由国家举办。改革开放以后，逐步形成了以国家办学为主体，国家、集体和个人多渠道举办教育的局面。在国家法律和政策范围内，社会力量举办教育机构，已经形成一种对国家办学体制的补充。目前，由社会力量和个人举办的高等教育机构已经达到一千多所，与政府举办的普通高校、成人高校在数量上等量齐观。尽管其培养规模还远达不到政府办学的规模但毕竟已打破了国家包办教育机构的体制，形成了灵活的办学机制。

2. 经费管理方式的变革

我国的教育过去一直由国家包办，教育经费基本全部由国家承担，每年以政府财政拨款的形式对教育资源进行计划配置。这种投资体制长期以来掩盖了教育投资特别是高等教育投资是一种生产性投资的属性，割断了投资行为与经济运行的联系，变成了一项纯粹的社会公益事业。结果不仅国家的财力不堪重负，而且由于高度集权式的投资体制造成了学校过于依赖国家的支持，缺乏办学主动性。学校在抱怨政府投入不足、要求增加资

金的同时，又普遍存在着管理不善、浪费惊人的情况。因此教育投资管理体制也必须相应进行改革。

改革开放以来，国家对教育经费管理体制进行了一系列改革。从办学主体和投资主体上来说，这一系列措施改变了高度集中的政府包办体制，逐步形成了以政府办学和投资为主、同时鼓励社会力量（集体与个人）和多渠道筹措教育经费的新机制。

3. 招生培养模式的“双轨”制改革

长期以来，我国教育机构对人才培养规模和培养模式一直是计划配置的方式。无论是高等教育还是基础教育，招生的条件和数量都由政府统一计划管理。以高等教育为例，1977 年恢复高考以后，一直实行全国统一考试，严格按计划名额组织招生。随着改革开放的进一步深入，1988 年以后，逐步实行了“国家任务计划”和“调节性计划”相结合的新机制，学校在完成国家任务招生以后，可以根据实际情况扩大培养规模，招收自愿负担一定培养成本的、具备学校升学条件的学生。此举打破了教育界长期以来僵化的办学模式，为将市场经济机制进入教育领域以及后来全面推行的招生就业改革起到了示范性先导作用。

4. 就业方式的改革

计划经济体制下，人力资源配置是国家进行资源基础性配置的重要内容之一。国家对高、中等教育人才的培养实行计划培养、计划使用，毕业生全部由国家包就业。改革开放以后，逐步实行了一部分学生（“国家任务”招生）由国家计划安排就业，一部分学生（“调节性计划”学生）在一定范围内选择就业的就业政策。后来，又进一步发展为一部分学生在国家政策指导下双向选择就业，一部分学生自主择业的新体制。国家计划包办就业的体制完全被打破，为以后高、中等学校毕业生“缴费上学，自主择业”新体制的形成奠定了基础。

（二）社会主义市场经济条件下教育体制的转型

江泽民同志在“十五大”报告中明确指出：社会主义市场经济是公有制为基础的、多种所有制经济共同发展的经济制度。从有计划的商品经济到社会主义市场经济，国家经济体制步入了实质性转轨，教育体制的改革也同时进入了转型时代。

一是资金渠道多元化，打破了国家包办教育的格局。逐步形成了国家财政拨款和征收教育费附加为主，辅之以收取非义务教育阶段学生杂费、校产收入、社会集资和设立教育基金等多种渠道筹措教育资金的新机制。

二是办学体制的多元化。随着市场经济体制的建立，办学主体和形式越来越多元化。逐步实行了以政府办学为主、社会各界共同参与办学，公办与民办共同发展的新体制。对民办教育提出了“积极鼓励、大力支持、正确引导、加强管理”的发展方针。1993 年以来，仅登记注册的民办高等教育机构就有一千多所，政府包揽办学的格局有了根本转变。办学形式也越来越灵活多样，有学历教育与非学历教育、全日制教育与业余培训、面授教育与远程教育、职前教育与继续教育等，已经形成了一套形式多样、灵活多变、适应社会需求的完整的教育体系。

三是表现为招生培养制度的双轨制。在招生培养形式方面，有国家严格管理的学历教育体系，也有根据市场需求自我调整的业余培训体系。研究生教育实行“国家任务计划”和“调节性计划”的双轨制；普通高等教育实行国家计划管理的本科学历教育和一定范围内市场调节的高等职业教育双轨制；中等职业教育实行“缴费上学，自主择业”的市场运作机制。

四是人才培养模式和专业结构多样化。适应市场经济发展的需要，人才培养模式和专业结构趋向多样化，计划经济模式下分工细致的专业结构逐步放弃，培养灵活、通用、适应面广的复合型人才成为市场经济条件下教育发展的最终目的。

第二节　办学体制改革

从新中国成立到 1978 年改革开放以前，我国的办学体制比较单一，基本由国家包办。改革开放以后，国家单一办学的体制越来越不适应形势的需要，其弊端也越来越明显地表现出来。

一、《中共中央关于教育体制改革决定》颁布后的办学体制改革

1985 年，《中共中央关于教育体制的决定》的颁布（以下简称《决

定》)，标志着我国教育体制改革全面展开。针对长期以来基础教育办学体制单一的弊端，《决定》指出："地方要鼓励和指导国营企业、社会团体和个人办学，并在自愿的基础上，鼓励单位、集体和个人捐资助学，但不得强迫摊派。"关于发展职业技术教育，《决定》指出："发展职业技术教育，要充分调动企事业单位和业务部门的积极性，并且鼓励集体、个人和其他社会力量办学。要提倡各单位和部门自办、联办或与教育部门合办各种职业技术学校。"

《决定》还指出："为了调动各级政府办学的积极性，实行中央、省(自治区、直辖市)、中心城市三级办学的体制。中央部门和地方办的高等学校，要优先满足主办部门和地方培养人才的需要，同时要发挥潜力，接受委托，为其他部门和单位培养学生，积极倡导部门、地方之间联合办学。"

二、《中国教育改革和发展纲要》的颁布及其办学体制改革思路

1993 年 2 月，中共中央印发了《中国教育改革和发展纲要》(以下简称《纲要》)。根据社会主义市场经济建设的新要求，《纲要》提出了办学体制改革的方向和具体目标。《纲要》指出，"办学体制改革的目标是改变政府包揽办学的格局，逐步建立以政府办学为主体、社会各界共同办学的体制。在现阶段，基础教育应以地方政府办学为主；高等教育要逐步形成以中央、省（自治区、直辖市）两级政府办学为主、社会各界参与办学的新格局；职业技术教育和成人教育主要依靠行业、企业、事业单位办学和社会各方面联合办学。"

《纲要》还在总结近年来各地依靠社会力量办学经验的基础上提出："国家对社会团体和公民个人依法办学，采取鼓励、大力支持、正确引导、加强管理的方针。国家欢迎港、澳、台同胞、海外侨胞和外国友好人士捐资助学。在国家有关法律和法规的范围内进行国际合作办学。"

三、《社会力量办学条例》把我国办学体制改革推向了新阶段

党的十一届三中全会以来，特别是 1992 年邓小平同志南巡讲话和党的"十四大"以来，我国社会力量办学发展非常迅速。截至 1997 年底的统计

数字表明：我国经教育行政部门审批设立的社会力量举办的教育机构5万余所，其中幼儿园24600余所，小学1800余所，普通中学1700余所，职业中学近700所，中等专业学校1000余所，具有颁发文凭资格的民办高校22所，高等教育学历文凭考试试点学校157所，不具颁发学历文凭资格的民办高等教育机构1095所，其他教育机构2万余所。1997年社会力量举办的各类教育机构在校生约1600万人，拥有资产近2000亿元人民币。改革开放以来，社会力量办学的发展对于满足经济和社会对教育的需求，繁荣教育事业，促进教育体制改革，发挥着积极、重要的作用。

为了适应我国办学体制改革的变化，鼓励社会力量办学，维护举办者、学校及其他教育机构、教师及其他教育工作者、受教育者的合法权益，促进社会力量办学事业健康发展，1997年7月31日国务院颁布了《社会力量办学条例》（以下简称《条例》）。《条例》的颁布，标志着我国社会力量办学步入了一个依法办学、依法管理、健康发展的新阶段。

《条例》强调了国家将继续坚持“积极鼓励、大力支持、正确引导、加强管理”的工作指导方针。《条例》就社会力量办学的发展和审批标准、收费管理、教学质量、内容管理体制等问题，从五个方面作出了具体规定。一是明确“社会力量举办的教育机构应当遵守法律、法规，贯彻国家的教育方针，保证教育、教学质量”。二是坚持社会力量办学不以营利为目的的公益性原则，完善财产、财务管理制度。教育机构在办学过程中应当按照国家规定收取费用，其收支结余应归教育机构集体所有，不得归举办者所有；教育机构停办，其剩余财产返还或折价返还举办者投入后，由审批机关统筹安排，用于发展社会力量办学事业。三是重申教育机构的审批将严格以教育机构的设置条件、设置标准为依据，符合国家利益和社会公共利益以及合理的教育结构和布局的要求。四是为保证教学质量，《条例》明确规定社会力量举办的中小学应当按照国家规定的课程计划和教学大纲实施教育、教学，选用经教育行政部门审定的教材；教育机构聘任的教师应当符合国家规定的任职资格和任职条件。五是明确社会力量办学单位自主权的同时，强调建立、健全教育机构内部决策、执行、监督的管理体制和内部运行机制，实行民主管理。

第三节 教育管理体制改革

与办学体制相关联，改革开放前我国的教育管理体制带有很强的计划经济的痕迹。全国各级各类学校，上至高等院校、研究生院，下至小学、幼儿园，都是由中央政府统筹管理，事关教育的一切重大问题的决策权，均集中到上级教育管理部门。可以说，改革开放前的教育管理体制带有较强的集权特征。

改革开放以后到1985年以前，我国的整个教育事业处于调整和恢复时期，在“文化大革命”中被破坏了的教育管理体制也在逐步恢复和重建之中。随着20世纪80年代初各项社会改革的进行，原有教育体制存在的弊端也越来越突出，改革的方向越来越明确。

一、《中共中央关于教育体制改革的决定》对我国教育管理体制进行了重大改革

1985年5月，中共中央作出的《关于教育体制改革的决定》分别就我国基础教育管理体制、高等教育管理体制、政府与学校、中央与地方政府等一系列关系，提出了改革的目标和任务。

关于基础教育管理体制改革，《决定》指出，“实行基础教育由地方负责、分级管理”的原则，这是发展我国教育事业、改革我国教育体制的基础环节。《决定》指出，“基础教育管理权属地方，除大政方针和宏观规划由中央决定外，具体政策、制度、计划的制订和实施以及对学校的领导、管理和检查、责任和权力都交给地方省（市、区）、县乡分级管理的职责如何划分，由省、自治区、直辖市决定”。中等及中等以下教育，由地方政府在中央大政方针的指导下，实行统筹和管理。国家颁发基本学制、课程设置和课程标准、学校人员编制标准、教师资格和教工基本工资标准等规定，省、自治区、直辖市政府有权确定本地区的学制、年度招生规模，确定教学计划，选用教材和审定省编教材，确定教师职务限额和工资水平等。省以下各级政府的权限，由省、自治区、直辖市政府确定。

关于高等教育管理体制改革，《决定》指出：“当前高等教育体制改革

的关键，就是改变政府对高等学校统得过多的管理体制，在国家统一的教育方针和计划的指导下，扩大高等学校的办学自主权，加强高等学校同生产、科研、社会其他各方面的联系，使高等学校具有主动适应经济和社会发展需要的积极性和能力。”

二、《中国教育改革和发展纲要》提出了新时期教育管理体制改革目标

1993 年 2 月中共中央和国务院印发的《中国教育改革和发展纲要》（以下简称《纲要》）从社会整体改革的思路出发，强调了在建立社会主义市场经济过程中，进行教育体制改革的重要性及其目标。

（一）加快城乡中等及中等以下教育管理体制改革

《纲要》指出，积极推进农村教育、城市教育和企业教育综合改革，促进教育同经济、科技的密切结合。县、乡两级政府要把教育纳入当地经济、社会发展的整体规划，分级统筹管理基础教育、职业技术教育、成人教育，统筹规划经济、科技、教育的发展，促进“燎原计划”与“星火计划”、“丰收计划”的有机结合，落实科教兴农战略。要积极推进城市教育综合改革，探索城市教育管理的新体制。

同时指出，中等及中等以下各类学校实行校长负责制。校长要全面贯彻国家的教育方针和政策，依靠教职员工办好学校。

还提出支持和鼓励中小学同附近的企业事业单位、街道或村民委员会建立社区教育组织，吸引社会各界支持学校建设，参与学校管理，优化育人环境，探索出符合中小学特点的教育与社会结合的形式。

（二）深化高等教育体制改革

《纲要》指出，进行高等教育体制改革，主要是解决政府与高等学校、中央与地方、国家教委与中央各业务部门之间的关系，逐步建立政府宏观管理、学校面向社会自主办学的体制。

在政府与学校的关系上，要按照政事分开的原则，通过立法，明确高等学校的权利和义务，使高等学校真正成为面向社会自主办学的法人实体。要在招生、专业调整、机构设置、干部任免、经费使用、职称评定、工资

分配和国际合作交流等方面，分清不同情况，进一步扩大高等学校的办学自主权。学校要善于行使自己的权力，承担应负的责任，建立起主动适应经济建设和社会发展需要的自我发展、自我约束的运行机制。

政府要转变职能，由对学校的直接行政管理，转变为运用立法、拨款、规划、信息服务、政策指导和必要的行政手段，进行宏观管理。要重视和加强决策研究工作，建立有教育和社会各界专家参加的咨询、审议、评估等机构，对高等教育方针政策、发展战略和规划等提出咨询建议，形成民主的、科学的决策程序。

在中央与地方的关系上，进一步确定中央与省（自治区、直辖市）分级管理、分级负责的教育管理体制。中央直接管理一部分关系国家经济、社会发展全局并在高等教育中起示范作用的骨干学校和少数行业性强、地方不便管理的学校。在中央大政方针和宏观规划指导下，对地方举办的高等教育的领导和管理，责任和权力都交给省（自治区、直辖市）。按照这个精神，中央要进一步简政放权，扩大省（自治区、直辖市）的教育决策权和包括对中央部门所属学校的统筹权。省（自治区、直辖市）在充分论证、严格审议程序，自行解决办学经费，以及统筹中央和地方所属高校毕业生就业去向的条件下，有权决定地方高等学校招生规模和专业设置。设置高等学校，由全国高等学校设置评议委员会评议，国家教委审批。

在国家教委与中央业务部门的关系上，国家教委负责统筹规划、政策指导、组织协调、监督检查、提供服务。中央业务部门要加强对本行业人才预测和规划，协助国家教委指导本行业人才培养工作，负责管理其所属学校，包括在国家宏观指导下，决定所属学校的招生规模、专业设置、经费筹措、学生就业等。随着中央业务部门职能的转化和政企分开，中央业务部门所属学校要面向社会，其办学体制和管理体制区分不同情况，采取继续由中央部门办、中央部门和地方政府联合办、交给地方政府办、企业集团参与和管理等不同办法。目前先进行改革试点，逐步到位。

第四节　高校招生、收费和就业制度改革

粉碎“四人帮”之后，在邓小平同志的亲自关心下，中共中央正式作

出了改革招生制度的决定。1977 年 10 月 12 日，国务院批准教育部《关于 1977 年高等学校招生工作的意见》，恢复了高等学校统一招生考试的制度。1978 年，高校招生进一步实行了全国统一命题，由省、市、自治区组织考试、评卷和录取。至此，全国高校统一招生制度全面实现。

一、十一届三中全会以来的招生制度改革

1977 年以后，全国统一招生制度的恢复，对于提高高等院校的生源质量、恢复高校的正常秩序以及为国家经济建设培养大批高级专门人才，起到了积极的作用。但是，随着我国经济体制、政治体制和科技体制的不断改革，国家统一招生制度上存在的一些弊端也有所暴露。党的十一届三中全会以来，对普通高校的统一招生制度进行了初步的改革。

其具体措施包括以下几点：一是改变了过去只有国家计划招生的单一形式，实行国家计划招生、用人单位委托培养、自费生三种计划形式；二是在高中会考的基础上，改革高考分类及科目设置；三是进行了标准化考试的试点，以减少测量误差；四是开始招收中学保送生，鼓励中学生刻苦学习，德、智、体全面发展；五是改革了录取体制，逐步实行了“学校负责，招办监督”的录取体制，在一定程度上保证了分数面前人人平等的相对公平的竞争机制。

1985 年颁布的《中共中央关于教育体制改革的决定》进一步指出：“要改革大学招生的计划制度和毕业生分配制度。”

二、《中国教育改革和发展纲要》关于招生和毕业生就业制度改革的思路

1993 年 2 月印发的《中国教育改革和发展纲要》进一步强调要改革高等学校的招生和毕业生就业制度。

《纲要》指出，改变全部按国家统一计划招生的体制，实行国家任务计划和调节性计划相结合。在现阶段，国家仍要提出指导性的宏观调控的招生总量目标，并通过国家任务计划重点保证国家重点建设项目、国防建设、文化教育、基础学科、边远地区和某些艰苦行业所需要的专门人才。在保证完成国家计划的前提下，逐步扩大招收委托培养和自费生的比重，这部分调节性计划由学校及其主管部门根据社会需求和办学条件确定。

改革学生上大学由国家包下来的做法，逐步实行收费制度。高等教育是非义务教育，学生上大学原则上均应缴费。设立贷学金，对家庭经济有困难的学生提供帮助；国家、企事业单位、社会团体和学校均可设立奖学金，对品学兼优的学生和报考国家重点保证的、特殊的、条件艰苦的专业学生给予奖励。

改革高等学校毕业生“统包统分”和“包当干部”的就业制度，实行少数毕业生由国家安排就业，多数由学生“自主择业”的就业制度。近期内，国家任务计划招收的学生，原则上仍由国家负责在一定范围内安排就业，实行学校与用人单位“供需见面”，落实毕业生就业方案，并逐步推行毕业生与用人单位“双向选择”的办法；委托和定向培养的学生按合同就业；自费生自主择业。随着社会主义市场经济体制的建立和劳动人事制度的改革，除对师范学科和某些艰苦行业、边远地区的毕业生，实行在一定范围内定向就业外，大部分毕业生实行在国家方针政策指导下，通过人才劳务市场，采取“自主择业”的就业办法。与此相配套，建立人才需求信息、就业咨询指导、职业介绍等社会中介组织，为毕业生就业提供服务。

三、高等院校的招生“并轨”改革

1994 年，原国家教委在较大范围内进行了高等院校招生“并轨”的改革试点。在取得成功经验的基础上，1995 年开始在全国推进“并轨”工作。

高校招生“并轨”的基本内容和做法是：以全国统一的入学文化考试成绩为选择新生的主要手段，录取时不再划几条分数线，只划定一个最低控制分数线，不再实行降低分数标准录取委托培养学生和自费生的办法。同时在保证质量的前提下，对在培养人才方面有特殊要求的高等学校，经原国家教委批准，可以按系统或地区，联合或单独组织入学考试。

高校招生并轨相对于双轨招生而言，突出了它“一种招生计划、一个收费标准、一个录取分数线”的特点。换言之，就是各并轨学校实行的是一种招生计划形式，不再有国家任务计划和调节性计划（委培及自费）之分；“并轨”招生的学校实行一个收费标准，不再有公费生和自费生之分；每所并轨招生学校录取时只划定一个最低控制分数线，不再按公费生和自费生依次划定。

1998 年底，教育部决定进一步对高校招生工作进行改革。改革的基本思路是：按照“有利于高校选拔人才，有利于中学实施素质教育，有利于扩大高校办学自主权”的原则，进行四个方面的改革。第一，科目设置的改革是推行“3＋X”科目设置的模式。其中，“3”主要是语、数、外，随着中学素质教育的开展，语、数、外将实行文理不分科。“X”要体现高校办学的自主权，高校需要什么就考什么，对专业的特殊要求要在“X”中体现出来，“X”的选择权应更多地交给学校，让它们根据自身的办学性质、层次、专业特点等来选择。因此，“X”可能是1个或2个科目，也可能是综合测试。第二，考试内容的改革。这是整个高考改革的重点。高考内容应体现出对知识综合运用能力的测试，考试内容应既源于教材又高于教材，强调能力考查，以利于中学素质教育的开展和学生创新能力的培养。第三，高考形式的改革。第四，录取手段的改革。录取手段现代化的突破口是计算机网上录取，1998年教育部在广西、天津进行了试点，取得了很好的经验，1999年将增加北京、上海、四川、辽宁4个省市进行试点。①

第五节　校内管理体制改革

党的十一届三中全会之后，随着我国基础教育工作的调整和恢复，中小学内部管理体制改革问题逐步提上议程。改革涉及中小学校内领导体制、人事管理制度、工资分配制度等诸多方面。《中共中央关于教育体制改革的决定》对学校内部管理体制改革的有关内容作了规定。一是强调“学校要逐步实行校长负责制”；二是“学校要建立以教师为主体的教职工代表大会制度，加强民主管理和民主监督”。

进入20世纪90年代以来，中小学校内管理体制改革进一步深化。《中国教育改革和发展纲要》强调指出，“要积极推进以人事制度和分配制度改革为重点的学校内部管理体制改革”。

在合理定编的基础上，对教职工实行岗位责任制和聘任制，在分配上按照工作实绩拉开差距。改革的核心在于运用正确的政策导向、思想教育和物质激励手段，打破平均主义，调动广大教职工积极性，转换学校内部

① 具体可参见《中国教育报》（1998年11月4日）。

运行机制，提高办学水平和效益。

《纲要》还强调指出：中小学逐步实行教师资格制度和职务等级制度。

改革开放以来，高校内部管理体制改革围绕校内人事、分配、住房及保险福利制度等方面展开。

第六节 教育行政管理体制改革

一、改革开放以前，国家教育行政管理体制的变革

新中国成立初期，政务院下设了文化教育委员会和教育部（教育部是政务院领导下负责全国教育事宜的专门行政机构；文化教育委员会对教育部负有指导责任）。

1952 年，政务院调整机构：从教育部中分设出高等教育部，体育运动委员会和扫盲工作委员会。

1954 年，国务院成立，撤销了文化教育委员会，设立文教办公室。扫盲工作委员会并入教育部。

1958 年，教育部与高等教育部合并。部内设 16 个工作职能部门，还设有教育行政学院、出版社、研究所等直属机构。

1963 年，国务院又分设教育部与高等教育部。1966 年，国务院决定，教育部与高等教育部再合并。

“文化大革命”初期，教育部正常工作受到严重影响。

1970 年，国务院成立科教组负责管理全国教育。

1975 年，撤销科教组，恢复了教育部，但机构偏少。

1977 年，国务院调整和加强了教育部内组织机构。

二、改革开放以后，国家教育行政管理体制的变革

1982 年，国务院机构调整改革，教育部继续负责全国教育工作。部内设 21 个主要机构。另设中央教育科学研究所、中央教育行政学院、电化教育馆、人民教育出版社等十多个直属单位。

1985 年，党中央、国务院决定成立国家教育委员会，以加强党和政府

对教育工作的领导。教委内设23个职能司局。

1989年，国务院批转的国家教育委员会“三定”方案，确立国家教委内设23个职能司局，机关行政定编1000人（包括工勤人员）。

1993年，国务院批转国家教委内设24个职能司局，机关行政定编877人。

1998年，国家教育委员会更名为教育部，内设21个能职司局，机关行政编制人数470人。

按照新一届政府机构改革精神，教育部的主要职责是以下内容。

1. 研究拟定教育工作的方针、政策；起草有关教育的法律、法规草案。

2. 研究提出教育改革与发展战略和全国教育事业发展规划；拟定教育体制改革的政策以及教育发展的重点、结构、速度，指导并协调实施工作。

3. 统筹管理本部门教育经费；参与拟定筹措教育经费、教育拨款、教育基建投资的方针、政策；监测全国教育经费的筹措和使用情况；按有关规定管理国外对我国的教育援助、教育贷款。

4. 研究提出中等和初等教育各类学校的设置标准、教学基本要求、教学基本文件；组织审定中等和初等学校的统编教材；指导中等及中等以下各类教育的教育教学改革；组织对普及九年义务教育、扫除青壮年文盲工作的督导与评估。

5. 统筹管理普通高等教育、研究生教育以及高等职业教育、成人高等教育、社会力量举办的高等教育、成人高等教育自学考试和继续教育等工作。研究提出高等学校设置标准，审核高等学校的设置、更名、撤销与调整；制定学科专业目录、教学基本文件，指导高等学校教育教学改革和高等教育的工作；负责“211工程”的实施和协调工作。

6. 统筹和指导少数民族教育工作，协调对少数民族地区的教育援助。

7. 规划并指导高等学校的党建工作和各级各类学校的思想政治工作、品德教育工作、体育卫生与艺术教育工作及国防教育工作。

8. 主管全国的教师工作，制定各级各类教师资格标准并指导实施；研究提出各级各类学校的编制标准；统筹规划学校教师和管理人员的队伍建设工作。

9. 统筹管理各类高等学历教育的招生考试工作；制订各类高等学校招生计划；负责各类高等学历教育的学籍管理工作；归口管理高校毕业生就

业制度改革，拟定高校毕业生就业政策，组织实施高校毕业生就业分配工作。

10. 规划并指导高等学校的自然科学和哲学、社会科学研究；宏观指导高等学校的高技术应用研究与推广、科研成果转化和“产学研”结合等工作；协调并指导高等学校承担国家重大科研项目、国防科技攻关项目的实施工作；指导高等学校国家重点实验室、工程研究中心的发展建设。

11. 统筹管理并协调、指导教育系统的外事工作，拟定出国留学和来华留学管理工作的方针、政策；规划并协调、指导对外汉语教学工作；指导我驻外教育机构的工作。负责协调同我国香港及澳门特别行政区、台湾地区的教育交流。

12. 负责教育基本信息的统计、分析和发布。

13. 拟定国家语言文字工作的方针、政策；编制语言文字工作中长期规划；制定汉语和少数民族语言文字的规范和标准并组织协调监督检查；指导推广普通话和普通话测试工作。

14. 统筹规划学位工作，起草有关学位工作的法规；负责实施国家的学位制度；负责国际间学位对等、学位互认等工作；承办国务院学位委员会的有关具体工作。

15. 负责协调“中国联合国教科文组织全国委员会”各委员单位及其他部门、机构与联合国教科文组织开展教育、科技、文化等方面的合作与交流；负责与联合国教科文组织总部、亚太地区办事处、驻京办事处的联系与交流；负责与我国驻联合国教科文组织常设代表团的联络并指导其工作。

16. 承办国家科技教育领导小组交办事项。

17. 承办国务院交办的其他事项。

三、改革开放前后我国地方教育行政管理体制的变革

我国地方教育行政管理体制的变化与中央教育行政管理体制的变化大体一致。

（一）省（自治区、直辖市）、地（州、市）教育行政组织

改革开放前，各省、自治区、直辖市政府中先后设过教育厅（局）或文教厅（局）、文教委员会、文教办公室。粉碎“四人帮”以后，省级教育

行政组织逐步恢复和完善。大多数省、自治区、直辖市设立了教育厅（局），个别地方还增设了高教厅（局）。改革开放以后，随着1985年中央成立国家教育委员会，除广东、内蒙古等地，全国大多数省级教育行政组织改设为教育委员会。预计随着1999年省级政府机构改革的进行，各地又会有一些新的变化。

（二）地（市、州）级教育行政组织

新中国成立后至改革开放前，在省与县之间没有行署（专署），后来在少数民族地区设为自治州或盟作为省级派出机关。此间，行署（专署、盟）等不行使一级政权职能，各地先后设立过文教科。“文化大革命”期间，专区改为地区，专署改为“地区革委会”，具有政权性质，一般设有文教组。

改革开放前的1979年，地区改为行政公署，恢复省级派出机构的性质。各地行署一般设有教育局，有的地方还设立了文教办公室。

1983年机构改革，实行部分地市合并，撤地设市，过去的一些行署成为地级市，开始具有政权职能，其教育行政部门的行政职能进一步明确和强化。

值得指出的是，在目前我国的教育改革工作实践中，无论是作为省级派出机构的行署，还是具有一级政权性质的地级市，其教育行政组织的管理职能基本上是一致的。

1985年以后，有些地（州、市）的教育行政组织改称为教育委员会。有的仍称为教育局或教育处。还有的边远民族地区，仍保留文教局或教育体育委员会。

（三）县（市）级、乡（镇）教育行政组织

新中国成立后至改革开放前，我国县（市）、乡（镇）教育行政组织机构的变化，相对较小。名称也比较稳定。县（市）一级人民政府下属的主管教育的职能机构先称为教育科或文教科，后多改为教育局。自1985年以后，一些县（市）改为教育委员会。同时并存的也有教育局、文教局等。

改革开放前后，乡镇一级教育行政组织机构的设置形式多种多样，一般设有教育组或文教组、教育办公室等。有的乡镇还成立了乡镇教育委员会，并设有专职人员。

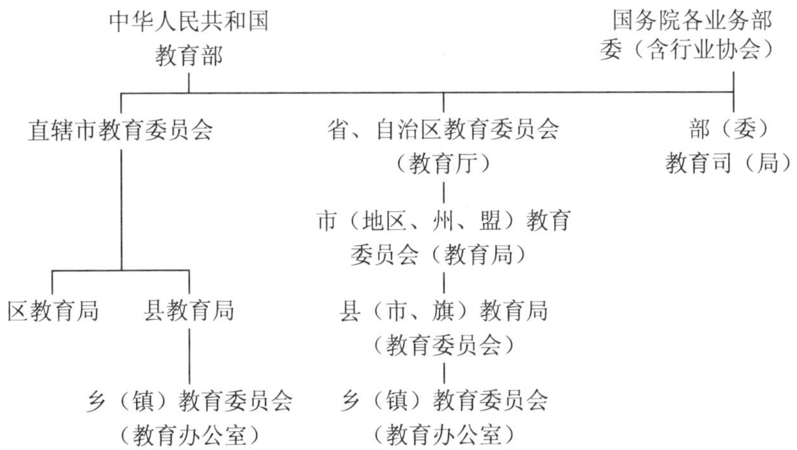

图 -1　中央、省（自治区、直辖市）、市（地区）、县教育行政管理机构图

四、深化我国教育体制改革的思考

第一，进一步加强教育体制改革，是改革形势不断变化的迫切需要。教育体制改革是教育改革的核心内容，也是教育改革的突破口和重点。教育改革是涉及面很宽、过程非常复杂的社会系统工程，只有抓住了体制改革这一最重要环节，其他问题才能逐步得到解决。

教育改革从体制改革入手，有利于教育适应社会政治和经济发展的需要，使教育体制与社会政治、经济、科技体制相配套。1983 年，邓小平同志就曾针对经济体制改革指出，人才培养和教育问题是最重要的一条。特别是在当前全方位改革开放的形势下，社会各方面都会对教育，特别是对人才培养提出一系列的要求，对此必须有充分的认识。

抓好教育体制改革，有利于解决教育事业发展中的一系列具体问题。当前我国教育事业仍然存在许多亟待改革的问题，比如基础教育质量不高，教育投资效益较低，教育指导思想不端正，招生与分配制度有待改进等，如不进行综合解决，教育改革就会受到影响。

第二，教育体制改革是经济体制改革的迫切需要。经济的改革必然引起教育的改革，同时，教育体制的改革，又进一步促进经济的改革。因此，教育体制改革必须适应经济改革的需要。党的十二届三中全会以来，我国的经济体制逐步改革，开始提出实行有计划的商品经济，经济的运行机制由过去单一的计划机制转为计划经济与市场经济相结合的机制，与此变革相适应，教育体制也开始向适应计划与市场调节相结合的方向转变。为此，《中国教育改革和发展纲要》提出了一系列的力求适应社会经济发展改革的思想及内容，为在新形势下进行教育体制改革提供了重要的依据和指导思想。

第三，教育体制改革的核心是进一步下放权力，使办学机构真正拥有办学的自主权，政府进行宏观管理。

第二章
教育投资体制改革

第一节　教育投资体制的改革历程

一、改革的宏观背景

1978年，党的十一届三中全会召开以后，党中央和国务院把发展教育确定为国家经济建设的战略重点。各级人民政府和人民群众对教育的地位、作用认识逐步提高，为教育投资体制改革提供了契机。

第一，党的十一届三中全会以后，农村经济体制的首先改革，为教育投资体制的改革提供了可能。随着农村生产责任制的建立和土地的个人承包，千百年来困扰中国农民的温饱问题开始得到解决。农民群众在基本生活稍有改善的情况下，首先想到的是子女的教育问题，愿意为教育投资，也逐步有了投资的可能。

第二，1980年我国进行了财政体制的改革，为教育投资体制的改革提供了条件。新的财政体制改变了过去“统收统支”的中央集中管理模式，实行“划分收支、核定基数、递增微补、分级包干”的管理体制。教育事业从此由中央、省级预算下划到各县预算，各县预算内安排情况由各县自定，中央、省级也掌握一定的财力，对省、县一级只起“补助”作用。财政管理体制的改革充分发挥了中央和地方两个方面的积极性，使各级政府在发展教育、筹集教育经费方面日益显示出前所未有的主动性和极大的活力。

第三，1980年，中共中央、国务院颁布了《关于普及小学教育若干问题的决定》（中发［1980］84 号），1984 年国务院颁布了《关于筹措农村学校办学经费的通知》（国发［1984］174 号），1986 年全国人大颁布了《义务教育法》，这些政策、法律的颁行，为教育投资体制的改革确定了政策基础。

《关于普及小学教育若干问题的决定》第三条明确规定："在我们这样一个人口众多、经济不发达的大国，普及小学教育，不可能完全由国家包下来，必须坚持'两条腿走路'的方针，以国家办学为主体，充分调动社队集体、厂矿企业等各方面办学的积极性。还要鼓励群众自筹经费办学。""农村社会办学，不应视为'平调'和不合理负担。厂矿企业办学，所需的教职工可单列编制，不计入全员劳动生产率，经费列为企业营业外项目开支。扩大企业自主权以后，在利润留成中应当设立教育科学基金"。"农村小学的校舍修建和课桌凳的添置，一般应由社队主要负责，国家酌情给以补助。国家补助费大体按所需的 1/3 的比例列入省、市、自治区预算，使用时根据实际情况，有的可以不补，有的可以少补，有的可以多补。"这个决定第一次打破了我国三十多年来教育经费投资渠道单一的局面。

《关于筹措农村学校办学经费的通知》，第一次以征收教育费附加的形式，开辟了农村筹措教育经费渠道；《关于教育体制改革的决定》第一次提出了"两个增长"即"中央和地方政府的教育拨款的增长要高于财政经常性收入的增长，并使按在校学生人数平均的教育费用逐步增长"。《义务教育法》又将这"两个增长"写进法律条文。随后，国务院又颁发了《征收教育费附加的暂行规定》（国发［1986］50 号）。这样建立我国多渠道筹措教育经费的投资体制逐步开始形成。

二、改革的主要成效

教育投资体制的改革，使我国教育战线上多年积累的问题开始得到解决，教育事业出现了转机。

一是国家财政预算内教育经费有了较大幅度的增长。1997 年国家预算内的教育事业经费已达到 1441.27 亿元，比 1978 年的 65.6 亿元增长了 20.97 倍。"八五"期间，全国财政性教育经费支出达到 4800 亿元，年均增长在 20% 左右。到 1997 年，全国财政性教育经费支出达到 1863 亿元。

二是多渠道筹措教育经费取得很大成果。据统计，1997 年全国教育经费总支出为2531.73亿元。其中，各级政府财政预算内教育拨款为1357.73亿元；各级政府征收用于教育的税、费为267.80亿元；企业办中小学支出119.40亿元；校办产业、勤工俭学和社会服务收入用于教育的支出为99.09亿元；社会团体和公民个人办学经费支出为30.17亿元；社会捐、集资办学经费支出170.66亿元；个人缴纳学杂费326.08亿元，其他经费支出160.80亿元。

三是各级各类学校的办学条件得到了很大改善。近年来，全国普通高校校舍面积和中小学校舍大面积增加，危房面积的比重大幅度下降。据统计，仅1994—1997年，全国城镇教职工住房建设共投资约550亿元，竣工住房建筑面积八千余平方米。

总之，这一时期随着经济体制改革的不断深入，教育投资体制改革也在逐步深化，最主要的是人们对教育的观念、意识发生了深刻变化。各级领导逐步认识到社会的进步、经济的发展必须依靠科学技术和劳动者素质的提高，懂得了投资教育的重要意义，舍得给教育花钱。人民群众也普遍认识到办教育不再只是政府部门的事，教育直接关系到千家万户，与每个人的利益都有直接关系，因此不再袖手旁观。所以，全国各地在中央颁布政策的情况下，纷纷从本地区的实际出发，制定出适合本地情况的多渠道筹措教育经费的政策；在政府的广泛宣传、动员下，各地涌现出了一大批筹措教育经费、集资办学、捐资助学的先进集体和个人。

第二节　我国教育投资的状况分析

一、教育经费投入总量不足，教育改革发展中经费需求与供给的矛盾还十分突出

从宏观上看，我国教育投资由于受经济发展水平低、财政困难的限制，长期投入不足。据联合国教科文组织1997年的统计，1995年世界平均公共教育经费占国民生产总值的百分比为4.9%，其中发达国家比例为5.1%，转型国家、发展中国家为5.2%，欠发达国家为4.1%，最不发达国家为

2.5%，中国只占 2.3%。① 从微观上进行分析，能更清楚地看到这一不足。

（一）生均教育经费低

每个学生的平均教育经费的多少，是一个国家学生消费高低的标志，它反映了一个国家的经济水平、教育经费的多少以及对教育事业的重视程度。

据联合国教科文组织的统计，目前全世界有大、中、小学生 69200 万人，其中中国就有 2 亿多人，占 30% 左右。世界学生每人教育费 1960 年为 162 美元，1981 年上升为 962 美元，增长了近 5 倍。其中发达国家平均每个学生教育费为 2272 美元，是 1960 年的 8.6 倍；发展中国家为 221 美元，是 1960 年的 6.9 倍。20 世纪 80 年代我国每生教育费仅为 30 美元左右，和同期发达国家相比要差 70 多倍，与发展中国家相比也要差七倍之多。90 年代，这仍然没有发生太大的变化。

（二）人均教育经费低

按人口平均教育费用的高低，也是反映一个国家经济发展水平和教育投资水平的重要标志。

1952—1985 年的人均教育费用我国由 2 元增加到 21.16 元，提高了 9.58 倍，其中教育事业费用 1952 年的 1.56 元增到 1989 年的 17.49 元，提高了 10.2 倍，平均年递增率为 7.6%。据联合国教科文统计，1985—1995 年，我国公共教育经费平均年增长 8.3 个百分点。②

尽管新中国成立以来我国人均教育经费是呈上升趋势，但我国人均教育经费的绝对水平仍然很低，为 20 世纪 80 年代世界 14 个人均教育费用不足 5 美元的国家之一。1985 年统计，在全世界 151 个国家和地区中，按人均教育费排列，中国居倒数第三位。③ 进入 90 年代，我国教育经费投入虽然有了很大变化，但仍然在世界排名中居较落后地位。

---

① 具体可参见《世界教育报告》（1998 年），由中国对外翻译出版公司、联合国教科文组织出版。

② 具体可参见《世界教育报告》（1998 年），由联合国教科文组织、中国对外翻译出版公司出版。

③ 具体可参见《理论信息》（1987.1.19）。

表2-1　大中小学事业费人员经费、公用经费所占比重（%）

年份	高校		中学		小学	
	人员经费	公用经费	人员经费	公用经费	人员经费	公用经费
1965	57.89	42.11	72.80	27.20	89.29	10.71
1978	41.50	58.50	62.65	37.35	74.68	25.32
1980	43.04	56.96	66.92	33.08	77.93	22.07
1985	37.83	62.17	68.38	31.62	80.89	19.11
1990	46.83	53.17	75.60	24.40	83.51	16.49
1995	52.19	47.81	62.91	37.09	70.41	29.59

（三）公用教育经费低

教育投资不足，首先危及的是公用教育经费部分。因为在有限的经费下，先要保持职工的生计，然后要顾及师生的安全，所剩部分才是公共费用。在这种情况下，我国各类学校的公用经费长期以来比例过小。近些年，我国教育经费从绝对数上看确实增长不少，但主要用于人员经费的增加，学校公用经费在事业费中的比例没有大的变化，高校反而呈下降趋势。

学校公用经费在事业费中的比例不高，甚至下降，给学校教育的质量提高和内部发展，必然带来一定的困难。

（四）地方教育经费投入状况差别较大

由于各地的经济发展状况不一，领导和群众对教育投资的认识程度不一，所以有的地方经费增长率相对高一点，有的地方则不然，投资渠道仍然单一，教育经费仍然靠国家投资。比如一些经济不发达地区，群众的温饱尚未解决，没有集资、捐资的可能性；地方财政非常困难，自身的维持还要靠国家的补贴，即便是中央有政策，也是心有余而力不足，拿不出钱办教育。《义务教育法》规定的“两个增长”在这些地区也没有实际意义。如甘肃省共86个县（市、区），1990年时就有68个县（市、区）是靠国家的财政补贴县，当地政府长期着眼于解决群众温饱问题，没有能力给教育投资。

（五）教育经费的分配结构不合理

国家的教育投资结构、分配政策直接影响着一个国家公民教育的广泛性和层次性，影响全体人民文化素质的提高，最后将影响经济的发展水平和国民生产总值的提高。我国教育投资就整体而言不仅投入不足，而且这有限的经费还存在分配不合理现象。

据世界银行和联合国教科文组织的有关资料表明，各国教育经费在各级教育中的分配情况是随着本国社会和经费的发展而变化的。在经济和教育发展的初级阶段，教育投资的重点是初等教育，随着经济和社会的发展，教育的结构发生变化，初等教育得到普及，中等和高等教育的投资比例逐步提高。随着国民生产总值的提高，三级教育投资比例间的差距逐步缩小。

世界许多国家的教育经费分配结构，都是一种宝塔形。从教育投资分配的历史来看，分配到各级学校的教育经费的一般规律是：在初等教育尚未普及时，优先保证初等教育的投资，在初等教育基本普及时，就保证中等教育的投资，在中等教育基本普及时，就侧重投向高等教育。

我国现在处于社会主义初级阶段，经济很不发达，按照国际惯例，教育投资的重点应是基础教育，需要优先保证对初等教育的投资。

无论从发达国家的经验来看，还是从发展中国家的基本趋势来看，我国在过去相当长一个时期，教育投资分配的比例是不合理的。今后应该继续坚持低重心，经费投入的重点应该放在基础教育，尤其是农村贫困地区义务教育。

表 2－2 预算内教育费在各级教育之间分配①（亿元，%）

年　份	预算内教育经费	高等教育经费		中等教育经费		初等教育经费		其他教育经费	
		计	占比	计	占比	计	占比	计	占比
1980	113.19	26.9	23.77	42.49	37.54	25.94	22.92	17.86	15.78
1983	154.72	40.69	26.30	53.78	34.76	38.60	24.95	21.65	13.99

① 国家教育委员会财务司. 中国教育经费基本数据分析：1978—1990［M］. 青岛：青岛海洋大学出版社，1992.

续表

年份	预算内教育经费	高等教育经费		中等教育经费		初等教育经费		其他教育经费	
		计	占比	计	占比	计	占比	计	占比
1984	180.14	49.40	27.42	62.04	34.44	43.61	24.21	25.09	13.93
1985	224.89	62.37	27.73	77.18	34.32	53.68	23.87	31.66	14.08
1988	323.22	78.69	24.35	115.91	35.86	87.28	27.00	41.34	12.79
1989	397.72	85.56	21.50	150.11	37.74	112.20	28.20	49.91	12.55
1990	433.86	87.95	20.27	164.33	37.88	127.77	29.45	53.81	12.40
1995			20.76		39.56		34.35		5.32

二、使用效益相对比较低

我国教育经费长期以来总量少，缺口大，存在着使用效益不高和浪费的现象。基础教育投资效益较差，高等教育办学效益有待进一步提高。特别是由于体制的原因，条块分割造成的学校布局和结构性浪费对教育的投资效益影响较大。如不正视这一问题，外部教育投资即便是有较大增加的情况下，也难以达到投资者的目的。

教育投资效益低，具体地讲，就是在教育资源的利用过程中存在着浪费，在经济文化不发达地区，这种浪费以两种形态存在：一种是有形的浪费，即直接浪费。如教育设施、器材、设备利用率过低，学校布点多，规模小、教师与学生比例小，工作负担量不够等。另一种是无形的浪费，即间接的浪费。如留级率高、辍学率高、超龄生多、按时毕业率低、巩固率（年巩固率和届巩固率）低等。

目前，我国高等教育的投资效益低主要表现在：学校规模效益低，师生比例低，设备利用率低几个方面。

三、已有的教育经费投入的保障性政策和法律规定有待进一步落实

改革开放以来，党中央和国务院出台了许多保障教育经费投入的政策，有的被写入法律条款中，但未得到真正的落实。如《义务教育法》和《中

国教育改革发展纲要》规定："逐年提高国家财政性教育经费占国民生产总值的比例，到本世纪末要达到4%。"但并没有具体的实施方案，从实际看，近年来实施这一目标的力度远远不够，1990年以来，这一比例一直徘徊在2.5%左右，其中有几年还呈现出下滑之势。再比如，《义务教育法》规定的三个增长，1996年全国有21个省（自治区、直辖市）没有兑现。

此外，随着市场经济体制的建立以及税收、国家财政收支政策的变化，如何进一步确保教育的重点投入地位，如何形成教育事权和财权的相对统一等，都是今后教育经费投入体制改革面临的重大问题。

第三节　教育投资体制改革的思考

我国人口众多，文盲率高；教育规模大，基础薄弱；经济困难，教育欠账多。面对这样的教育投资环境，如何确定我国的教育投资比重，如何筹措教育经费，如何提高投资的利用效果，如何使教育更好地适应经济建设的需要，更好地为其服务，这是每一位教育工作者都应该认真思考的问题。

一、进一步改革完善教育投资体制

中国教育投资体制经历了形成、发展、改革的漫长道路。

十一届三中全会以后，在中国教育投资体制改革发展的过程中，中央、地方各级政府都为寻求多渠道筹措教育经费，增加教育的投入制定了许多政策。《中国教育改革和发展纲要》（以下简称《纲要》）从适应社会主义市场经济体制的要求出发，为建立新的教育投资体制作了法规性的规定。《纲要》明确提出我国"要逐步建立以国家财政拨款为主，辅之以征收用于教育的税费，收取非义务教育阶段学生学杂费，校产收入、社会捐资和设立教育基金等多种筹措教育经费的体制"。随着"十四大"社会主义市场经济新体制的确立，《中国教育改革和发展纲要》的颁布，可以说，新的教育投资体制已初具雏形。

《纲要》确定的建立我国教育经费投资体制的基本思路应继续坚持以下方面进行。

——逐步提高国家财政性教育经费支出（包括各级财政对教育的拨款，城乡教育费附加，企业用于举办中小学的经费，校办产业减免税部门）占国民生产总值的比例，20世纪末达到4%，计划、财政、税务等部门要制定相应的政策措施，认真加以落实。

——各级政府必须认真贯彻《中共中央关于教育体制改革的决定》所规定的“中央和地方政府教育拨款的增长要高于财政经常性收入的增长，并使按在校学生人数平均教育费用逐步增长”的原则，切实保证教师工资和平均公用经费所占的比例，“八五”期间逐步提高。教育投资在财政支出中的比例不低于教育经费所占比例15%，省（自治区、直辖市）级财政、县（市）级财政支出中教育经费所占比例，由各省、自治区、直辖市政府确定。乡（镇）财政收入主要用于发展教育。

——进一步完善城乡教育费附加征收办法。凡缴纳产品税、增值税、营业税的单位和个人，按“三税”的2%—3%计征城市教育费附加；农村教育费附加征收办法和计征比例，由各省、自治区、直辖市政府制定。上述所征款主要用于普及九年制义务教育。地方政府还可根据当地教育发展的实际需要，经济状况和群众承受能力，开征其他用于教育的附加费。

——提高义务教育阶段学生学费标费，同时按不同情况确定义务教育阶段学校杂费收费标准。学费和杂费收取标准和办法，由省、自治区、直辖市和直接管理学校的中央业务部门考虑群众承受能力确定。要加强收费管理，严禁乱收费。要创造条件，鼓励和支持学生参加勤工俭学，对家庭确有困难的学生，可减免学杂费或提供贷学金。

——继续大力发展校办产业和社会服务，逐步建立支持教育改革和发展的服务体系，各级政府和有关部门要给予优惠政策。

——鼓励和提倡厂矿企业、事业单位、社会团体和个人根据自愿、量力原则捐资助学、集资办学，不计征税。欢迎我国港澳台同胞、海外侨胞、外籍团体和友好人士对教育提供资助和捐款，各级政府要加强对集资工作的统筹管理。

——运用金融、信贷手段，融通教育资金，支持校办产业、高新技术企业以及勤工俭学的发展，开办教育储蓄和贷学金等业务。具体办法由原国家教委会同有关部门制定。积极开展教师退休养老基金、医疗保险基金等项工作。

新投资体制，明确了办教育是国家和各级政府的职责，国家财政性教育支出是教育投资的主渠道，同时要求社会各方面都要增加对教育的投入，动员社会各方面的力量共同办学。

二、科学、合理地确定我国教育投资比重

一个国家教育投资的数量和比例受到该国经济、政治、人口、历史文化传统等多种因素的制约。判断一个国家教育投资数量和比例是否合理，是一个非常困难的问题。

对于教育投资在国民生产总值、国民收入、财政事业中的比例，一般认为：第一，随着经济的发展，教育投资在国民收入中的比例应不断上升；第二，教育投资增长率应高于经济的增长率，即教育投资超前于国民经济增长；第三，教育投资超前增长的速度是递减的，当经济达到较高的水平时，教育投资比例趋于稳定。

我国现阶段乃至将来教育投资比例应如何确立，是需要我们深入研究探讨的问题。

（一）确定我国教育投资比例应坚持的原则

1. 优先保证教育投资的原则

我国实现社会主义的现代化要靠科学技术，要靠人才。然而，我国面临的最大问题是生产力水平低，经济不发达，财政困难，各项事业都要发展，经济发展又需要较多的投入。解决这一矛盾，需要在战略上很好地运筹。把教育摆在优先发展的战略地位，通过大力发展教育，为经济发展培养大批人才，促进生产力的发展和经济繁荣。这样做不仅是为了教育事业的发展，更重要的是为了国民经济的发展，为了整个民族的发展。

2. 对教育实行高投入的原则

教育投资与经济发展之间需要科学合理的比例关系，我国教育问题较多，需要增加营养才能恢复元气，才能推动国家这个巨大的车轮前进。按照原来的比例，按部就班的逐年稍有增长，无法使教育走出恶性循环，必须采取“高强力驱动”的办法，使教育本身的“贫血症”得到根治，恢复其自身的“造血”功能，才能适应高速度经济发展的需要，才能集中发挥投资的效益。

3. 从实际出发，分阶段逐步提高的原则

对我国教育实行高投入，这是就整体而言的战略构想。但目前我国经济还很不发达，国家财力有限，教育投资要提高到一个很高的比例还不实际。因此，在战术上要实行分阶段逐步快速提高投资比例的原则，即在“九五”期间能有一个较大的提高，21 世纪初达到一个比较理想的投资强度，可能更符合我国的实际。

总之，在指导思想上，要始终坚持经济发展必须依靠教育，把教育始终放在优先发展的战略地位，确保对教育的投资和教育投资的超前增长，使教育投资在国民生产总值中的比例逐步提高，彻底改变我国教育落后的状况。

（二）建立任务分担、成本分担的投资办学新体制

从世界趋势看，各国教育经费普遍紧张，包括发达国家在内没有一个国家的政府能承担所有的教育费用。但是其他国家的教育投资比例不管从哪个方面都远远高于我国，甚至包括一些发展水平低的国家。例如印度的教育投资的构成，除国家教育投资外，私人、社会各方面投入占了相当的部分，特别是中、高等教育，主要由家庭和学生个人来支付费用。其次其他各国办学形式多样，有国家办的，有地方办的，有私人办的，有企业自己办的，没有哪个国家所有学校都由国家统包统办，这样分担办学的任务，减轻国家的压力，既提高了国家整体教育水平，又开辟了多方筹措教育经费的渠道。

我国下一步在不断提高国家对教育投资比重的同时，要彻底改革办学体制，才能从根本上解决教育经费不足的问题。

《中国教育改革和发展纲要》明确指出：要“改变政府包揽办学的格局，逐步建立以政府办学为主体、社会各界共同办学的体制。在现阶段，基础教育应以地方政府办学为主；高等教育要逐步形成以中央、省（自治区、直辖市）两级政府办学为主、社会各界参与办学新格局；职业技术教育和成人教育主要依靠行业、企业、事业单位办学和社会各方面联合办学。”尤其在现阶段，要积极鼓励和大力扶持私人办学、企业办学。放开政策、给予优惠，提供方便，允许收费，允许办各类学校。在短时间内，使私人办学和企业办学能形成一种和国家办学相竞争的局面，彻底打破国家

单一的办学体制。这样，可以聚集更多教育资金，减轻国家的压力，扩大教育的受益面，提高全民族的整体教育水平。

其次，在建立市场经济体制的今天，要尽快建立起教育成本分担和支付的教育投资体制。按照世界各国的普遍经验，义务教育之外的各级各类教育，都更多地应由企业或个人和家庭支付费用，这样做，既可以相对提高国家对教育投资的总体水平，同时又可以提高企业和学生接受教育的成本意识，有利于珍惜人才和提高人才的质量。

（三）减少浪费，降低成本，提高投资的使用效益

在我国教育投资不足的情况下，教育领域仍然存在着浪费和使用效益不高的严重问题。如留级率高、辍学率高、超龄生多等问题，就是因为长期投入不够致使办学条件、教师素质差，在规定时间内完不成规定的教学任务所致。但我们又必须承认，在整个教育管理、教学工作中存在着较多的失误，如对资源的利用、管理，学校的布局、管理以及多年来在原有体制下形成的各种规章制度等。因此，既要通过多种途径解决外部的问题，逐步提高教育投资的比例，又要采取多种办法解决内部的不足，提高教育资源的利用效益。

1. 从实际出发，合理调整学校布局缩小整体规模，扩大学校的现有规模

科学合理地调整学校布局，必须从各地的地理环境、人口密度、经济承受能力、现有教育基础出发，最大限度地利用教育资源。中小学布点应支持就近入学的原则，在保证学龄儿童全部就近入学的前提下，可以适当调整一些重复设置的学校，扩大办学规模，形成应有的教学能力。对于大专院校和中等专业学校，适当合并重复设置又达不到规模的学校、专业，减少教育资源的重复消耗，有利于提高资源的利用率，减少不必要的投资。

2. 在广大农村地区，继续实行复式教学，提高师生比例，降低成本

我国基础教育的大头在农村。目前农村小学的大部分班额不足，学生较少，教师大多数不会复式教学，只能进行单班教学，既浪费师资，又影响教学的质量，造成师生比一再下降，人头经费一再上涨。因此，要大力开展复式教学方法的研究及师资培训，在农村小学继续实行复式教学，有利于减少教师工资的开支，提高教育投资的效益。

3. 降低留级率、辍学率、减少超龄生，提高届巩固率和按时毕业率

这一问题在我国农村中小学较为突出，这一恶性循环消耗掉大量教育资金，为此，在基础教育领域，必须集中解决留级、辍学造成的超龄生教育问题。采取不留级制度（有的省已从 1982 年起就这样做了），受过规定年限义务教育的学生可视为毕业并发义务教育证书，这样，在不增加教育投入的情况下，某些地区小学阶段的教育经费有可能相当于翻一番。例如，浙江省和广西壮族自治区的总人口基本相当（都是 4200 万人左右），以 1989 年为例，浙江省在校小学生 370 多万人，广西壮族自治区则有在校小学生 550 多万人，比浙江在校小学生多 45%；浙江小学适龄儿童的入学率达到 99. 07%；广西则为 96. 45%；浙江省 1989 年小学教育经费财政支出为 4 亿元左右，广西则为 4. 64 亿元，比浙江多了 6400 多万元，但平均经费浙江为 120 元，广西则为 98 元。由此可见，降低留级率、辍学率、减少超龄生将会产生多大的经济效益。

4. 调整教育内部的分配结构，改革管理制度

在我国经济发展的初级阶段，努力增大对基础教育的投资比例，做到集中使用资金，逐步优化教育的投资比例。

长期以来在我国教育行政部门内部形成了一种管事业发展的部门不管经费，管经费的部门不管事业发展的现象，造成有限的财力不能合理、及时的投放到事业发展最需要的地方去，影响事业的发展和教育投资效益。今后机构职能改革，应注意改变这种局面。

第三章

农村教育综合改革

1987 年，原国家教委有计划有组织地实施了农村教育综合改革。这项由千百万广大教育工作者和亿万农村工作者广泛参与、并且凝聚了大量心血的改革，是建设有中国特色社会主义教育体系的积极探索，是实施科教兴国（农）战略的重要实践，是我国教育史上一次深刻的教育变革。

第一节　农村教育综合改革历程

一、农村教育综合改革提出的背景

20 世纪 70 年代末至 80 年代初，我国经济体制改革率先在广大农村全面展开，形成了不可阻挡的历史潮流。农村改革以包产到户为突破口，冲破了人民公社“三级所有，队为基础”模式，建立健全起以家庭联产承包为特征的多种形式的生产责任制，扩大了生产者的经营自主权，使亿万农民真正成了农村经济的主人。农村改革促使多种经营成分和多种经营方式并存的格局初步形成，还加快了劳动力、技术、资金等生产要素的流动和农村产业结构的调整，原先单一经营和城乡分割的结构面临冲击，乡镇企业异军突起，数千万农业劳动力脱离了世代耕耘的土地转向非农产业，使农村经济向多部门经营发展。这些重大变革，对农村教育事业的发展及其改革，既提供了机遇，又提供了强大的动力。

我国人口的近 80% 在农村，全国 2. 2 亿在校学生中有 80% 左右也在农村，这一基本国情决定了农村教育在整个农业现代化建设中的重要地位。农村教育能否适应农业和农村经济发展的需要，直接关系到全国农村现代化建设的进程。1983 年，中共中央、国务院下发了《关于加强和改革农村学校教育若干问题的通知》，1985 年，《中共中央关于教育体制改革的决定》再次强调要加大教育改革的力度。

1987 年国家教委提出了农村教育综合改革的设想，并得到中央领导的支持。

国家教委提出，农村教育综合改革的指导思想是：在建设有中国特色社会主义理论的指导下，全面贯彻教育方针，使农村教育由过去的片面追求升学率转到主要为当地经济建设和社会发展服务的轨道上来，调动农村干部、群众办学和送子女上学的积极性，提高农村劳动者的素质。农村教育综合改革的主要任务是：落实教育优先发展的战略地位，在各级政府和教育主管部门的领导下，进一步调整和优化农村教育结构，坚持“三教统筹”和“农科教结合”，促进“燎原计划”与“星火计划”、“丰收计划”的有机结合，使农村教育与农村经济、社会协调发展，使农村劳动者素质全面提高，为当地建设培养所需要的中、初级专业人才，逐步形成适应现代化建设需要的农村教育体系。

二、农村教育综合改革的主要历程

1. 组织发动阶段（1987—1988 年）。1987 年初，国家教委在 1986 年对农村教育进行充分调查研究的基础上作出决策，进行农村教育综合改革的试点工作。1987 年 2 月，国家教委与河北省政府商定，率先在河北省阳原、顺平、青龙三县建立农村教育综合改革实验区，并于 2 月 17 日在河北涿州市召开了河北省第一次农村教育改革实验区工作会议。涿州会议的召开，标志着我国农村教育综合改革实验的开始。同年，在辽宁海城市召开了“农村教育办学方向研讨会”，在山东平度召开了“教育为农村经济建设服务经验交流会”。1988 年 8 月，国家教委在河北南宫召开会议，在全国部署实施经国务院正式批准的“燎原计划”。“燎原计划”是与“星火计划”、“丰收计划”相配套的一项社会系统工程，是农村教育综合改革的重要组成部分。七届人大二次会议《政府工作报告》指出：“为广大农村培养中初级科技人才和提高劳动者素质的‘燎原计划’是进行农村教育综合改革，促进农村发展的一项具有深远意义的社会工程，各地要抓紧安排实施，努力作出成绩”。

2. 全面实施阶段（1989年初—1994年9月）。1989年初，为了进一步推动农村教育综合改革，国家教委成立了“农村教育综合改革领导小组”，下设办公室，即国家教委农村教育综合改革办公室。1993年机构改革时，国家教委农村教育综合改革办公室与城市教育综合改革办公室合并为国家教委城市与农村教育综合改革办公室。为了抓好典型，以点带面，1989年国家教委确定了全国116个农村教育综合改革实验县。这一时期，全国各省、市、自治区普遍开展了农村教育综合改革的试点工作，并取得了明显的成效。大部分省市自治区还在这一时期成立了由省、市、自治区政府领导或教委主要领导牵头的农村教育综合改革领导小组。这一时期，国家教委坚持每年召开一次全国性的现场经验交流会或工作会议，以推动改革工作。同一时期，除国家教委确定的116个国家级实验县，各省、市、自治区又设立了540个省级实验县；示范乡扩展到7056个，分布在1553个县。各地都涌现出一批农村教育综合改革的好典型。1994年6月，国家教委又确定了30个地（市）级农村教育综合改革联系点。

3. 深入推进阶段（1994年9月—1998年）。以1994年9月原国家教委在河北省唐山市召开全国农村教育综合改革工作会议为标志，全国农村教育综合改革进入了一个新阶段。为了贯彻落实党的十四届五中全会提出的“科教兴国”战略，进一步加强了农科教结合的力度。1995年10月，原国家教委会同农业部、国家科委召开了全国农科教工作经验交流会。加强了实施“燎原计划”的力度和深度。1995年12月，实施了“燎原计划百千万工程”，旨在加快农村科技的推广与普及。1995年10月，原国家教委在湖南省凤凰县举办了民族地区、贫困山区农村教育综合改革现场经验交流会。

原国家教委还下发了《全国农村教育综合改革实验区工作指导纲要（试行）》、《关于深入推进农村教育综合改革的意见》和《关于实施燎原计划百千万工程的意见》等文件，以指导面上工作。

第二节　农村教育综合改革的成效和经验

一、农村教育综合改革的主要成效

经过10年的改革实验，农村教育综合改革已经取得了明显的成效。

（一）促进了教育事业的协调发展

1. 通过改革使教育的战略地位进一步得到落实，农村办学指导思想发生了深刻的变化。通过开展农村教育综合改革和实施“燎原计划”，各级地方党委、政府进一步认识到教育在振兴农业和农村经济中的重要作用，切实将教育发展置于当地经济发展的战略首位。许多省、地、县、乡政府党委提出了“科教兴省（地、县、乡）”的方针，把教育发展纳入当地经济社会发展的总体规划之中并列入党政工作的重要议事日程，开始由就经济抓经济逐步转移到依靠科技进步和劳动者素质的轨道上来，“治穷必须先治愚，富民必须先兴教”的观念逐步深入人心，形成了“党以重教为先，政以兴教为本，师以从教为乐，民以支教为荣”的良好社会氛围。

2. 改革使农村教育结构得到优化，职业技术教育进一步加强，农村各类教育协调发展，整体效益得到增强。开展农村教育综合改革和实施“燎原计划”，使教育与当地建设的结合更加紧密，促进了教育结构的优化和布局的合理化，“三教”特别是农村职教和成教得到协调发展。具体表现在以下几个方面。一是基础教育得到了巩固和发展，九年制义务教育正在稳步实施。据统计，1997 年全国通过九年义务教育验收的县（市、区）数已达到 1882 个，人口覆盖率达到 65%。116 个全国农村教育综合改革实验县以及省级实验县中，凡是教改工作搞得比较扎实的地方，都较高标准地通过了普九验收。截至 1997 年，全国 116 个农村教育综合改革实验县市中，已有 78 个县、市通过了“两基”验收，占 68.6%。二是职业技术教育发展迅速。特别是农村中等职业教育发展迅速。到 1997 年底，全国农村职业中学已达到6323 所，其中职业高中在校生已达到298.8 万人，毕业生达到67.56 万人，分别比 1986 年时的 136.1 万人和 31.89 万人，增长了 2.19 倍和 2.12 倍。三是成人教育也得到大发展，全国农村初步建成了县、乡、村成人培训网络。至“八五”末期，全国已有 80% 以上的乡镇和 40% 以上的行政村建立了成人文化技术学校。

在农村教育综合改革的推动下，农村三类教育得到了协调发展，长期以来的农村教育普通学校单一化倾向得到改观，教育结构正趋于合理，文化教育和职业技术教育两个教育系列正在形成。

3. 促进了教育质量的全面提高，为实施素质教育奠定了良好的基础，创造了丰富的经验。农村教育综合改革从20世纪80年代开始就一直提倡端正办学方向，强调在办学指导思想上要由过去单纯地追求升学率转移到主要为当地经济建设服务和兼顾升学的轨道上来，坚持“不求人人升学，只求个个成才”，增长农村青少年建设家乡的本领。也正因为如此，农村教育综合改革获得了强大的生命力，也充分调动了群众支持政府办教育的积极性。

4. 带动了高等学校的教育、教学改革。农村教育综合改革。一开始，各地就注意组织高等院校、中等专业学校到农村去支持和参与改革。清华大学、天津大学、南开大学、北京师范大学、中国农业大学、北京化工学院都积极参与了河北三县实验区的农村教育综合改革。黑龙江农业大学、西北农业大学、安徽农业大学、东北师范大学、南京师范大学、华东师范大学等都积极参与了当地的农村改革和教育改革实验。高校参与农村教育综合改革，使高校为社会主义现代化建设服务落到了实处，同时对高校自身的改革与发展也起到了积极的推动作用。

（二）农村教育综合改革促进了农科教的有机结合，加强了科教兴农的力度

农业发展靠科技，科技进步靠人才，人才培养靠教育，这是现代农业发展的客观需要和规律。在农村教育综合改革中探索出的农科教结合的路子，一经提出就受到基层广大干部群众的欢迎，并显示出强大的生命力。各地政府统筹安排三个部门的科技和培训力量，形成了合力，使中央提出的“科教兴农”的方针转变为广大干部群众的实践。在基层，农科教结合工作进展顺利，全国116个农村教育综合改革实验县，全部成立了农科教结合的领导小组。很多乡建立了农科教综合服务站或农科教中心。

（三）农村教改和“燎原计划”的实施，特别是“燎原计划百千万工程”的实施，加快了科学技术的推广、普及，促进了农村经济的发展

农村教育综合改革，特别是通过实施“燎原计划”，动员大批农村中小学、职业技术学校和成人学校积极为发展当地经济贡献力量，提高了农村劳动者素质，有效地扫除了文盲，培养了大批具有较高文化技术素质的新型农民，大面积地推广了科学技术普及和实用技术，对农村经济、社会的

发展起了有力的促进作用。

为了落实科教兴国战略，加快科学技术在农村的普及和推广，深入推进农村教育综合改革，促进“燎原计划”的实施，在李岚清同志的支持下，国家教委于1995年12月在全国部署实施了“燎原计划百千万工程”。这项工作的主要内容是：充分利用广大农村现有各级各类学校的条件，通过广播、电视等各种教学手段，在全国上千个乡、上万个村推广上百项农村实用技术。两年来，“燎原计划百千万工程”的实施工作取得了一定进展，成效较为显著。

（四）探索了贫困地区依靠教育和科技发展当地经济，改变贫困面貌的路子

贫困地区的一些农村中小学，在实施教育综合改革的过程中，充分发挥学校所具有的智力和技术优势，主动参与当地经济开发和建设，大胆探索，带动群众走上脱贫致富的道路，涌现了一批“小学校也能为农村建设作出大贡献”的典型。

（五）“燎原计划”专项贷款取得显著的经济和社会效益，同时，积累了教育金融工作的经验，同时也促进了农村精神文明建设

为了推动“燎原计划”的实施，经国务院批准设立了“燎原计划”专项贷款。“燎原计划”贷款由于在使用中结合了对劳动者的技术培训，注意采用新的技术成果，因而取得了明显的经济效益和社会效益。1988—1991年，发放贷款2.17亿元，调动了地方的配套资金5.94亿元，支持了二千多个项目，新增总产值13.78亿元，新增利税1.95亿元，投入产出比在1∶6以上，各地通过贷款项目，培训农民2159万人次，推广技术有11239项次，带动了群众致富。

燎原贷款是经国务院批准，国家教育行政部门设立的第一笔专项贷款。1989—1991年，累计下发2.17亿元专项资金。近10年来，“燎原计划”贷款不仅取得了明显的社会效益和经济效益，而且为教育金融工作的开展积累了经验和教训，锻炼了队伍，为全面开展教育金融工作打下了良好的基础。目前，利用贷款支持发展教育，已得到全社会的共识，并作为一条成功经验写入《教育法》和《中国教育改革发展纲要》。

在进行农村教改和实施“燎原计划”过程中，许多农民群众不仅学到了致富的技术本领，增强了学文化、学科学的积极性，而且改变了许多不良的旧风气。赌博、打架、迷信、邻里纠纷、偷盗等现象正在逐步减少，互助互爱、讲文明、讲礼貌、讲卫生、讲上进的文明新风正在兴起。许多乡村出现了无文盲、无超生、无赌博、无偷盗、无打架斗殴、无迷信活动的好局面。同时，一种学习文化知识、科技致富、健康文明的新风尚在广大农村广泛兴起。特别是在综合改革和“燎原计划”示范乡和示范村，涌现出了一大批经济建设与精神文明全面进步的好典型。

（六）促进了我国教育科学事业的发展，培养了农村管理队伍

10 年来，农村教育综合改革的理论研究不断深入，涌现了一批较高质量、理论与实践影响都较大的科研成果。

农村教育综合改革，立足为农村经济建设这一中心任务服务，在教育内部涉及农村各类教育，在教育外部涉及农业、科技以及社会其他部门。因而无论是国家教育行政部门，还是地方教育部门，都在实践中造就了一批全局观念较强，既懂教育，又懂经济的教育行政管理干部，他们在教育改革中发挥了积极作用。

此外，农村教育综合改革产生了一定的国际影响，促进了国际交流。我国是世界上人口最多的发展中国家。10 年来的农村教育综合改革引起了国际上的关注。1992 年由联合国教科文组织、联合国开发署等国际组织和机构支持在我国山东泰安召开的农村教育国际研讨会，对我国农村教育改革取得的成就给予了很高的评价。会后，许多发展中国家建议在中国设立一个农村教育的国际培训机构。1994 年 11 月，国际农村教育研究与培训中心在河北保定正式落成以后，先后多次为亚太地区发展中国家举办了农村教育改革培训班和研讨会，提高了我国农村教育综合改革经验的国际价值，使之发挥了更大的社会作用。

二、农村教育综合改革的基本经验

10 年的实践和探索为进一步改革和发展我国农村教育积累了宝贵的经验，归纳起来，主要包括 8 个方面。

1. 推动农村教育综合改革工作的关键是各级党委和政府重视，并切实

加强领导。农村教育综合改革不仅涉及教育内部各类教育，也和农村经济、科技等各方面有密切关系。要使改革取得实效，必须紧密依靠各级党委、政府，加强党委、政府领导，才能打破条块分割的局面，促进各部门配合，真正落实中央提出的“科教兴国（农）”战略。

2. 进行农村教育综合改革的重点是转变教育观念，端正办学思想，明确农村教育办学方向，使农村教育由单纯的升学教育转到主要为当地建设服务同时兼顾升学的轨道上来。教改实践证明，发展农村教育只有一般的文化教育不能适应现代社会生产和生活需要，必须在一定的文化基础上进行多种形式的职业技术教育。这就需要调整农村教育结构，大力发展职业教育和成人教育；普通中小学要因地制宜，在适当阶段开设一些生产劳动的职业技术课程；小学后、初中后、高中后实行三级分流，贫困地区的农村要早期进行职业技术教育。

3. 进行农村教育综合改革、提高农村教育内部整体效益的重要内容是实行三教统筹。日前我国农村教育主要是中等和中等以下的基础教育、职业教育和成人教育。对这三类教育实行统筹是近年来我国农村教改实践中群众创造的重要经验。实行三教统筹，有效地促进了农村教育结构的调整，显著地提高了农村教育的综合效益。

4. 进行农村教育综合改革，促进教育为农村建设服务的基本途径是积极推进农科教结合，这是农村广大干部群众创造的重要经验。农科教结合以促进农业和农村经济发展为目标，以推广科学技术为手段，以加强农村教育特别是职业技术教育、提高农民的科技与文化素质为基础，通过富有成效的组织，充分利用各方面的人、财、物等条件，实现科教兴农的战略，促进农村全面进步。

5. 推进农村教育综合改革的重要措施是认真实施“燎原计划”，搞好“燎原计划”和“星火计划”“丰收计划”的结合。“燎原计划”是加快促进农村教育综合改革的一项重要措施，其主要内容是：以乡为基础，在加强基础教育的基础上，充分利用农村各级各类教育的基础设施和相对智力优势，以推广农村实用技术为主，通过各种形式的教育和培训提高农村劳动者的素质，增强农民吸收和运用科学技术和能力，加快农村科学技术和生产经营管理知识的普及与推广，从而使科技的星星之火，形成燎原之势。“燎原”“星火”“丰收”计划相结合，加快了实用科技的推广，对农村经济的发展和精神文明建设，起到了重要的作用。

6. 广泛动员高校和教育科研院所参与，是提高农村教育综合改革效益，促进高校科研院所自身改革的有效方式。高校通过帮助各县制订经济社会发展总体规划，提出教育改革发展的实施方案，培训各类师资，帮助建立县级职业学校，提供专业建设和基地建设指导，引进新品种，改造低产田等多种形式促进了农村教改和科技发展，参与教改的高校与科研单位把实验县作为社会实践基地，对学校和科研单位自身的改革和建设也起到了促进作用。

7. 从实际出发，因地制宜，分类指导，是农村教育综合改革稳步健康发展的保证。我国农村幅员辽阔，突出的特点是发展不平衡，各地差异大。在推进农村教育综合改革工作中，必须坚持从各地实际出发，分类指导，不搞一刀切，不一哄而上。近几年来，国家教委按照经济发展水平，分别对贫困地区、民族地区、经济发达地区的农村教育综合改革进行了现场指导、经验交流和培训干部，效果比较明显。

8. 重视宣传和科学研究，抓点带面，典型推动是促进农村教育综合改革工作的重要方法。农村教育综合改革在推进过程中，坚持每年召开现场会议，利用典型推动面上工作，先后在六个大区不同经济水平的十多个县召开现场会，推广先进典型，取得了较好的效果，保证了农村教改稳步健康的发展。

三、农村教育综合改革的几点启示

农村教育综合改革 10 年所取得的成绩和经验对我们有深刻的启示。

第一，农村教育综合改革是落实科教兴国、科教兴农战略的一项重要实践，也是一项复杂而宏大的社会系统工程。农村教育综合改革，从根本上讲是在我国这样一个农业大国，探索教育与经济、科技发展相互促进的有效机制，是实施科教兴国（农）战略的具体实践。对于实现党中央提出的两个根本性转变具有特殊的重要意义。

第二，农村教育综合改革的成功，证明了教育改革发展的历史必然性。恩格斯曾指出，社会需要比 10 所大学更能推动社会的进步。党的十一届三中全会以后，随着全党工作重点的转移，农村经济改革发生了举世瞩目的变化。农村经济的改革，迫切要求科技和教育事业的相应发展与改革。正是在这样一个伟大的时代背景下，产生了农村教育综合改革的构想与实践。实践证明，农村教育综合改革是改革开放的产物，应该坚定信心、坚定不移、坚持不懈地把这项工作推动下去，切实增强农村教育综合改革的自觉性。

第三，农村教育综合改革的实践表明，教育改革只有综合地进行才能真正取得成效。10 年农村教育综合改革成功经验启示我们，只有把教育内部与教育外部因素结合起来，把教育内部的各个部分与教育事业的整体结合起来，改革才能取得全面的成效，也才能真正实现教育工作的两个根本性转变。

第四，农村教育综合改革的实践，验证了我国农村教育综合改革方向的正确性。农村教育综合改革，在实践中一直坚持“农村教育要从片面追求升学率转到主要为当地经济建设和社会发展服务兼顾升学的轨道上来”的方向。一方面，它指出了长期以来，我国农村教育片面追求升学忽略了学生的全面发展需要和农村经济社会发展需要这一主要弊端；另一方面，它指明了农村的教育改革要围绕主要为当地经济建设和社会发展服务这一总的方向。该观点对于落实“科教兴国”战略，具有重要的现实作用。

第五，农村教育综合改革对建立有中国特色的社会主义教育理论体系进行了系统的探索，提供了丰富实践经验，其成果值得重视和进行理论上的总结。

第六，农村教育综合改革中提出的“相对智力和技术优势”理论，对深刻认识贫困地区的脱贫致富具有重要意义。我国地域辽阔，社会经济发展很不平衡，文化教育的发展亦是如此。在许多贫困地区的农村教育综合改革过程中，人们发现一个普遍的现象：农村中小学在智力和技术方面具有比其他部门相对较强的优势，农村当地经济发展、社会生活对学校的智力和技术需求也比较直接。这一现象在县以下的乡村学校表现尤其突出。农村教改中，贫困地区农村的广大教育工作者充分利用了学校的这种智力和技术优势，为当地经济发展和社会进步作出了很大的贡献，出现了一批学校带动乡村致富的典型。农村教改中的这一实践证明，学校教育的作用在生产、生活中是多方面的，同时也是潜力巨大的，因客观环境、条件的不同，作用的发挥也有所不同。对于农村来说，当地的乡村学校就是其最高学府，是知识和智力密集的地方，其作用不可低估。这就启示我们，在广大的贫困地区，要善于发挥农村中小学校的现实作用，农村中小学校也要增强为当地生产和群众生活服务的主动性。

第七，农村教育综合改革的实践还启示我们，农村教育既要加大投入，更要讲求效益。我国教育的大头在农村，各级政府和群众为发展农村教育的投入是巨大的。随着教育普及程度的提高，各方面的投入还需要进一步提高。同时，还需要解决怎样办好教育，使投入产生最佳效益的问题。对于广大农村来说，必须解决办学方向和教育结构的问题。办学路子对了，结构合理了，满足了农村生产和生活的需要，教育就会产生出巨大的效益。

第八，农村教育综合改革的实践证明，人民群众在改革实践中的创造力是无限的，而且也是最富有献身精神的。

我国农村教育综合改革实验，从时间上看，长达10年之久；从范围讲，覆盖了近亿人口的地区；从内容讲，不仅涉及教育内部的各个方面，而且涉及农业、科技、文化各个领域。可以说是我国教育史上涉及面最大的一次改革实践。10年来，中央和地方的广大干部和群众为之付出了大量的心血，进行了艰苦的探索，创造了宝贵的经验，极大地丰富了有中国特色的社会主义教育理论和实践的内容。仅以“燎原计划”的提出为例，国家教委提出实施“燎原计划”这一措施后，各地围绕工作需求，先后创造了“燎原广播电视学校”、“燎原之冬”、“燎原热线电话（咨询农业技术）”、“燎原科技大篷车”、“燎原示范乡”、“燎原示范村”等多种生动的名称和活动形式，加快了“燎原计划”的实施。很多干部和群众十多年如一日，潜心于“燎原”事业，还有的实践第一线的同志，甚至付出了生命的代价。农村教育综合改革的成果，来之不易，必须百倍珍惜。

第三节　农村教育综合改革存在的主要问题

我国农村教育综合改革虽然已经取得了显著成绩，但也存在不少问题，与社会主义市场经济条件下农村经济和社会全面发展的需要不相适应。

一、农村教育综合改革的发展很不平衡

从全国来看，多数实验区、县和一些进行农村教改的地方由于领导重

视，措施有力，改革的进展较快，效果明显。但也有不少地方，包括少数实验县，变化不大，基本还没有动起来；有些地方领导还没有跳出就经济抓经济、就教育抓教育的误区；有些领导仍然以“升学率”为唯一标准，评价学校与教育部门的工作……这是造成这些地方农村教育改革缓慢的主要原因。与此同时，在一些教改开展较好的地方，对经验的总结也还不够，许多做法还没有形成制度，已有的成果不巩固。因此，实现“点上深化、面上推广”的农村教育综合改革目标，任务还十分艰巨。

二、农村学校为农村经济发展服务的主动性不够

社会上有很多人对农村教育改革的重要性和迫切性缺乏足够的认识，还有相当一部分农村普通中小学仍然以应试教育为主，多数不能升学的农村学生缺乏建设农村的思想准备和劳动生产技能。据统计，我国每年回到农村的“三后生”约1100万人（小学毕业生400万人，初中毕业生600万人，高中毕业生100万人），他们虽有一些文化知识，但普遍缺乏生产技能，不适应农村小康建设的需要。也有的地方，虽然注意到了在中小学教育中引进职教因素，但由于职业技术教育的师资缺乏，或因农业技术教育的实习基地无保证，效果并不理想。

三、教育薄弱的状况，远远不适应农村经济迅速发展的要求

第二、第三产业的发展，特别是各种类型的乡镇企业的迅速崛起，需要大批专业技术人才和一定的管理人员，而大多数农村目前缺乏足够的培养能力。农村小康建设迫切需要大面积提高农村劳动者的整体文化素质与当前农村教育普及程度不高的矛盾仍十分突出。根据国家统计局1994年的抽样调查分析，目前我国农村劳动力中，文化程度在小学以下的占61.24%左右，其中文盲半文盲率高达22.57%，初中文化程度不到32%，高中以上文化程度者只占7.33%，其中中专、大专文化程度只有0.52%。特别是在一些贫困山区、民族地区，普及教育的难度很大。当前不少地方农村教育结构单一，与农村产业结构和技术结构的不断变化不相适应。

四、农业教育的规模和专业设置与农村经济建设的要求不适应

长期以来，我国农林专业人才通向农村的渠道不畅，相当多的专业人

才下不去，或下去了留不住。农林高等院校培养了一百多万名毕业生，但其中只有40%留在农业系统工作，在乡村工作的就更少。同时，农村的农业类职业学校招生有一定困难，生源不足，缺少激励措施。目前地、县特别是贫困地区和边疆地区尚未具备培养农林专业人才的能力。

五、农村教育经费投入不足

特别是经济欠发达地区，财政困难，农村教育主要靠群众集资办学，加重了农民负担。还有的地区拖欠教师工资，都在不同程度上影响了农村教育的改革与发展。此外，由于专业师资队伍薄弱，基地建设没有保障，影响了农村教改，特别是农村职业技术教育的健康发展。

六、部门统筹与协调有待进一步加强

由于历史上形成的部门之间的分割，影响了农科教结合运行机制的建立和完善，有的部门受利益驱动，对开展农科教结合积极性不高，影响了教育、农业、科技部门的有机结合。有关农村教育发展的政策，教育部门内部也不同程度存在着统筹协调不够的问题。此外，对农村教育综合改革的指导、督促和评估工作以及农村教育综合改革工作的管理机构有待进一步加强。

第四节　开创农村教育综合改革新局面的思考

党的“十五大”确定，我国将在相当长的一个历史时期处于社会主义的初级阶段。党中央一贯强调：“农业是国民经济的基础，必须把加强农业放在首位，全面振兴农村经济”。农业不仅关系到整个国民经济发展的速度和规模，而且也关系到全国的稳定。“没有农村的稳定和全面进步，就不可能有整个社会的稳定和全面进步；没有农民的小康，就不可能有全国人民的小康；没有农业的现代化，就不可能有整个国民经济的现代化”。我国农村人口占大多数的格局在短期内难以改变。提高农村人口特别是农村青少年的素质，将是摆在我们面前艰巨而又长期的任务。我们要站在历史的高度，切实加大农村教育综合改革的力度。

一、提高认识，切实把农村教育综合改革摆在重要战略位置，加大各级政府对农村教育综合改革的统筹力度

农村教育改革关系到我国农村“两个转变”和“两个文明”建设。农业现代化和农民致富奔小康，都越来越迫切地需要大量有理想、有文化、有技术的专门人才。我国每年大约有一千多万名不能继续升学的“三后生”，其中绝大多数在农村。各级党委和政府的领导、广大教育工作者，应站在历史的战略高度，切实抓好农村教育综合改革工作。

二、不断探索社会主义初级阶段农村教育面临的新问题和解决的新办法

建立社会主义市场经济，使农村教育的社会环境发生了一定的变化。同时，农村生产方式的变革，农业产业化的兴起，都对农村教育的质量提出了更高的要求，集中反映在对劳动力素质的要求上。而且，作为农民自身来讲，家庭对孩子受教育投入成本的考虑比以往更多，这对农村教育改革本身就是更加严峻的挑战。此外，农村教育经费不足，城乡教育差距拉大等问题也是市场经济条件下农村教育面临的长期困难，都必须给予充分重视。

三、继续搞好三教统筹，大力发展农村职业技术教育

要在提高认识的基础上，进一步加强对基础教育、职业教育和成人教育的统筹规划。

四、加强农科教结合，提高农村工作的整体效益

农科教结合，政府统筹是关键，必须强化政府行为。各级政府应树立总揽全局的思想，加强对农业、农村经济与科技、教育事业发展的统筹规划，合理利用农村现有的各方面的资金和技术力量，提高农村发展的整体效益。教育部门应在农科教结合中发挥积极作用，主动了解和掌握当地农业、科技的发展对各类人才的需求，做好培养和培训工作。高等院校、职业学校和成人学校，都要利用自身人才和技术的相对优势，为农村经济与科技的发展服务。

五、加大力度，进一步实施好“燎原计划”和“燎原计划百千万工程”

“燎原计划”作为推动农村教育综合改革的重要措施，经国务院批准实施以来，效果显著，各地应继续加强对“燎原计划”工作的实施力度。一是要进一步扩大“燎原计划”示范乡的数量，提高示范乡的建设标准；二是要搞好“燎原计划百千万工程”的组织实施工作，加快农村科学技术推广的步伐；三是要继续争取“燎原计划”专项贷款对农村教育改革工作支持的力度。

六、广开渠道，加大对农村教育事业的投入

在中央和地方各级财政性教育拨款中，应加大用于农村教育的比例，各地要保证农村教育费附加的足额征收。同时，各地应当合理规划农村学校的规模、结构和布局，避免职教投入的结构性浪费，确保农村职教各项投入的使用效益和效率。

七、加强管理，不断提高农村教育的办学质量

按照懂业务、会管理、事业心强的标准，选配好各类农村学校的领导班子，以全面质量管理、全员质量管理、全程质量管理为目标，建立健全职校内部的各项规章制度。

教育主管部门要加强对各类学校教学质量管理的检查评比，及时总结经验，解决问题，改进工作，不断提高农村学校的办学质量。

八、因地制宜，优化农村教改的相关条件

一是要加强师资队伍建设。应重点培养一批面向农村的职业师资。同时应充分利用社会各方特别是企事业单位的一些专家和能工巧匠，组成一支专兼结合的师资队伍。要切实解决好农村教师工资拖欠问题，尽可能安排好农村教师的住房，以稳定现有农村教师队伍。

二是要加强教材建设。逐步形成既有统一规格、又有地方特色、质量较高、系列配套的农村教材体系。国家应组织力量，重点编好农村职业学校的公共课和通用专业课教材。

三是要加强基地建设。农村学校，可通过乡村划拨、挂村联户、自我开辟等办法，建设教学与实习基地；以第二、第三产业教学为主的职业学校，可与当地企业分工合作，互惠互利，解决实习基地和实验设施问题；县、乡、村还可用“三教统筹”的办法，建立综合型的农村学校教学、实习基地。

四是要加强农村教育研究，提高改革的科学性。农村教育改革发展，需要有正确的科学理论加以指导。广大农村教育工作者在改革实践中积累的丰富经验，也需要进行理论上的总结，提炼和概括。这就需要加强对农村教育改革工作的理论研究。当前一是要加强农村教育改革研究队伍的建设；二是各级教育科研部门，特别是县（市）级教育研究部门，要把科研工作重心放在如何促进农村教育的改革和发展的问题上，逐步改变只研究对付升学办法的科研倾向。

九、总结经验，进一步加大农村教育综合改革指导的力度

各地应在总结改革经验的基础上，进行新的部署，采取更加有力措施，推动农村教改的不断深入。一是要加强对农村教育改革的分类指导，特别应当进一步深入研究和探讨西部贫困地区农村教育的改革经验。二是要进一步探索“依法治教”、依法促进农村教育改革的路子，并在此基础上加强督导和评估。三是要进一步将农村教育综合改革的已有经验逐步规范化、制度化，并建立健全相应的评估指标体系。四是要继续加强农村教育改革工作的管理机构和队伍的建设。

第四章

城市教育综合改革

第一节　城市教育综合改革历程

一、城市综合改革实验的提出

党的十一届三中全会以后，我国各大、中城市坚持改革开放的方针，经济、社会、科技事业等各方面都发生了很大变化。城市教育与城市快速发展不相适应的矛盾日益突出。1985年，《中共中央关于教育体制改革的决定》（以下简称《决定》）指出："教育必须为社会主义建设服务，社会主义建设必须依靠教育。"

为了贯彻落实《决定》精神，推动城市教育的改革与发展，原国家教委于1987年11月在湖北省沙市召开了城市办学方向研讨会。参加会议的有佳木斯、锦州、烟台、洛阳、芜湖、无锡、绍兴、自贡、长沙、江门等城市。这次会议，成为城市教育综合改革的起点。会议提出：中等城市在我国国民经济体制改革中具有很大作用，要从改善教育结构、改革教育体制入手，加快改革，在保质保量普及九年制义务教育、提高青少年素质的基础上，主要培养为本市经济和社会发展服务的中初级人才，并发挥中等城市对县、乡的辐射作用，逐步建立起结构科学、层次合理的教育体系。随后，沈阳、苏州、常州、威海等城市也参与改革实验，成为首批进行城市教育综合改革实验的城市。

1988年初，洛阳、常州、无锡、芜湖、江门、沙市、绍兴、自贡、苏州9市制定了本市教育综合改革初步方案，国家教委在对洛阳、绍兴、苏州市的教育改革方案批示时提出："进行中等城市教育改革，首先需要地方各级人民政府真正把教育摆在经济发展战略中的首要位置"；"中等城市要把主要精力放在办好中等及中等以下各级各类教育上……中等城市教育改革的重点是改革教育管理体制，调整改善教育结构。"

1988年5月，国家教委决定在苏州、无锡、常州、沙市、沈阳、芜湖六市引进联邦德国"双元制"职教模式，开展试点工作。

1988年6月，国家教委在无锡市召开有苏州、常州、沙市、沈阳、芜湖市政府和教委领导人参加的研讨会。同年7月，国家教委组织上述六市的市长、教委主任、劳动局长和"双元制"试点单位的厂长（或校长），分别在北京和"第二汽车制造厂"进行了有关"双元制"模式的学习。同年11月中旬，培训班人员赴联邦德国进行了为期一个月的职业教育考察。

1988年10月中旬，国家教委在无锡市召开"中国—联邦德国职业技术教育合作项目研讨会"。

1989年4月，国家教委批复沈阳、无锡、沙市的教育综合改革方案（草案）时指出：三市政府要加强领导，发挥统筹协调作用，运用地方决策权限，尽快将综合改革试点工作开展起来，并在实践中不断完善，希望在两年内能看到效果。

为了加强对全国城市教育综合改革工作的指导，1989年8月25日，国家教委正式成立了城市教育综合改革领导小组，下设城市教育综合改革办公室。

1990年2月，国家教委在同意将烟台市列为城市教育综合改革实验试点城市的函中指出：这项改革实验，不仅限于"八五"计划期间，至少要持续到20世纪末，因此制订规划要包含近期和远期目标。在对湖南省长沙市教育综合改革设想批复中指出："城市教育综合改革实验是一项政策性很强的工作，地方人民政府必须加强领导，充分发挥政府的统筹作用，使教育与社会、经济协调发展；试点城市不仅要搞好地区教育综合改革，还应发挥中心城市的辐射作用"。

1990年，多数试点城市成立了由市长、副市长任组长，有教育、人事，劳动、计划、财务部门参加的教育综合改革领导小组，并相继成立了市教育委员会。

1990年9月下旬，国家教委在佳木斯、沈阳召开了全国城市教育综合改革实验经验交流工作会议。

1991 年 12 月，国家教委在江苏省常州市召开了全国城市教育综合改革经验交流会，包括京、津、沪在内的 100 多位市长参加了会议。此次会议一是交流经验；二是明确思路；三是在更大范围内开展城市的教育综合改革。这是新中国成立以来前所未有的盛会，对宣传、推动、深化城市教育综合改革起了积极的推动作用。

二、城市综合改革实验规模的扩大

常州会议以后，城市教育综合改革实验发展很快。鉴于首批确定的 15 个实验城市集中在 11 个省，覆盖面较小，为了使每个省、自治区都有实验城市，国家教委于 1992 年 10 月又确定了 32 个城市为第二批进行教育综合改革实验的城市。由于首批 15 个城市多为中等城市，第二批确定的主要从省会城市和计划单列市中选定，同时也照顾到每个省、自治区至少有一个城市参加。

由于京、津、沪是直辖市，人口集中，经济、社会、教育结构和一般城市差异较大，有自身的特殊性，建议在本市所属区、或确定某些项目进行综合改革实验，取得经验后再在全市推开。

国家教委于 1992 年 11 月在四川省自贡市、1993 年 10 月在广东省江门市、1995 年 4 月在浙江省绍兴市分别召开了全国城市教育综合改革研讨会或工作会，并制定了《深化城市教育综合改革的意见》，使城市教育综合改革出现了可喜的局面。

1997 年 10 月 16 日至 18 日，国家教委在湖南省长沙市召开了城市教育综合改革会议。会议的任务是学习贯彻党的“十五大”精神，以邓小平理论为指导，总结 10 年来城市教育综合改革取得的经验和成绩，进一步推进城市教育综合改革，努力开创城市教育综合改革新局面。此次会议的召开，标志着我国城市教育综合改革工作进入了一个新阶段。

表4-1 全国教育综合改革实验城市和省、自治区、直辖市试点城市名单

省、直辖市、自治区	全国教育综合改革实验城市	各省、直辖市、自治区教育综合改革试点城市	小计
北京市	北京		1
天津市	天津		1
河北省	邯郸	石家庄、保定、秦皇岛、唐山	5
山西省	太原	阳泉	2
内蒙古自治区	呼和浩特	包头、赤峰	3
辽宁省	沈阳、锦州、大连	鞍山、丹东	5
吉林省	长春	吉林、辽源、通化、四平、松原	6
黑龙江省	哈尔滨、佳木斯	牡丹江、鸡西、齐齐哈尔	5
上海市	上海		1
江苏省	苏州、无锡、常州、南京	徐州、南通、连云港、淮阴、盐城、扬州、镇江	11
浙江省	绍兴、宁波	杭州、湖州	4
安徽省	芜湖、马鞍山	合肥	3
福建省	厦门	福州、泉州、三明	4
江西省	南昌	新余、萍乡	3
山东省	青岛、烟台、威海	济南、淄博、潍坊	6
河南省	洛阳	郑州、安阳、平顶山	4
湖北省	武汉、沙市	十堰、宜昌	4
湖南省	长沙、岳阳	株洲、湘潭	4
广东省	广州、深圳、江门	中山、东莞	5
广西壮族自治区	柳州	南宁、梧州	3
海南省	海口	三亚	2
四川省	成都、重庆、自贡	德阳、乐山、攀枝花	6
贵州省	贵阳	六盘山	2
云南省	昆明		1
西藏自治区	拉萨		1

续表

省、直辖市、自治区	全国教育综合改革实验城市	各省、直辖市、自治区教育综合改革试点城市	小计
陕西省	西安、咸阳		2
甘肃省	兰州	白银、天水	3
青海省	西宁		1
宁夏自治区	银川		1
新疆自治区	乌鲁木齐	伊宁、喀什	3
合计	47	55	102

三、城市教育综合改革的指导思想

国家教委从 1987 年秋部署，在全国 15 个城市进行教育综合改革实验，到 1997 年已经有 102 个城市开展教育综合改革实验（包括各省、自治区、直辖市确定的 55 个城市）。经过十多年的探索，基本形成了城市教育综合改革实验的思路。城市教育综合改革的重点是中等以下各级各类教育、成人的继续教育和岗位培训，包括高中后的短期职业技术教育。城市各级各类教育在解决与城市经济、社会发展相适应时要解决好几个问题：一是结构问题，特别是初中以后教育结构问题；二是素质问题，首先是政治素质的培养；三是体制问题，地方要有统筹决策权。

城市教育综合改革的基本指导思想，就是要使教育与城市国民经济发展相适应。城市教育综合改革工作要巩固已取得的教育综合改革成果；加强对教育综合改革的研究与总结；从实际出发，调整教育综合改革规划；推广城市教育综合改革的典型经验；加强对城市教育综合改革工作的领导。

第二节　城市教育综合改革的成效和经验

一、城市教育综合改革的成效

经过 10 年多的探索，城市教育综合改革着眼于提高城市教育的质量和整体效益，统揽改革全局，抓住主要矛盾，重点突破，加快了城市教育发展的步伐，取得了显著的成效。

（一）各级党委、政府认识不断提高，进一步落实了教育的首要战略地位

通过开展教育综合改革，有越来越多的改革实验城市的领导认识到，城市的发展必须转移到依靠科技进步和提高劳动者素质的轨道上来。因此，许多城市的主要领导都十分重视城市教育综合改革。北京市从1985年开始，把每年为教育办10件好事列入了北京市政府的工作计划。沈阳市把减轻中小学生过重的课业负担列为政府的重要日程，早在20世纪80年代后期就取消了小学升初中考试，成为全国最早顺利解决小学毕业就近升学的城市。广东省委、省政府遵照邓小平同志关于“发展是硬道理”的指示，把教育作为广东发展的支柱，坚持以国家拨款为主，多渠道筹措经费的体制，舍得往教育上花钱，改善办学条件。全省不仅不拖欠教师工资，而且尽可能提高了教师的待遇。广东省委的主要领导曾卓有远见地指出：“广东与亚洲四小龙相比，最大的差距，就在于科技人才，在于教育，尤其是高等教育的落后，教育赶不上去，赶四小龙，实现现代化都是空话。”

（二）进一步调整了教育结构，促进了职业技术教育的发展

凡是进行教育综合改革的城市，都较重视转变教育观念，在大力普及了九年制义务教育的同时，积极发展职业技术教育和成人教育，特别是根据当地产业结构对多方面人才的需求，重点调整了高中阶段的教育结构，像北京、上海、天津、沈阳以及江苏省苏州、无锡、常州等地，职业技术学校在校生数一般达到了高中阶段在校生总数的60%—70%，基本满足了当地第一、第二、第三产业，特别是企业对多层次人才和熟练劳动者的需要，初步克服了教育与经济“两张皮”的问题。

（三）改变了由政府统包的单一办学格局，进一步建立健全了各类教育管理体制

凡是进行教育综合改革的城市，都从本市的实际出发，基础教育一般由市、区分级办学、分级管理，有的市管高中、区管九年制义务教育；职业技术教育和成人教育一般由政府统筹，以行业和企业为主办学或由政府决策，教育部门管理，行业和企业参与，学校自主办学。基本上形成了以政府办学为主，人事、劳动、教育等部门密切合作，各方面共同参与办学的管理体制，调动了全社会办学的积极性。

（四）涌现出一大批全面贯彻教育方针的好典型

凡是进行教育综合改革的城市，都非常重视向学生进行思想政治和品德教育，特别是“两史一情”和“三个主义”（爱国主义、集体主义、社会主义）的教育；普遍建立了劳动基地，开设了劳动课和劳动技术课，把理论与实践、动脑与动手、学习劳动知识、技能与进行热爱劳动教育结合起来；积极探索改革教学内容和方法，加强薄弱初中，取消小学升初中考试，减轻学生过重的课业负担，促进学生在德智体诸方面生动活泼的发展；还有许多城市在中小学引进职业技术教育内容，或根据因材施教的原则，实行初三或高三分流，举办职业先修班，使每一个学生经过学校的培养和教育，在思想和学业上都获得应有的长进和提高，成为社会的有用之材。各地都涌现出一批办得好的“全面发展加特长”的学校。许多学生在全面发展的基础上脱颖而出，充分发挥了他们的兴趣、爱好、特长。

（五）带动了城郊农村教育综合改革的发展

凡是进行教育综合改革的城市，都普遍注意发挥城市的优势，带动郊区农村教育改革。近几年，国家教委先后在天津的静海县、广东的番禺市、上海的嘉定区、北京的平谷县召开了10城市农村教育综合改革和实施“燎原计划”的研讨会，探讨了城市教育综合改革在促进城郊农村城乡一体化进程中的职能。研讨会对教育科学理论的研究和对实际工作的指导，都起到了积极的作用。

二、城市教育综合改革的基本经验

10年来，我国城市的教育综合改革实验，坚持邓小平理论的指导，从社会主义初级阶段的基本国情出发，始终保持了旺盛的生命力，在改革探索中积累了宝贵经验。

（一）只有进行教育的综合改革，才能促进城市教育的全面协调发展。

计划经济体制下形成的政府包揽办学和条块分割状况，使得教育结构单一，教育与社会经济脱节严重。就教育论教育、或只在教育内部进行单项和局部改革，不可能触动原有教育体制的深层次矛盾，更不可能在经济建设、社会发展和教育事业的整体上，建立起新的体制和运行机制。面对新形势，新任务，新情况，进行城市教育综合改革，是教育改革思想的重大突破。

（二）新形势下的城市教育改革，必须实行三个统筹，即政府要统筹城市经济、科技、教育体制改革，统筹城市教育、劳动、人事制度改革，统筹各级各类教育的改革，做到综合配套，分步实施。

（三）加强党和政府对教育的领导是全面推进城市教育改革的根本保证。城市教育具有特殊性和复杂性，只有加强城市党委和政府对经、科、教等各项工作的领导，才能对事关教育的综合性、全局性、关键性问题作出科学决策，对涉及教育的方方面面的工作进行统筹协调。在教育综合改革中，实验城市成立了以主管市长为组长，市府办、教育、劳动、人事、计划、经贸、财政等有关教育的部门参加的教育综合改革领导小组，把教育纳入了当地经济和社会发展规划，纳入了政府和主要领导的重要议事日程，有关教育的重大改革举措和政策，提交市人大审议通过，或以市委或市政府名义颁发，提高了改革的权威性，“政府要加强对教育的领导”的原则落到了实处。不少政出多门、相互扯皮的现象，甚至一些争论不休、久拖不决的问题，在实验城市政府的统一领导下，得到了较好的解决。事实证明，依靠党和政府的主要领导推进教育改革，是综合改革取得成效的关键。

第三节 城市教育综合改革存在的主要问题

以邓小平同志南巡讲话和党的“十四大”为标志，我国改革开放和现代化建设进入了一个新阶段。一是加快改革开放和现代化建设步伐，建立社会主义市场经济体制，为深化我国教育改革、加快发展教育事业提供了一个难得的机遇；二是改革开放 20 年来，我国教育改革和发展取得了新的进展，为 20 世纪 90 年代再上一个新台阶奠定了良好的基础。

但是，在计划经济向社会主义市场经济加快转轨过程中，教育改革和发展面临许多新情况、新问题。主要是：教育改革的步伐仍然滞后于经济发展和社会进步的要求；在一些城市，教育优先发展的战略地位尚未落实，教育事业发展与教育投入不足的矛盾日趋尖锐；有的城市，教育指导思想还有待转变，减轻学生课业负担的任务还十分艰巨；教师的待遇偏低，拖欠教师工资的数额较大，教师队伍不稳定的趋势有所加剧等。

第四节　城市教育综合改革对策的思考

城市教育综合改革的目标和任务是：适应社会主义市场经济的需要，全面贯彻《纲要》的精神，加大政府统筹的力度，高标准普及九年制义务教育；发展和调整好高中阶段的教育结构，满足本地区第一、第二、第三产业目前和长远对各类人才的需要；发挥城市的优势，以一流的教育质量跨进21世纪；为完成第二步战略目标和建设有中国特色社会主义教育体系的基本框架作出应有的贡献。

当前重点要抓好下面几项改革。

一、进一步解决城市教育体制中的条块分割状况

政府要根据城市现代化建设对人才的需要，统筹规划基础教育、职业教育、成人教育和高等教育的改革和发展，调整城市教育结构和学校布局，挖掘和优化配置各部门、行业、企业和社会的教育资源。强化全局观念，淡化隶属关系，鼓励创办和发展跨部门、跨行业的社会化教育机构，在国家方针政策的指导下，实行学校面向社会自主办学。本着有利于调动各方面积极性的原则，积极推动城市各级各类学校，包括政府和社会各界举办的学校、省（市、区）和中央在实验城市举办的学校，进行同类和同层次学校间的协作、合作、联合、合并和共建。

二、大力改革发展职业教育

要根据城市经济结构、产业结构和劳动力结构的变化，调整和完善城市职业教育规划。大力发展中等职业教育，把为城市培养大量初中级实用人才，满足社会再就业工程需要，提高全体劳动者素质放在突出位置。有

条件的城市，要通过以改革为重点的“三改一补”的途径，推进高等职业教育的改革。中等职业技术学校要进一步调整专业结构，拓宽专业面向，更新教学内容，加强实习基地建设，强化学生动手能力的培养，扩大职业教育的服务范围，全面提高职业教育的质量，增强职业技术。

三、促进企业教育在建立现代企业制度过程中健康发展

城市和企业领导都要认真贯彻《企业法》《职业教育法》等法律的有关规定，明确企业举办职工教育和职业教育、建立现代企业教育制度的权利和义务。要抓住深化经济体制改革、调整和完善所有制结构、加快国有企业改革的有利时机，以职工教育为主，进一步推进企业教育改革，切实实行“先培训、后就业”、“先培训、后上岗”和竞争上岗、持证上岗的制度。同时努力探索在公有制实现形式多样化的条件下，企业举办中小学的新思路和新办法。

四、进一步加大教育投入

按照《教育法》和《中国教育改革和发展纲要》的规定和要求，制定相应的地方性法规和规章，加快教育投入体制改革。在依法开辟筹措教育经费新渠道的同时，努力增加政府预算内教育财政拨款。城市财政要实行教育预算单列，同时加强管理，提高经费使用效益。

五、推进招生考试和毕业生就业制度的改革

改革城市职业技术学校和高等学校毕业生“统包统分”的就业制度，除少数师范学科和某些艰苦行业的毕业生，实行在一定范围内定向就业外，大部分毕业生实行在国家方针政策指导下，通过人才劳务市场，采取自主择业的就业办法。

六、加强城乡教育综合改革的结合

根据“城乡一体化”的趋势和区域经济发展的需要，城市教育综合改革要统筹中心城市所辖农村、经济开发区的人才需求，统一规划中等职业教育以上的人才培养和学校、专业布局，以中心城市为依托，城乡统筹，以市带县，发挥城市的辐射功能，提高整个区域的教育水平。

七、加强对城市教育综合改革的领导

教育综合改革能不能进一步深化，关键在各级党委和政府，实验城市教育综合改革的实践证明这是一条重要的经验。加强领导，最重要的是各级党政领导要带头学好党的“十五大”报告，深入掌握报告的内容和精神实质，认清教育改革和发展面临的形势和任务，密切结合城市教育综合改革的实际，以邓小平理论和“十五大”精神为指导，研究推进城市教育综合改革的工作思路、措施、办法，使加强领导落到实处。

第五章
企业教育综合改革

第一节　企业教育综合改革历程

一、企业教育综合改革的提出

中华人民共和国成立以来，我国企业教育有了很大发展，为企业培养了大批急需人才，为提高企业劳动者素质、促进企业发展作出了贡献。但改革开放以后，随着企业的整体发展水平不断提高，我国企业教育越来越不适应发展的需要，更不适应世界经济竞争的挑战。为了探索我国企业教育改革发展道路，促进国有企业深化改革，1989 年 9 月，经国家教委与有关省市和部门研究，决定在全国 101 个企业进行教育综合改革实验。

确定的 101 个改革试点企业，分布在 22 个省、自治区、直辖市，归属于中央 22 个部委，涉及 21 个行业，是我国大、中型企业的骨干，基础设施、生产能力、管理水平、经济效益以及职工教育与培训等条件都比较好。

实施企业教育综合改革实验的目标是，进一步提高企业领导对企业教育重要地位和作用的认识，切实加强企业教育工作；明确企业教育的指导思想、办学模式、工作重点，进而优化企业教育结构；逐步建立符合我国大、中型企业实际的企业教育发展的政策和管理体制；形成有先进水平的社会主义企业教育格局，探索和建立行之有效的提高企业教育质量和办学效益的规律和制度；促进职工队伍素质和企业素质的提高、生产的发展，加强企业社会主义精神文明建设，为发展和提高全国的企业教育起示范作用。

二、企业教育综合改革实验的发展历程

1. 企业教育综合改革的起步工作

1989 年 10 月，国家教委在无锡市召开有北京市第六建筑公司、烟台北极星钟表公司、沈阳铁路局、吉林化学工业公司、上海石化公司、第二汽车制造厂、西安航空发动机公司等 15 家大中型企业参加的企业教育综合改革座谈会。会议就企业教育管理体制、经费和教育脱离实际等问题作了分析和讨论。会议提出要把探索企业内部教育领导管理体制改革作为改革实验的一项重要内容。会后国家教委办公厅在座谈会纪要中指出，各实验企业要注意通过教育综合改革实验和企业内部的深化改革，在企业内部形成由教育部门和各相关部门及单位组成的、各司其职、各负其责、共同管理、协调配合的企业教育领导管理与实施体系，使教育与生产结合，培养与使用结合。为了贯彻好无锡座谈会的精神，铁道部、纺织部、建设部、中国统配煤矿总公司、中国汽车工业总公司等 9 个部委及总公司和天津、山东、湖北等 7 个省市分别召开了专门会议，研究部署了本部门、本行业、本地区的企业教育综合改革实验工作。纺织部、轻工部、建设部等成立了部级教育综合改革领导小组。各实验企业相继成立了由厂长（经理）或党委书记任组长，企业各有关部门负责人参加的企业教育综合改革领导小组，多数企业还成立了企业教育综合改革办公室。到 1990 年底有 87 家教育改革实验企业向国家教委报送了本企业教育综合改革方案。

2. 企业教育综合改革的逐步推广

1990 年 10 月，原国家教委在上海宝山钢铁总厂举办了企业教育综合改革实验讲习班，全国百家教育综合改革试点企业的厂长或经理 300 人到会，听取了日本、德国专家介绍各自国家企业教育的情况，宝钢、二汽、铁道部第三工程局、大庆油田、沈阳黎明发动机制造公司等 11 个单位就本企业教育综合改革的情况作了专题发言。国家教委负责同志重申，企业教育要围绕企业发展目标，为提高产品质量、提高经济效益，为企业的进一步发展服务。1990 年 10 月，成立了中国成人教育协会企业教育研究会，1993 年 10 月成立了中国教育学会企事业教育分会，在开展企业教育综合改革实验的同时，加强了理论研究工作。

1992 年 10 月，原国家教委在黑龙江省大庆石油管理局召开了企业教育

综合改革研讨会；1993 年 6 月，在江苏省苏州市举办了学习借鉴德国双元制经验讲习班进行经验交流；1995 年 9 月在华北石化总公司，又先后召开过百家企业教育综合改革经验交流会，将企业教育综合改革不断推向深化。

附：全国 101 家教育综合改革试点企业名单

（1989 年原国家教委确定）

建设部：中建总公司一局北京市第六建筑公司天津市公用局、上海市自来水公司、湖北省二建公司、哈尔滨市市政一公司

机电部：南京 734 厂、天津 712 厂、深圳赛格集团公司、太原重型机器厂、东方汽轮机厂、哈尔滨锅炉厂、济南第二机床厂

能源部：兖州矿务局、平顶山矿务局、通化矿务局、华北电管局、山东电力局、葛洲坝水电工程局、大庆石油管理局、胜利石油管理局、华北石油管理局、大连核设备制造厂 404 厂

商业部：北京西郊粮库、天津八一面粉厂、南京市肉联厂、东方宾馆、浙江萧山钢铁公司、武汉商场股份有限公司（集团）

冶金部：鞍山钢铁公司、武汉钢铁公司、宝山钢铁总厂、太原钢铁公司、马鞍山钢铁公司、首都钢铁公司、包头钢铁稀土公司

纺织部：仪征化纤公司、无锡国棉二厂、上海十七毛纺织厂、济南针织厂、浙江湖州绸印染厂、哈尔滨亚麻厂

轻工部：上海自行车三厂、广东省国营紫泥糖厂、厦门福达感光材料有限公司、杏花村汾酒厂、吉林造纸厂、烟台北极星钟表集团公司、北京塑料制品厂

人民银行：541 厂、河南省分行、重庆市分行

铁道部：沈阳铁路局、广州铁路局、柳州铁路局、株洲电力机车厂、铁道部第三工程局、齐齐哈尔车辆厂、北京铁路局

化工部：吉林化学工业公司、大连化学工业公司、四川化工总厂

石化公司：上海石化总厂、荆门炼油厂、兰州炼油化工总厂

中汽公司：第一汽车制造厂、第二汽车制造厂、南京汽车制造厂、潍坊柴油机厂、长沙汽车电器厂

北京市：北京包装装潢制品厂、北京新新时装公司、北京食品公司、北京有机化工厂

上海市：上海第六制药厂、上海亚明灯泡厂、上海五金机械公司、上海港务局、上海市市内电话局、上海手表厂、上海电线电缆集团公司

天津市：天津石化公司、天津碱厂、天津轧钢三厂、静海油脂厂

辽宁省：锦州炼油厂、大连重型机器厂、大连机车车辆厂、沈阳黎明发动机公司

广东省：茂名石油工业公司、万宝电器集团公司、文冲船舶修造厂、广州白云山制药总厂

陕西省：西安电力机械制造公司、西安航空发动机公司、咸阳彩色显像管总厂、西北电管局

重庆市：重庆市红岩机器厂、重庆市第八建筑公司

成都市：成都无缝钢管厂

第二节　企业教育综合改革的成效和经验

一、教育在企业中的战略地位得到进一步落实

各试点企业经过改革实践，普遍增强了企业教育意识，增强了依靠科技进步和提高劳动者素质发展企业生产和经营的自觉性和紧迫感，努力做到生产开发、技术开发、智力开发一起抓，进一步落实了教育在企业中的战略地位。许多企业安排生产时把教育作为第一道工序，纳入企业发展规划、年度计划、生产发展的指标体系之中，做到教育培训任务同生产指标同时下达，同步考核；把教育工作纳入企业承包经营责任制及承包指标之中，纳入各级领导干部任期目标责任制及考核指标之中，在总结、评议、审计时，同时考核职工教育任务完成的情况。

现在越来越多企业的领导非常重视职工的教育。如柳州铁路局的同志指出，“凡是不重视教育的企业是没有前途的企业；凡是不抓教育的管理者，是不合格的管理者”。太原钢铁厂的领导指出，要炼出好钢材，必须先要培养出优秀人才。404 厂党委提出，“要生存，要发展，人才是关键，困难再大，也要把教育搞上去”。成都无缝钢管厂的同志认为，要创世界一流企业，首先要把职工队伍素质逐步提高到世界一流水平，一流的技术和设

备可以引进，但一流的人才、一流的职工队伍素质是不能引进的，只有靠教育培训才能得到提高。正是由于企业领导重视了教育，许多企业充实了教育机构，增加了对教育的投入，加强了教育培训基地的建设。

二、进一步理顺了企业教育的管理体制

企业教育综合改革，面临的一个重要问题是管理体制问题，而体制问题的核心，是如何转变职能强化统筹的问题。目前，试点企业程度不同地进行了教育管理体制改革，改革后的管理体制尽管模式不一，但都强化了统筹的职能，并呈现出三方面的特点。

第一，统筹的层次提高了，落实了企业对教育的自主权和决策权。如宝钢总厂教育委员会，是由厂党委书记任教委主任，副厂级干部任常务副主任；第二汽车制造厂等一些企业的教委，是由副厂级干部任专职主任。这样就保证了企业对教育统筹权的落实，使教育发展规划同企业发展目标有机结合，使企业教育更好地为企业生产经营服务。

第二，在企业内部建立了协调一致的工作机制。在企业主要领导的全面统筹下，许多企业建立了由人事、劳动、财务、计划、教育、组织、干部、工会、共青团等部门负责人参加的工作班子，定期召开会议，共同商讨、确定企业教育的大政方针。由于企业内各有关部门在思想上有了共识，在工作中协调配合，为企业教育综合改革创造了良好的环境。

第三，在教育内部，实行了全面统筹。近几年来，各实验企业从完善机构、提高自身素质方面巩固和发展了管理体制改革的成果，初步形成了具有多功能作用全方位统筹的教育管理体制。经过50家试点企业调查，其中建立双向统筹管理模式的企业有23家，占46%。

三、企业教育机制得到进一步完善和发展

企业教育综合改革是一项系统工程，涉及企业的方方面面，这就需要逐步建立能动的企业教育机制，使企业人、劳、计、财、教育等部门能够直接运转、相互促进，形成改革的合力，充分发挥企业教育的作用。

在运行机制方面，以二汽为代表的一些企业建立了“决策—管理—执行”或“教育委员会—二级单位教育科—各级各类学校”三级管理网络，使教育系统内部上下贯通，令行禁止，主动适应、主动服务于企业的生产经营。

在激励机制方面，建立了“培训、考核、使用、待遇”一体化政策。

在约束机制方面，建立了对单位、领导、职工三方面的约束机制。对单位或部门的约束措施，主要是把职工培训纳入厂长经理任期目标责任制和精神文明建设的各项指标中，并作为考核项目之一，按期考核评分，根据得分多少，对该部门实行经济上的奖罚；对单位领导的约束措施，有的单位制定了任期内职工教育工作考核标准，并按照标准全面检查考评，对作出突出贡献的单位领导由上级给予表彰和奖励；对个人的约束措施，主要是严格考核制度，对考核不合格的，干部不得任职，工人不得上岗，并做“移岗”“降聘”使用。

鞍山钢铁公司从企业实际出发，建立以“一证三挂钩”为内容的职工教育动力机制，制定并实行了《厂矿长（经理）任期内职工教育工作考评制度的规定》和《厂矿长（经理）任期内职工教育工作考核标准》，强化了职工教育的保证体系，推动了企业教育工作改革的深化。铁道部齐齐哈尔车辆厂在改革教育管理体制的基础上，相应建立了四种配套的运行机制，产生了明显的效应，初步实现了教育综合改革实验方案中提出的目标。

大部分试点单位在统筹考虑企业内的职工教育、职业技术教育、基础教育的前提下，根据企业对各类人才的需求，在调整学校布局、专业设置、办学规模、硬件建设等方面都有了明显的改善，并初步形成了具有自己特点的体系或模式。

四、企业教育综合改革促进了企业对教育的投入

逐步建立稳定增长的教育投资机制，是企业教育综合改革的重要课题，也是近年来取得的显著成果之一。天津碱厂被列为试点企业后，为了给改革实验创造必要的条件，大幅度增加教育经费，除工资总额的1.5%以外，每年将企业留利的3%—5%（100万—150万元）作为教育专项基金。广州铁路局为保证改革实验顺利进行，每年从运营留利和多种经营中各提取10%作为教育基金。平顶山矿务局、北京铁路局、鞍山钢铁公司等企业教育建立并积累了几十万元乃至上百万元的企业教育基金。由于增加了教育投入并合理使用了教育经费，因而改善了教育设施，扩大了培训能力，提高了教育质量，深化了教育改革，加快了教育发展的进程。

五、企业教育综合改革促进了企业经济效益的提高

企业教育综合改革最终目的就是要通过对在岗人员的培训，提高劳动生产率，使企业获得更大经济效益。第二汽车制造厂对在职人员的培训探索出8种模式：为产品进入国际市场培养学术带头人的厂校合作培养高层科技人员的培训；为提高科技人员产品开发能力的菜单式学分制继续工程教育；为培养工种带头人的工人短期强化训练；为提高一线工人制造能力的工序岗位达标培训；为培养市场经营能力的管理人员短平快研修；为培养跨世纪集团领导人的任职资格培训；为提高管理和制造相融合的工业工程研究和以克服普遍存在工作中随意性的养成性综合教育。通过开展这8个方面培训，二汽8万名职工制造能力每年提高0.3级，技术进步率保持在60%，教育年创直接经济效益在400万元以上。

北京西郊粮库狠抓“培训—考核—使用—待遇—效益”一体化，大大改变了装卸工作的面貌。近年来库容量不断增加，北京西郊粮库在粮食翻倒量大大超过往年的情况下，依靠训练有素的装卸队伍，不增加人员设备，圆满完成了任务，并且质量好于往年，工伤事故下降，受到领导赞扬。无锡国棉二厂的生产经营，前几年曾陷入“举步维艰，难以为继”的境地，全厂上下坚持“百年大计，教育为本”的方针，积极进行教育改革实验，促使企业生产步入良性循环。

经过近10年实验，百家试点企业积累的宝贵经验主要是以下方面。

1. 坚持整体构思、协调发展，是“企业教育综合改革”的核心

十一届三中全会以来企业教育走过的道路以及近几年教育综合改革实验的实践表明，企业教育的改革和发展，是一个各种因素相互联系、相互制约、相互发生作用的运行过程，改革必须整体构思，配套改革，协调发展，重点突破，着力在“综合”上作文章。

整体构思，协调发展，不仅反映在必须正确处理好教育与经济“服务”和“依靠”的关系上，还反映在教育内部的“三教”统筹、衔接、沟通、渗透等方面，也反映在教育的体制、结构、投入、机制、质量、效益等内容上。所有这些，都集中反映在试点企业所制订的企业教育综合改革方案中。

配套改革既有企业教育内部的小配套，如三教（或二教或四教）统筹，解决“三教”如何衔接、沟通和渗透，如何优化教育结构，如何进行教育

教学改革等问题，还有企业内部中的配套，这主要是人、劳、教结合，完善企业三项制度的配套改革，增加企业教育活力；再就是企业外部的大配套，侧重在为了加快企业改革步伐，搞好大中型企业，政府的职能要真正转移到为企业服务上来，为企业发展创造良好的外部环境和条件。

搞好“综合”的关键，是落实企业领导对统筹的责任；搞好“综合”的难点，是发挥有关业务部门主动参与、通力合作的积极性；搞好“综合”的基础，是教育部门要充分发挥宏观管理和服务的职能。

2. 着眼全局，立足于内部改革，是搞好企业教育综合改革的重点

进行企业教育综合改革，需要有好的外部环境，但根本上还要立足于企业教育工作者自身素质的提高，要通过加快内部改革，推动企业教育综合改革实验的进行。立足于内部改革，就是强调发挥人的主观能动作用，强调人改造世界、创造世界的能力，这是一条十分宝贵的经验。

3. 联系实际，一切从实际出发是企业教育综合改革的重要原则

企业教育综合改革是一项新事物，没有固定的模式可依循。百家试点企业，各有各的行业特点，规模大小、改革环境都不一样，不能搞“一刀切”。一切从实际出发，具体说就是指从企业生产经营的实际，企业职工队伍素质的实际、企业教育的实际情况出发。企业的实际，是进行企业教育综合改革实验的基础，满足企业发展的需要，是进行企业教育综合改革实验的出发点和落脚点。近 10 年来，企业教育综合改革实验不仅推动了试点企业内部一系列改革，而且波及了试点企业以外的其他企业。据初步统计，一些地方和部委在全国 101 个试点企业的基础上，又确定了 150 多家企业进行企业教育综合改革实验。实践证明，这项试点改革，不仅受到了广大企业的欢迎，而且在社会上产生了较大影响。

第三节　企业教育综合改革的总体思路、目标及对策

企业教育综合改革，要牢固树立主要为企业的生产发展和经营服务的思想，必须把企业教育的发展纳入企业生产和经营的总体规划之中，一定要加强以岗位培训和继续工程教育为重点的职工教育，大力加强职业技术教育，着力提高企业职工队伍的整体素质。

企业教育综合改革必须结合企业生产、经营的特点，充分满足企业发展对各类人才和技术工人的需要，一定要坚持一切从企业的实际出发，不搞“一刀切”。

要理顺企业教育管理体制，建立强有力的企业教育领导管理机构，一定要不断完善企业教育的运行机制，优化教育结构，深入进行教育教学改革，逐步建立起完全适应企业发展需要的充满活力的教育培训体系。

企业教育综合改革在起步阶段的主要任务是围绕企业发展目标，选好起步项目，根据自己的实际情况，去探索改革的路子。1992 年 10 月，国家教委在大庆召开的企业教育综合改革经验交流会确定的企业教育综合改革的总目标是，要建立适应企业需要的、充满活力的企业教育培训体系。

深化企业教育综合改革的对策：当前国际形势发生了很大的变化，我们面临着来自两个方面的挑战。一是在 20 世纪末必须实现第二步战略目标；二是在 21 世纪甚至更长的历史时期立于不败之地，就必须坚持党中央提出的“一个中心、两个基本点”这一基本路线，充分发挥社会主义制度的优越性。为此，首先要把国内的事情办好，把国有大中型企业办好；同时，加快改革开放，搞好包括教育在内的各项改革，并不断有所创新，不断完善社会主义制度，进一步认识企业教育综合改革的意义，使它的优势进一步得到发挥。具体在对策上要落实四个方面。

第一，企业教育综合改革，必须在综合上做好文章。“综合”，就要在指导思想和改革的目标方面，体现出综合性来。首先，是教育与经济、社会发展的综合，这就提出了“经科教”统筹，以及人、劳、教、计、财等部门的结合问题；其次，是要处理好教育内部各块教育的关系，这就提出了“职前、职后沟通”、“三教统筹”或“四教统筹”等问题；最后，还要处理好每块教育中各个层次的关系以及上下衔接的问题。总之，每一项改革都要纳入到企业的生产发展总体规划中去，从全局上把握和处理问题。

第二，完善企业教育管理体制。管理体制改革是企业教育综合改革的重要内容和保证、企业教育综合改革涉及面较广，需要解决的问题很多。搞好企业教育管理体制的改革，是个关键性的问题。它既是改革的一项重要内容，又是确保改革成功的重要措施。尽管许多企业教育的基础比较好，起点比较高，但受现行体制的制约也比较多。因此，要想使企业教育综合改革取得突破性的进展，必须认真研究和积极稳妥地开展企业教育管理体制的改革，为此，企业的主要领导一定要亲自出面，统筹协调各方面的力量，积极搞好企业教育管理体制的改革，形成齐抓共管的领导管理体制，同时还要认真解决运行机制中的问题。

第三，加强领导统筹。改革企业教育管理体制的核心问题是增强企业领导对教育的统筹决策权。企业没有自主办教育的统筹权，不给企业以必要的决策权，就难以做到教育发展与企业发展及人才培养规划的紧密结合，教育为企业生产经营服务就会落空，当然，由于我们的行业很多，差异很大，不同的企业究竟应该有哪些决策权，这个问题还需进一步探索和研究。但从已有的材料中，介绍了许多行之有效的做法和经验，大家可以借鉴。

在企业领导统筹下，参与企业教育管理的各个部门要形成合力。参与企业教育宏观管理的计划、人事、劳动等部门要组织起来，各负其责，通力合作，形成合力，使企业各部门的职能成为企业统一的行为，为完成总目标而努力。事实证明，凡是能这样做的地方，教育的外部环境都比较好，搞好企业教育，企业教育部门必须全力以赴，但是单靠教育一个部门是不行的，各个部门必须合作参与，一起努力，事情才能办好。

各试点企业要以积极主动的态度，进一步规划与部署好企业教育综合改革工作，既然总的思路和目标已经明确了，各地也积累了一些有益的经验，就可以结合自己企业的情况安排工作，尽快行动起来。不断完善企业教育综合改革方案或规划，要尽可能把标准定得再高一些，步子再快一些，随着企业生产、经营情况的变化，不断对教育综合改革方案或规划进行调整和完善，为在全国范围开展企业教育综合改革作出示范。

第四，必须加强指导和服务。各省、自治区和直辖市以及国务院有关部委、总公司的教育部门，要加强对这项工作的检查指导和服务，有专人负责协调指导这项工作，作为一件大事来抓，并且要抓紧、抓好、抓出成效。值得指出的是在过去几年的改革中，在企业的统一领导下，各实验企业的劳动部门，配合教育部门做了许多工作，为企业教育事业的改革与发展出了力。各地教育部门、劳动部门和其他部门，应当在各地政府的领导下，更加紧密地结合起来，为企业的生产、经营和教育改革实验服务。

开展规模大、涉及面广的企业教育综合改革实验，会遇到许多新问题。只有认真研究总结，才能使工作减少失误。应加强企业教育综合改革的理论研究，加强各实验企业之间的学术交流与研讨，通过理论研究去指导改革的实践。

第六章
高等教育综合改革

第一节　高校教育综合改革历程

1985年5月27日，中共中央公布了《关于教育体制改革的决定》。此后，高等教育的改革从体制入手，在许多方面进一步深入，并收到了一定效果：政府对高校的宏观管理职能有所改善；高校办学自主权有所扩大；高校内部的领导体制和管理正在逐步改革；高校招生和毕业分配制度改革取得了一定成效。

在高等教育宏观管理方面改革的同时，高校内部教学、科研及管理等方面的单项改革也相继出台，随着学校各项改革的不断深入，旧体制束缚的某些深层次矛盾凸显，使学校教育、教学及科研等各种改革不同程度地遇到了一些机制性障碍而难以深化。20世纪80年代后期，一些高校开始认识到必须改变“单兵独进”的格局，要相互配套才能够有新的突破。因此，在高校推行相互配套、全面、综合的改革，已提上学校教育改革的重要议事日程。

针对这种情况，原国家教育委员会决定在一些改革基础较好的直属高校进行综合配套的改革试点。从1988年始，原国家教委先后选择了清华大学、浙江大学、华东化工学院、南京大学、南开大学和东北师范大学进行高校综合改革试点，这6所高校分别在学校原各单位改革的基础上，制订了符合本校实际的综合改革方案，并积极组织实施。国家教委在确保宏观控制的前提下对试点学校适当下放管理权限，为学校创造了宽松的外部环境，鼓励列入试点的学校大胆探索，积极实验，走出一条办好有中国特色的社会主义大学的路子。此后，六所试点高校的综合改革工作相继展开，并取得了初步效果。

六所高校的综合改革试点工作，由于1989年春夏之交的政治风波而受到一定的影响，但并没有停顿下来。1989年11月，国家教委在杭州召开有六所试点学校校长参加的综合改革试点学校座谈会，会上分析了当时高校所面临的形势，对实施综合改革以来学校的经验和做法进行了认真的回顾，研究了高校综合改革的一些基本思路，认为高校综合改革的方向是正确的，应该坚持深化下去。1990年4月，在全国高校党建会议期间，国务院分管教育工作的领导同志在同综合改革试点学校党委书记座谈时明确指出，高等学校综合改革试点工作不能遇到困难就停下来，而要在坚持社会主义方向的前提下大胆进行，在试验和探索中总结经验，不断前进。在此期间，试点学校各项改革仍在不断深化，并取得了较为引人瞩目的成果。

第二节　高校教育综合改革的成效

高校教育综合改革，是指高校内部在人才培养、学科建设、科研与开发、内部管理诸方面进行相互配套、相互促进的改革，目的是通过综合改革，逐步解决高等学校的事业发展与国家经济和社会发展需要不相适应的矛盾，挖掘高校潜在的活力，充分发挥高校教育、科研两个中心的优势，提高办学的整体水平和效益，建立与国家经济、科技、教育体制改革相适应的办学模式和机制，进一步探索办好有中国特色的社会主义大学的路子，更好地面向现代化、面向世界、面向未来，为国家的经济和社会的发展作出更大的贡献。

六所综合改革试点高校按照《中共中央关于教育体制改革的决定》的要求，遵循教育规律，以改革统揽学校工作全局，坚持社会主义的办学方向，以提高学校教育质量和科研水平为中心，以建设居于国际先进水平行列的、有中国特色的社会主义大学为目的，把培养社会主义事业的建设者和接班人作为学校的根本任务，在加强党的领导和思想政治工作、学科建设、调整课程设置与培养模式、加强实践能力培养环节、科学研究等各方面进行了大胆的探索，把改革与建设、改革与发展有机有结合起来，努力在“发挥优势、适应需要、办出特色、迎接挑战”上下工夫，经过几年的实践，取得了较为显著的成效，并在全国高校及社会上产生了积极的影响。

一、改革人才培养模式，努力提高人才培养质量，培养适应经济和社会发展需要的、高质量的、社会主义事业的建设者和接班人

华东化工学院在综合改革中，始终坚持以育人为中心，确立了“适应社会需要，面向企业为主，提高综合质量”的办学思想，坚持把德育放在学校一切工作的首位，按照“三个面向”方针和“四有”要求，采取了一系列的改革措施，以培养“合格+特色”人才为目标，努力提高人才培养质量。自1989年始，该校在育人模式方面进行了重大改革，对本科生实行“两段式”教育：一二年级为基础教育阶段，三四年级为专业教育阶段。同时打破原有系、教研室的格局，成立基础教育部和各教科组，基础教育部是有效的教育组织而非单纯的教学组织，教科组是以科研为基础，以育人为主导，由教师、必要的教辅人员、研究生和高年级本科生构成的融教学、科研、育人三位一体的工作实体。在基础教育阶段，学生不分专业全部进入基础部分类培养，着重传授马克思主义基本理论和自然科学基础知识，合理规划自然科学、人文社会科学的比例，有机配置第一课堂和第二课堂的教育活动，全面提高人才的基本素质；在专业教育阶段，学生按“双向选择”原则分流到各教科组，教科组侧重传授工程技术学科和专业类知识，深入进行社会主义道路和人生观、职业道德的教育，培养学生综合能力，把学生转化为工作者。自1990年起，华东化工学院对四年级学生实施了毕业环节覆盖一年、课程教育覆盖一年、职前教育覆盖一年、职前思想教育覆盖一年的“四个覆盖一年”的改革措施。两段式教育一改传统教育模式，使华东化工学院的教风学风明显好转，教育质量稳步上升，毕业生得到社会的普遍好评。

清华大学注重为国家培养和输送全面素质优良、适应社会需要、有特色的高质量人才，强调提高学生的整体水平和全面素质。根据现代科学技术发展中学科交叉、渗透的趋势和社会需求，拓宽专业面，加强课程建设，在教学内容上注意不断引进科学技术发展的新内容，在教学方法上注重培养学生的独立思考和创造能力。为培养各种类型的优秀人才，清华大学在

多层次多规格因材施教、大面积提高总体质量的基础上，选拔尖子学生实施特殊培养。为培养复合型人才，每年选拔五百名左右的学生跨系跨学科培养，以适应经济和社会发展对人才的需求。

南京大学为适应国家经济建设对人才需求的变化，在人才培养上把原有单一的培养基础研究和高校师资的人才培养规格调整为培养“两类人才和三种去向”的培养规格，即少而精的基础研究型人才和大批量的科技应用型人才，向高等学校和科研单位输送一部分高质量的研究生，向实际工作部门输送一批具有较强理论基础的专门人才，向专科学校和中等学校输送高质量的师资，使人才培养规格更多地面向社会主义建设。从1989年开始，南京大学施行“按照院系招生、强化拓宽基础、实行分流培养”的模式，把一些相近学科、专业组合成若干个学科群体，按学科群体设置其共同的基础课，并且全面修订教学计划，加强了数学、外语、计算机等基础课程的建设，增设了近三百余门应用性课程，突破了局限，贯彻了因材施教思想，做到了面向社会需要培养人才。

各试点学校针对近几年来一些大学毕业生动手能力差的状况，大力加强了教育过程中的生产实习和社会实践环节。清华大学充分利用校办产业和校办工厂，建成了校内金工实习、电子工艺实习和技术工程实习三大实践基地，并在校外开辟了相对稳定的一批生产实习基地。该校1985—1988级本科生经过到校办机械厂、仪器厂参加生产实习、技术培训和勤工助学，有414人接受了350—400工时培训，分别通过9个工种的二级考试，获得了北京市劳动部门颁发的二级技工证书，这种培养模式使学生在知识、能力、思想、作风等多方面都得到了锻炼，对学生的全面培养产生了积极的作用。东北师范大学在立足于为基础教育输送合格师资的基础上，积极改革原有的培养模式，走基础—实践—提高的培养路子，进行了3+0.5+0.5（基础教育三年、教育实习半年、教育理论半年）的人才培养实验，形成了打好基础、强化实践、全面提高教育素质的培养模式和途径。近几年来，该校学生从事教育事业的使命感和责任感普遍有所增强。1989年以来，历届毕业生到中学任教均达75%以上。该校毕业生走上工作岗位后，以其踏实的作风、扎实的基础和较强的能力赢得了用人单位的好评。其他试点学校在加强生产实习、社会实践工作方面也进行了不同特色的探索和尝试，如清华大学的“4+1”模式，浙江大学的“3+1+1”预分配模式，南京大学的理科“3+1”系所联合培养模式、文科“3+0.5+0.5”模式等均使学生在增强实践动手能力，适应社会需要方面受益匪浅。

二、面向经济建设主战场开展科学研究，努力提高科学研究水平及其为经济建设服务的能力

我国高等学校特别是重点大学，承担着为国家培养高级专门人才和发展科学技术文化的重大任务。试点学校在改革实践中，突出科学研究工作在学校事业发展中的地位，大力加强科学研究，改革科研工作的运行机制，努力把学校建设成为既是教育中心，又是科研中心，取得了丰硕的成果，为国家科技事业的发展和国民经济建设作出了较大的贡献。

清华大学在综合改革中确立了科研工作“一个主体、两个侧翼”的总体布局，学科科研工作的主攻方向是面向经济主战场，以国家和部委的攻关任务、跟踪世界高新技术任务和横向协作关系的科研开发为主体；两翼是指对比较薄弱的基础研究和应用开发研究的规划和支持，以及发展校办科技产业。在“六五”、“七五”期间，清华共承担的8000余项科研课题中，有60%以上是结合国家经济建设的需要而开展研究的，其中国家重点攻关项目300余项；在高新技术方面，承担了高温气冷堆、计算机集成制造系统（CIMS）、集成光电子等重大项目；同时清华瞄准世界科技前沿加强基础研究，确定了基础研究发展的20个左右的主攻方向，采取校基金、外汇指标补助、奖励及酬金补贴等导向措施，组织精干队伍进行深入系统的研究，力争做出有国际水平的理论成果。学校还利用多学科的条件发展软科学研究，为国家有关部门、行业及地区发展提供咨询，并参与行业技术政策的制定及重大工程的评价、论证等工作。在合理布局的基础上突出重点，组织校内联合攻关。经过多年努力，清华已建成13个跨系的联合研究所，并筹建一批跨学科或优势互补的联合工程研究中心。为适应我国较长时间内将以煤作为主要能源的实际情况，热能系、力学系、化学系、环境系等单位组织了大量教师从事煤的高效清洁燃烧理论和技术开发的研究，并在诸多领域取得了较大成果。

浙江大学针对学校“系所合一”的传统科研体制，努力克服脱离生产实际，不讲经济效益的学院式研究倾向，改革以往系办科研、教研室管教学的模式，实行系办教学、所管科研的双层运行机制，把研究所（室）建

立在二级学科上，实行所长即学术带头人负责制，学校向所下放人、财、物自主权，由所出面对外争取科研课题。这种体制有利于对外承接大型课题，协同组织集中研究，使浙江大学的科研工作产生了显著的活力，形成基础研究、应用研究、开发研究的合理配置，促使科研人员面向经济主战场，学校科研的规模和水平逐年提高，出现了基础研究定向化、应用研究基地化、开发研究产业化的良性循环。该校已在二级学科上建立了80个研究所（室），9个国家级重点实验室、2个国家工程研究中心，承担的科研项目从1988年的780多项增加到1990年的1000多项，1990年全校共鉴定科研成果138项，其中获国家发明奖3项，部委和省市科技进步奖64项。

三、大力加强学科建设，加速学科改造

南京大学的综合改革以学科建设为龙头，确定了“扬优、保重、改老、扶新”的学科调整方针，在保持原有学科优势的基础上，加强了文科建设。在马克思主义指导下，研究和探讨当代重大的政治、经济和社会理论原理，结合修订教学计划，加紧建设一批专业理论课程。

在作好规划、加强宏观管理、严格控制外延发展的前提下，南京大学通过学科内涵的改革，对现有学科进行了调整和建设，对新闻、考古、宗教学等17个社会需求量少、人才培养面过窄的专业实行了隔年招生或暂停招生的办法，促使其更新改造；又根据社会需求调整了计算机学、法律学等22个专业的教学内容和培养目标；同时增设了电子学、信息物理、材料科学等一批应用、交叉型学科和7年制临床医学专业。

南京大学还注重抓好重点学科、重点实验室和重大项目的“三重”建设，特别注意发挥18个全国重点学科、10个国家重点实验室和专业实验室的作用，在引进人才、选留毕业研究生、邀请国外专家、出国进修、国际合作、后勤支持6个方面制定倾斜政策扶持其发展；在重点建设中，注意选定重点研究方向，确定若干个校级重大科研项目，形成以重大研究项目推动重点研究方向、以重点研究方向推动重点学科建设的运行机制。南开大学在学科建设中，以基础理论研究与应用研究并重，在调整、改造和加强基础研究的同时，大力发展适应社会需要应用的学科。在自然科学方面，着重抓好与信息科学、材料科学和医学科学密切相关的学校；在社会科学方面，在原来文、史、哲、经、外语等老学科的基础上，发展了编辑、旅

游等应用性强的学科，特别主动抓好国际经济、国际贸易、金融等学科的建设。对国家重点学科和计划建成国家重点学科的，从人力、物力、财力上给予支持。在处理“基础”与“应用”的关系上，以基础研究为依托，发展面向实际的应用和技术开发，使二者相互促进，协调发展。

四、突破旧的师资管理模式，探索了在新形势下进行队伍建设的运行机制和管理体制

长期以来，我国高等学校对教师管理借鉴苏联的模式，实行的是从选留毕业生担任助教开始，培养其成为讲师、副教授、教授的“一条龙”管理模式。改革开放前，这种在高度集中的计划体制下的教师管理模式对学校教育事业的发展起到了一定的作用。改革开放以来，传统的教师管理模式已不能适应新的形势和学校工作的要求，高校教师队伍面临着学术带头人老化、青年教师流失、队伍出现断层等严峻的问题。这种现实已向高校传统的队伍建设和管理模式提出了挑战。

进行高校教育综合改革的试点学校面对在队伍建设方面的新情况和新问题，进行了积极的探索和有益的尝试：清华大学推行博士生兼任助教制度，把研究生制度改革和教师队伍的建设有机地结合起来；浙江大学试行在国内外公开招聘教授，改变传统的学科带头人的选拔办法；华东化工学院在教师评聘工作中增强透明度，实行《岗位、职务、结构一览表》等，取得了积极的成效。

清华大学自1989年开始实行助教博士生制度，在清华就读的博士生同时具有教师身份，在攻读学位的同时要完成一年以上的教学、科研或管理工作量。这项改革措施不但促进了清华大学人事制度的改革，使教师队伍以固定编制和流动编制相结合，充实了教学、科研第一线的力量，增强了队伍的活力，通过流动不断优化了教师队伍结构，也提高了教学、科研和管理水平。

华东化工学院为调动广大教职工的积极性，在实行聘任制、进行双向选择、扬长分流的基础上，于1991年推出了《岗位、职务、结构一览表》，使全校每个教师都清楚地了解全院各学科组（室）的高级职务岗位的配置情况，从而及早地、自觉地根据客观修正自己的愿望，寻找可行对策，避免因自己期望值过高与学校职务限额之间的矛盾，同时也激励每个教师根

据自己的特长制定个人发展规划。这一措施把学院管理目标、教师工作实绩和个人利益结合起来，对促进人才竞争和人才流动，促进学科的发展起到了较好的作用。

浙江大学把竞争和约束机制引入教师职务评聘工作中，采用全员定编，严格把岗位和任务直接挂钩，考核到系所，定编到人，鼓励流动，优化组合，多余的编制上缴学校，缺编由学校付缺编费，大大减少了人浮于事、互相推诿的现象；对青年教师，实行任期合同制、硕士兼任助教制，让选留和分配进校的硕士以下青年教师先进入流动编制，学校与其签订 2 年合同，期满后考核业绩合格转为正式编制，这种择优聘任、双向选择的机制大大加强了青年教师队伍建设。近年来，该校获得的国家自然科学基金青年基金连续多年居于全国高校第一位。

为稳定和建设教师队伍，各试点学校通过调整政策导向对骨干教师给予了重点扶持。南京大学近几年来把优秀青年人才推到教学、科研第一线承担学校重大任务，实行副博士生导师，其中已有 30 多人被评为博士生导师；同时对青年骨干教师优先提供学习外语、进修深造和分配住房等条件，鼓励其搞好本职工作；并设立青年教师专项基金，加强青年教师之间的学术交流与合作，努力形成有影响、有特色的青年学者群。华东化工学院对基础教育部的教师在生活待遇、职称评审方面给予必要的政策倾斜，基础教育部教师的收入标准参照学校收入较高的学科组人均水平制定，对基础部教师的各级职称限额，为使他们在业务上不断得到提高，每两年还为其安排一次学术休假。基础部教师不但承担着繁重的教学任务，还要担任班导师或第二课堂指导教师工作，充分发挥了整体育人的作用。

通过教育综合改革，六所试点学校的各项工作呈现出蓬勃的生机，并且不断上升。他们的经验和做法，也为我国其他高校深化教育改革起到了示范作用。

第三节　高校内部管理体制改革

党的十一届三中全会后，高等学校以及广大教职工迫切希望把在“文化大革命”10 年中失去的时间夺回来。然而当时高校内部管理体制上长期积累下来的弊端束缚了教职工积极性和创造性的发挥。为改变这种状况，早在改革开放之初，有少数高校借鉴农村经济改革的经验，在内部管理体制改革方面进行了初步的尝试，但由于受到当时外部环境的制约，这种尝试并未取得预期的目标。

进入 20 世纪 90 年代后，我国的社会主义建设进入了一个新的发展阶段。国家制订了经济和社会发展的十年规划和“八五”计划，要在 20 世纪完成实现现代化建设的第二步战略目标的历史任务。高等学校承担着培养高层次人才和发展科学技术的双重任务，经济发展步伐的加快和改革开放的深化，对高校的改革与发展提出了新的更高的要求，也为高校的改革与发展创造了良好的社会环境。高等学校适时推行校内管理体制改革，不仅是加强高等教育改革力度，增强内部活力，提高办学效益，适应国家经济和社会发展的需要，也是社会主义现代化建设的大势所趋。

正是在这种背景下，1991 年初，国家教委决定在直属高校有组织、有步骤地推行校内管理体制改革，并选择了南京大学、东南大学作为进行这项改革的试点。经过半年多的准备，并经江苏省人民政府同意，1991 年 11 月，国家教委对南京大学、东南大学的校内管理体制改革方案正式作了批复。

校内管理体制改革是高校综合改革的重要组成部分，涉及高校人事、分配、住房、医疗、退休保险等管理诸方面体制与机制的改革，要求这些方面的改革要协调配套、综合实施。从南京两校的试点情况看，他们从人事制度改革入手，严格定编、定岗、定职责，完善聘任制度，调整优化队伍结构，实行青年教师任期合同制和研究生兼任助教、助研、助管制度，在校内逐步建立相对稳定的固定编制和流动相结合的用人模式；在进行人事制度改革、严格考核考评的基础上，推行校内分配制度改革，实行国家工资与校内津贴相结合的分配制度，逐步打破部分奖金、津贴平均分配的局面，拉开差距，形成激励机制。在校内分配制度改革出台后，相应出台住房、医疗、退休保险制度的改革。

1992 年 1 月，国家教委在南京召开了直属高校 1992 年工作会议。会议期间，与会代表对南京大学、东南大学的校内管理体制改革试点工作进行了实地考察，并给予了较高评价。

会后，国家教委决定进一步加快委属高校内部管理体制改革的进程，把这项改革的试点由南京大学和东南大学扩大到清华大学、浙江大学、南开大学、天津大学、上海交通大学、华东化工学院和东北师范大学 7 所高校。至此，进行校内管理体制改革试点的委属高校达到了 9 所。

试点学校校内管理体制改革的实践，取得了较为显著的成效，并为其他高校推行这项改革提供了有益的经验。

——校内管理体制改革要逐步建立和完善与国家经济和社会发展相适应的校内管理体制和运行机制。要充分运用正确的政策导向、思想教育和物质激励手段，最大限度地调动广大教职工的积极性和创造性。通过深化改革，调整结构，转换机制，优化队伍，增强活力，改善教职工待遇，达到不断提高教育质量、科研水平和办学效益的目的。

——要依据学校教学、科研、校产开发和后勤等方面所承担任务和工作性质的不同，建立不同的管理体制和运行机制。清华大学把学校工作岗位分为教学、基础研究和党政管理，应用研究和技术开发，科技产业，后勤四类，根据不同工作的性质和特点，采取“分流”管理的办法，实行不同的管理体制和运行机制，对不同类型的岗位和单位，有不同的目标要求、评价标准、政策措施和分配办法。明确学校和系的投入主要用于占教工总数 35% 的从事教学、基础研究的人员身上，对他们按工作任务定岗聘任，学校保证其相应待遇和生活条件有较大幅度提高，鼓励其集中精力提高教育质量和科研水平；对其他人员，学校主要是在政策和管理办法上创造条件，支持和鼓励他们面向社会及市场，承担更多的任务，支持和鼓励他们为社会和学校多作贡献，而学校不再全包全管。

东南大学对学校实行“三大块”的管理体制，把学校工作分为教学科研、校办产业、后勤服务三大块，教学科研的主要任务是提高教学质量和科研水平；在学科建设、人才培养、队伍建设、科学研究等方面深化改革，组建校产集团公司，实行企业化管理；后勤服务要转换机制，实行“小机关，大实体”，推动其向社会化发展。

——要依据学校事业发展的需要，调整学校队伍的整体结构，实行人员的合理分流。

天津大学在进一步压缩编制的基础上，适当加大了专任教师的工作量，相应减少专任教学人员，同时在教师中增加科研编制，在校内建立浮动科研编制，使教师队伍在结构上接近于学校教学、科研工作的实际情况，为师资队伍结构的合理化奠定了基础。

东北师范大学在改革中合理调整各类人员比例，压缩管理人员，提高工作效率，同时把一些能够转变职能的行政管理部门从机关转化出去，尽量压缩二线人员的比例，切实做到按需上岗，择优聘任，保证各支队伍精干优化，实行满负荷工作，提高了办学效益。

——改革要有利于不断改善办学条件和提高教职工的生活待遇。要通过这项改革，创造一个良好的办学环境，努力使教师集中精力教书育人，不断提高教学质量和科研水平。

华东化工学院实行校内收益分配改革后，教职工收入有了较大幅度提高。在该校基础教育部，学校在生活待遇、职称评定方面给予必要的政策倾斜，为教师创造了一个安居乐业的良好环境。基础课教师安于和乐于教书育人，他们不但承担着繁重的教学任务，还担任着班导师或第二课堂指导教师的工作，使教书育人贯穿于整个教学过程，教育质量明显提高。

——校内管理体制改革是学校人事、分配、住房、医疗、退休保险诸方面改革相互制约、相互启动的系统工程，当前应以人事、分配制度为重点，与其他几方面改革统筹配套实施。对住房、医疗、退休保险制度改革，应改变学校包揽一切的局面，由国家、集体、个人三方面合理负担。

——要加强党对改革的领导。改革的重大措施由学校党委和行政集体讨论决定，校长组织行政部门实施；要重视发挥教职工代表大会的作用，发动群众积极参与改革。各试点学校在改革方案的制订过程中，注意充分发动群众，广泛听取各方面意见，坚持决策的科学化和民主化相结合，使方案不断完善。清华大学在改革中积极发挥教代会、工会的民主参与作用，发动教职工对改革方案进行了讨论和审议。

第四节 高校教育综合改革的纵深发展

1992 年初，邓小平视察南方并作了重要谈话，如强劲东风，吹遍了神州大地，此后，全国上下改革开放步伐明显加快。在新形势下进行综合改革和校内管理体制改革试点的高校及时总结了学校近几年来的改革经验，相继调整了学校综合改革的方案，以适应形势的发展和经济、政治、科技体制改革的要求。

1992 年，党中央、国务院连续四次召开会议，研究和讨论教育问题，对高等教育的改革起到很大的推动作用。国家教委在这一年召开了几次会议出台了有关文件，研究和部署了高等教育各方面的改革问题。

——6 月，全国高等学校党的建设工作会议在北京召开，会议着重解决了三个问题。①充分肯定近几年来高等学校党的建设和思想政治工作的成绩，特别指出高等教育事业发展很快，高等学校党的建设和思想政治工作取得了明显的成效，高等学校的局势持续稳定，内部管理体制和教育教学的改革迈出了新的步伐。②会议提出在加快改革开放和经济建设的新形势下，要进一步加强和改进高等学校的建设工作和思想政治工作，要提高到一个新的水平。③会议第一次提出要加强党对高等学校改革的领导。学校的各级党组织要在保证改革的正确方向上做好思想工作，动员广大党员积极投身于改革并发挥作用。这次会议在加强高校党对改革工作的领导，进一步解放思想，转换观念，加快学校改革步伐，具有着积极的影响。

——7 月中旬，国家教委直属高校工作咨询委员会第三次全体（扩大）会议在天津召开。这次会议总结和交流了 9 所进行综合改革和校内管理体制改革试点高校的经验和下一步深化改革的思路，讨论了国家教委提出的关于直属高校内部管理体制改革和进一步扩大直属高校办学自主权的两个文件。这次会议是委属高校加快改革步伐的一次研讨会，也是一次动员会，对我国高等教育的改革具有着深远的影响。

——8 月，国家教委在总结综合改革和校内管理体制改革试点学校的改革经验的基础上，制定下发了《关于国家教委直属高校内部管理体制改革的若干意见》和《关于国家教委直属高校深化改革，进一步扩大办学自主权的若干意见》，提出国家教委直属高校要全面推行校内管理体制改革，并要求学校逐步理顺校内的管理体制，在教学、科研、科技开发和后勤服务等方面建立不同的管理体制和运行机制，调整学校队伍结构，实行人员合理分流；通过国家工资制度改革和校内分配制度的改革，争取使学校教职工的实际收入和生活条件达到或超过当地全民所有制职工的中上水平；强调校内人事、分配、住房、医疗、退休保险制度诸方面改革要统筹考虑，配套实施。与此同时，在国务院《关于高等教育管理职责的暂行规定》的基础上，从 16 个方面向所属 36 所高校下放办学自主权，学校可根据社会需要调整专业设置，增加调节性本专科招生计划，扩大委培生、自费生比例及招收计划外委培和自费研究生；在工资总额包干的前提下自主决定校内分配办法，并根据有关规定自主进行专业技术职务评聘、确定校内机构及人员配备、按程序任免副校级以下干部；根据国家教委委托由学校领导代行审批出国人员等。两个文件对推动国家教委直属高校加快改革步伐产生了积极的作用。

党的"十四大"召开后不久，在北京召开了全国高等教育工作会议，会议着重讨论了三个问题：①高等教育发展的方针和新的高等教育发展道路；②高等教育的改革，特别是体制改革的思路和近期改革的措施；③教育教学的改革要全面提高教学质量和办学效益。这次会议还总结了党的十一届三中全会以来我国高等教育改革和发展所取得的成绩，并提出了今后高等教育发展的方针：规模有较大发展，质量要上一个台阶，效益有明显提高，结构要更加合理。

天津咨询会议和高教会议以后，各试点学校的改革工作不断向纵深发展，并在全国高校产生较大的影响和良好的社会效益。与此同时，其他高校也纷纷制订了学校的综合改革方案。至此，高校教育综合改革逐渐向全国推广。

1993 年 2 月，党中央、国务院颁布了《中国教育改革与发展纲要》，为高校综合改革和高等教育体制改革开辟一个新纪元。此后，高校综合改革不断深入。1998 年 12 月召开的年度直属高校咨询委员会使深化改革的思路更为明确。

第二篇

中国各级各类教育改革

第七章
基础教育改革发展

第一节　基础教育改革发展历程

1978年12月召开的党的十一届三中全会，为基础教育尤其是普及教育的恢复和发展提供了基本条件和政治环境。

1979年11月，中共中央批转了湖南省桃江县《关于发展农村教育事业的情况报告》。中央在批示中指出，四个现代化，关键是科学技术现代化。培养科学技术人才，基础在教育，而小学教育又是整个基础的基础。中央要求各级党政领导把普及小学教育当成一件大事来抓，要切实抓好。

1980年12月3日，中共中央、国务院又作出《关于普及小学教育若干问题的决定》（以下简称《决定》）。《决定》指出，由于工作上的种种失误，特别是“文化大革命”的破坏，目前五年制小学尚未普及，新文盲继续大量产生，这种情况，同经济发展对人才培养的要求很不适应，同建设现代化的、高度民主、高度文明的社会主义强国的要求很不适应。《决定》明确提出了20世纪80年代在全国基本实现普及小学教育的历史任务。

1983年5月，中共中央、国务院发出《关于加强和改革农村学校教育若干问题的通知》（以下简称《通知》）。《通知》指出，普及初等教育，是培养现代化建设人才的奠基工程。必须坚决执行1980年12月《中共中央、国务院关于普及小学教育若干问题的决定》，力争1990年前在我国除少数山高林深，人口特别稀少的地区外，基本普及初等教育。《通知》强调，普及初等教育的规划和措施要落实到县和公社。普及初等教育的内容，要注意联系农村生产、生活实际。

1983 年 8 月 16 日，教育部又发出《关于普及初等教育基本要求的暂行规定的通知》。《通知》提出，普及初等教育必须从我国实际出发，坚持统一性和多样性相结合的原则。《通知》还要求各地应十分重视有计划地培训教师。《通知》提出了现阶段普及初等教育一般应该达到的基本要求：学龄儿童入学率达到 75% 以上，条件较好的农村地区达到 90% 左右，其他地区达到 80% 左右，在 12—15 周岁的少年儿童中，初等教育的普及率达到 95%。

1982 年 12 月，全国人大五届五次会议通过了《中华人民共和国宪法》（以下简称《宪法》）。《宪法》第十九条明文规定："国家举办各种学校普及初等义务教育"。

1985 年 5 月，《中共中央关于教育体制改革的决定》指出："现在我们完全有必要，也有可能把实行九年制义务教育当作关系民族素质提高和国家兴旺发达的一件大事突出地提出来，动员全党、全社会和全国各族人民，用最大的努力，积极地有步骤地予以实施。"

1986 年 4 月 12 日，《义务教育法》经第六届全国人民代表大会第四次会议通过，于 7 月 1 日开始施行。这是中国教育史上的一件大事。《义务教育法》的实施，对于中华民族素质的提高，建设高度文明、高度民主的社会主义现代化强国，有着深远的意义。它标志着我国基础教育进入了一个新的历史阶段。

一、《中华人民共和国义务教育法》的颁布是我国基础教育改革发展的重要里程碑

（一）新中国第一部《义务教育法》颁布的时代要求

党的"十三大"报告指出："从根本上说，科技的发展，经济的振兴，乃至整个社会的进步，都取决于劳动者素质的提高和大量合格人才的培养，百年大计，教育为本。"实现四化，振兴中华，关键在于提高全国人民的素质和培养大量合格人才，无论是提高素质和培养人才，都要靠教育，并且要从儿童抓起，也就是要从基础教育抓起。

1985 年，邓小平同志在全国教育工作会议上指出："我们的经济，到新中国成立一百周年时，可能接近发达国家的水平。我们这样说，根据之一，

就是在这段时间里，我们完全有能力把教育搞上去，提高我国的科学文化水平，培养出数以亿计的各级各类人才。”邓小平同志的这个科学论断表明：中华人民共和国成立以来，党和政府一贯采取普及与提高相结合的方针，重视教育的普及，并为之进行了大量的努力，取得了较大的成就。但是直到20世纪80年代，我国的基础教育仍然不能适应社会主义现代化建设的需要。相当一部分农村地区至今尚未普及小学教育，许多适龄儿童特别是女童没有受完规定年限的小学教育，青壮年文盲、半文盲仍在继续产生；许多中小学教师缺乏应有的培训，师资的文化业务素质达不到国家要求；相当一部分中小学的校舍破烂失修，教学设备和文化设施严重缺乏，这种状况极大地影响到教学质量的提高；在一些城镇和乡村，初中学生中途就业或从事劳动的情况比较突出，一些企业招用学龄儿童、少年……

基础教育上述的种种落后状况同全国人民建设富强、文明、民主的社会主义现代化国家的宏伟目标形成了巨大的差距。因此，我国迫切需要制定义务教育法，以法律为依据，在全国有步骤地实行义务教育。这就是九年制义务教育法制定的基本历史背景。

（二）新中国第一部《义务教育法》颁布具有重要意义

1986年4月，经第六届全国人民代表大会第四次会议正式审议通过了《义务教育法》。《义务教育法》颁布具有重要的意义。

1.《义务教育法》以法律形式确立了我国义务教育制度。《义务教育法》的颁布表明，国家的最高权力机关用立法程序将党中央关于实施义务教育的决策转化为国家的统一意志，这样就使义务教育成为一个具有相对稳定性和规定性的制度，并且具有法律的严肃性，从而对中国实施九年制义务教育产生重大的推动作用，这一点已为我国教育的发展史所证实。新中国成立以来，我们党和政府就很重视基础教育的普及工作。为了落实《共同纲领》中提出的普及教育的任务，曾提出要求从1952年开始，用10年时间基本普及儿童初等教育；在《全国农村发展纲要》中，又提出在12年内分区、分期地普及小学教育。在这段时间内，学龄儿童入学率虽然由新中国成立前的20%上升到85%以上，但是，由于种种原因，当时所规定的任务并未能实现，原有的文盲不仅没有扫除，新文盲又在不断产生。产生这种状况的原因是多方面的，有“十年动乱”对教育的破坏，也有指导思想上“左”的干扰给教育带来的影响，由于没有教育立法的保证而产生的随意性，则是其中主要的原因之一。

2.《义务教育法》的颁布与实施对促进社会主义物质文明建设具有重要作用。随着现代科学和生产技术的迅速发展，人的知识、才能逐步成为发展生产力和促进物质文明建设的决定性因素。这就要求劳动者文化素质、思想素质和健康状况要具有较高的水平，才能适应社会、生产和科学文化发展的需要，而义务教育是国民基础教育，它将为劳动者文化素质的提高奠定最重要的基础。我国实行义务教育比英、美、日、德等发达国家晚了一百多年，当前，我们必须增强紧迫感，认真实施九年制义务教育，否则，差距将会越来越大，我国的经济就无法振兴，实现四化的宏伟目标就会落空。

3.《义务教育法》的颁布与实施对于促进社会主义精神文明建设具有重要意义。现代生产制约着整个社会生活、政治生活以及精神生活的过程，不仅要求每个社会成员具有较高水平的文化素质，同时还要求每个社会成员具有社会主义社会所需的思想道德水平，这就需要加强精神文明建设。义务教育既是精神文明建设的重要组成部分，又是建设精神文明的重要途径。目前我国有2亿多名中小学生接受全日制的学校教育。随着义务教育的不断普及，将会有更多的适龄儿童接受教育，亿万青少年儿童优秀道德品质的塑造，必然影响我国整个社会精神文明建设的进程。

4.《义务教育法》的颁布，表明我国教育立法工作进入一个新的阶段。新中国成立以来，教育立法工作一直比较薄弱。《义务教育法》是新中国成立以来制定的第一个也是最重要的一项教育法律，它表明我国教育事业的发展建立在法律的基础上，以使普及义务教育事业能够依法办事。

总之，《义务教育法》的颁布是新中国成立近40年来基础教育史上的一件大事，它对于逐步改善我国基础教育的落后局面，提高中华民族整体素质，培养社会主义建设的合格人才，必将产生深刻的影响。

（三）《义务教育法》及《实施细则》的主要特点

我国现行《义务教育法》及其《实施细则》的特点主要有以下几个方面。

1. 充分体现了社会主义教育的根本性质

1985年5月27日通过的《中共中央关于教育体制改革的决定》，在全面总结了新中国成立以来发展教育事业正反两方面经验的基础上，又本着“教育面向世界、面向未来、面向现代化”的精神，做出了有步骤地实行九年制义务教育的重要决策，这一决策符合我国经济社会发展的迫切需要。根据国家的教育方针，努力提高教育质量，促进儿童、少年在品德、智力、体质等方面发展，为提高全民族的素质，培养有理想、有道德、有文化、有纪律的社会主义人才奠定基础，这是实行九年制义务教育的一条重要指导思想。

2. 充分体现了从中国国情实际出发的基本思想

从义务教育管理体制的要求来看，由于中国是一个多民族、多人口的国家，因此，《义务教育法》规定：“义务教育事业，在国务院领导下，实行地方负责，分级管理。”中央只决定义务教育的大政方针和宏观规划，实施义务教育的“权力和责任”都交给地方。《义务教育法》中的这一规定体现了从中国实际出发的原则。

从实际义务教育的步骤来看，《义务教育法》第二条第二款规定：“各地根据本地区的经济文化发展状况，确定推行义务教育的阶段。”这也充分体现了从实际出发的思想。

3. 体现了人民的意志，满足广大群众的要求

《义务教育法》及其《实施细则》是根据我国《宪法》和国家的实际情况制定的，从起草到全国人民代表大会审议通过，都广泛征求了各界人民群众的意见，充分发扬了民主精神，因而它是切实可行的。

4. 重视强制性措施与批评教育的统一性

《义务教育法》是具有强制性的法规，对违反法规者要采取必要的强制性措施，保证适龄儿童、少年能够受到他们应该受到的九年制义务教育。为此对国家、社会、家庭和儿童、少年本人都分别提出了具体的法律要求，《义务教育法》在第十一条、第十五和第十六条及《实施细则》第三十八至第四十三条都规定了一些重要的强制性处罚措施。

5. 强调公民义务教育权利与义务的统一性

我国《义务教育法》明确规定“国家、社会、学校和家庭依法保障适龄儿童、少年接受义务教育的权利”。这与《宪法》第四十六条第一款的规定“中华人民共和国公民享受教育的权利和义务”的精神相一致。为实现公民接受教育的权利，国家又提出了一系列保护性措施。马克思主义认为

"没有无义务的权利，也没有无权利的义务"，我国义务教育明确强调权利与义务的统一，无疑对于更有效地实施九年制义务教育具有重要意义。

二、《中国教育改革与发展纲要》确立了基础教育的"重中之重"地位

1993年2月，党中央、国务院印发的《中国教育改革和发展纲要》及其《实施意见》（国发［1994］39号），是20世纪90年代乃至21世纪我国教育改革和发展的蓝图，是建设有中国特色的社会主义教育体系的纲领性文件。《纲要》及其《实施意见》从现代化建设的高度，强调了大力加强基础教育的重大意义，确立了基础教育在我国整个教育事业中的"重中之重"地位。

《纲要》及其《实施意见》指出，20世纪90年代，全国要基本普及九年制义务教育（包括初中阶级的职业教育），即占全国总人口85%的地区基本普及九年制义务教育。

三、全国中小学素质教育经验交流会的召开以及国家教育委员会《关于当前积极推进中小学实施素质教育的若干意见》的印发，标志着我国基础教育改革进入新阶段

1993年2月印发的《中国教育改革发展纲要》指出："中小学要由'应试教育'转向全面提高国民素质的轨道。"1996年，国家教委总结了湖南省汨罗市等地实施素质教育的经验，并确定了素质教育实验县。

1997年9月，国家教委又在山东烟台市召开了全国中小学素质教育经验交流会，宣传推广烟台市实施素质教育工作方面取得的成功经验。全国31个省、自治区、直辖市教育部门的代表参加了会议，李岚清副总理在会上作了重要讲话。

1997年10月，国家教育委员会印发了《关于当前积极推进中小学实施素质教育的若干意见》（以下简称《意见》）。《意见》指出："改革人才培养模式，由应试教育向全面素质教育转变，这是我国国民经济和社会发展对中小学教育提出的要求，是基础教育面临的一项重大任务。""实施素质教育是迎接21世纪挑战、提高国民素质、培养跨世纪人才的战略举措。"

《意见》提出了促进素质教育实施的10条措施：①加强薄弱学校建设；

②建立和完善以全面提高学生素质为目标的课程体系；③建立素质教育的评估体系；④加快升学考试制度改革；⑤切实改进和加强德育工作；⑥努力建设一支高素质的校长、教师队伍；⑦进行素质教育整体改革、开展区域实验；⑧加强实施素质教育的科学研究工作；⑨建立奖励机制，促进素质教育的实施；⑩大力发展教育事业、调整教育结构，构建人才成长的“立交桥”。

《意见》还强调，各级政府要加强对素质教育的领导，争取社会和家长的支持，并力争做到依法治教、保障和促进素质教育的实施。

四、国家贫困地区义务教育工程的实施大大加快了我国义务教育普及的速度

《国民经济和社会发展“九五”计划和2010年远景目标纲要》宣告，到2000年，中国基本普及九年义务教育。但是，农村特别是贫困地区实现这一目标难度很大。为贯彻落实党中央、国务院“科教兴国”战略，帮助贫困地区加快实施普及义务教育，促进当地人民群众脱贫致富，在党中央、国务院的关怀下，国家教委和财政部决定联合组织实施“国家贫困地区义务教育工程”（以下简称“工程”）。

“工程”是我国有史以来中央专项资金投入最多、规模最大的全国性教育工程。“工程”资金投入总量预计超过百亿元。其中，中央财政拨出专款39亿元，地方各级财政拨款与中央专款的比例不低于2∶1。

“工程”将根据全国和各省（市、区）人民政府制订的普及九年义务教育规划，集中财力打攻坚战。1995—1997年，中央拨出专款重点用于“二片”地区的12个省，适当安排一部分用于“三片”地区9个省（区）进行“工程”试点。1998—2000年，中央拨出专款重点投向“三片”地区。

“工程”资金主要用于改造农村小学、初中学校的危房，按照国家规定标准，配备教学仪器设备和图书资料及课桌凳，培训教师和校长等。

“工程”中央专款重点投向《国家八七扶贫攻坚计划》中确定的贫困县，部分投向经济确有困难，基础教育发展薄弱的省级贫困县，优先投向革命老区和少数民族地区。中央拨出专款的使用原则是：集中投入、重点突破、连片开发，保证效益，建一所，成一所。在首先确保普及小学义务教育的基础上，实施初中阶段义务教育。

为充分发挥中央专款的宏观调控导向作用，优化配置教育资源，提高资金使用效益，国家教委、财政部对“工程”资金实行项目管理，并成立了“国家贫困地区义务教育工程”项目管理小组和专家组。各项目省（区）、市（地）、县也成立了相应的管理机构，负责本地区项目管理工作。

根据“工程”的整体部署和项目管理程序，项目省要进行“工程”项目建设的立项、论证工作，制订“工程”项目规划。“国家贫困地区义务教育工程”项目管理组和专家组通过初审、现场评估、复审及组织答辩，批准各省“工程”项目规划。中央与各省签订“工程”项目责任书。

“工程”的实施，将为贫困地区实施普及义务教育打下较为坚实的办学基础。到2000年“工程”完成时，项目县小学和初中现有危房全部消除，布局基本合理，项目学校的校舍、教学仪器设备的图书资料及教师学历合格率将达到国家规定的标准。绝大部分项目县将实现普及小学义务教育，一部分项目县可基本达到普及九年义务教育目标。

第二节　基础教育改革发展的成就

《义务教育法》颁行，已有13年时间。回顾实施义务教育13年来的情况，取得的成就是巨大的。

一、九年制义务教育已在全国范围内取得了显著成效

实施九年制义务教育13年来，在全国各族人民的共同努力下，尤其是广大教育工作者的辛勤劳动，普及九年制义务教育已经取得了显著成效。目前，全国已基本形成了布局比较合理的小学教育学校网点，少年儿童能够就近入学，普及程度大幅度提高。

1998年，全国共有小学学校60.96万所，另有教学点10万多个，在校学生13953.8万人。全国有学龄儿童13369.3万人，已入学的13226.8万人，入学率为98.9%，比1980年提高了6.9个百分点。在校学生的年巩固率为98%以上，辍学率已降到历史最低水平。

1998年底，全国有9个省、市全部实现了“两基”。全国实现“两基”的县（市、区）累计达到1882个（含其他县级行政区划单位79个），人口

覆盖率累计达到73%。

表7-1 学龄儿童入学率及小学在校学生巩固率（万人）

年份	学龄儿童入学率		
	全国学龄儿童数	已入学学龄儿童数	入学率（%）
1985	10362.3	9937.4	95.9
1990	9740.7	9529.7	97.8
1992	9889.3	9675.0	97.8
1997	13346.7	13202.0	98.9
1998	13369.3	13226.8	98.9

资料来源：根据《中国教育年鉴》《中国教育报》整理。

表7-2 小学毕业生升学率（万人）

年份	小学毕业生升学率		
	小学毕业生数	初级中等学校招生数	升学率（%）
1985	1999.9	1367.0	68.4
1986	2016.1	1402.0	69.5
1990	1863.1	1389.2	74.6
1991	1846.7	1435.1	77.7
1997	1960.1	1836.5	93.7
1998	2117.4	1996.3	94.3

注：初级中等学校招生数包括普通初中和农业、职业初中的招生人数。

资料来源：根据《中国教育年鉴》《中国教育事业发展统计简况》（1998）《中国教育报》整理。

二、农村和少数民族地区基础教育以及特殊儿童教育方面取得了显著成绩

改革开放20年来，基础教育不仅在城市和经济发达地区取得了显著的成效，而且在农村，包括林区、牧区、山区等地区也取得了初步的成效。

首先，农村义务教育初见成效。到1998年，全国小学校中有近95%设置在县镇和农村；设置在县镇、农村的初级中学占全国的82.65%。此外农

村还有10万余处小学教学点。

其次，特殊儿童教育取得成效。长期以来，我国特殊儿童教育不受重视，1979年，全国共有各类特殊教育学校仅289所，在校学生33055人。截至1998年底，全国各类特殊学校已达到1200余所，在校生35.84万人。

最后，少数民族地区的普及教育成效显著。1998年，全国少数民族小学生已达到1240.19万人，比1985年有了较大的增长，与此同时，入学率也有较大提高。

三、基础教育专任教师队伍发展壮大，师范教育体系不断完善

改革开放20年来，国家把建设一支数量足够、质量合格、结构合理的教师队伍，作为基础教育的关键性问题予以高度重视。1986年以来，国家共拨出师范教育专款13亿元，利用世界银行贷款2亿美元，用于师范院校建设。目前，全国有专门培养小学教师的中等师范学校875所，在校学员92.11万人。师资培养和培训能力已经基本满足小学教育事业发展的需要。

伴随我国师范教育体系的逐步完善，基础教育专任教师队伍也逐步发展壮大。1998年全国已有小学专任教师579.36万人，中学专任教师358.67万人，特殊学校专任教师2.85万人，与实施九年制义务教育前的1985年相比，都有了较大幅度的变化。

表7-3 义务教育专任教师发展情况表（1985—1998年）①（万人）

年份	小学专任教师	中学专任教师	特殊学校教师
1985	537.7	265.2	7250
1986	541.4	275.8	8186
1987	543.4	287.0	9480
1988	550.18	295.9	10008
1992	552.6	314.11	18500
1998	579.36	358.67	28500

① 表7-3根据《中国教育年鉴》《中国教育报》中的相关数据编制。

1998年，全国小学有专任教师579.36万人，其中，学历达到中师或高中毕业的有551.45万人，学历合格率为94.59%，比1980年提高了46.19个百分点。近10年中，通过各级各类的培训，100多万名合格的民办教师转成公办教师，使小学教师中的民办教师比重从1980年的57.7%下降为现在的13.8%。与此同时，国家采取措施提高教师的待遇，实行教龄津贴和班主任津贴制度。

1986年，经国务院批准，把每年的9月10日定为教师节，同时成立了中、小、幼教师奖励基金会，每年表彰奖励一批优秀教师。广大教师忠诚于人民的教育事业，不辜负人民寄予的厚望，为普及教育作出了巨大的贡献。

四、教育经费不断增长，办学条件大有改观

我国基础教育实行地方负责、分级办学、分级管理的体制。自1985年以来，各级地方政府努力增加财政预算内的教育拨款，大多数省、自治区、直辖市基本做到了“两个增长”。据国家教委等单位对全国26个省、自治区、直辖市的检查、督导，1985—1988年，做到财政预算内教育拨款年均增长率高于同期地方财政经常性收入年均增长率的有23个，其中18个省、自治区、直辖市基本做到财政预算内教育拨款的增长逐年高于地方财政经常性收入的增长。① 与此同时，各地还采取多种形式、多种渠道筹措教育资金，并取得了显著的效果。

由于增加预算内教育投资的同时又依靠人民群众的支持，采取多渠道筹措教育经费，使普及义务教育经费得到一定的补充，并有效地改善了普及九年制义务教育的办学条件。据统计，1982年全国中小学危房比例占17%，而截至1989年9月，全国中小学校校舍中危房比重降低到4.44%；到1998年，全国平均小学的危房面积已下降到1.09%。其中，有14个省的小学危房面积下降到1%以下。中小学校舍中危房占的比重已下降到0.86%。目前全国绝大多数地区做到了“校校无危房，班班有教室，学生人人有课桌凳”，从根本上改变了过去“黑屋子，土台子”的落后局面，广大农村呈现出“最好的房子是学校”的喜人景象。此外，1998年全国共有小学校舍5.7亿平方米，生均校舍面积已由1980年的1.7平方米提高到4.1平方米。

---

① 国家教育委员会．关于中小学教育工作五项指导检查的报告［N］．中国教育报．1990－06－23．

此外，基础教育经费的增加，使中小学教师的工作和社会福利待遇有了一定提高。

五、基础教育的管理得到加强，管理体制逐步完善

13 年来，普及九年制义务教育的“地方负责、分级管理”体系得到加强和进一步落实，充分调动了地方政府，尤其是乡、镇两级政府以及各界群众兴办基础教育的积极性。与此同时，一些地方人民政府还建立了政府首长对本地实施基础教育的目标责任制。

从基础教育的宏观指导来看，也出现了多方面关心基础教育的良好局面，尤其是国家教育督导体系的逐步形成，推动了对普及义务教育的实施。

第三节　基础教育存在的难点和热点问题

改革开放 20 年来，基础教育发展取得巨大成就的同时，基础教育领域，特别是实施九年制义务教育过程还存在着许多问题，给九年制义务教育目标的实现带来很大的困难。可以说，基础教育，特别是普及九年制义务教育还面临着严峻的挑战。

一、普及九年义务教育进入攻坚阶段，尤其是中西部地区困难仍然很大

（一）人民群众观念落后，地方政府重视不够

尽管《义务教育法》已经颁行 13 年时间，还有很多人对义务教育的重要性没有足够的认识。

（二）一些地方实施义务教育的基础条件薄弱

普及九年制义务教育的实践表明，我国九年义务教育目标的实现，还受到以下基础条件不足的局限。

1. 教育投入总量不足，义务教育资金严重短缺

尽管 13 年来，全国大多数省、自治区、直辖市的教育经费实现了“两

个增长”，但是由于教育经费内部分配不合理，义务教育经费比例偏低，再加上基础教育经费长期以来欠账太多，以及使用中经费管理不善，浪费严重等原因，义务教育经费总体上十分拮据。在许多地方，由于人头经费比重过大，增长的教育经费几乎全被抵消，情况严重的农村地区，甚至全部教育经费都难以支付教师工资。在我国中西部少数贫困地区，经费短缺问题更为严重。

2. 义务教育师资队伍质量不高，职业化程度低，生活待遇差、流失严重，队伍不稳定

自1985年以来，我国中小学教师队伍在数量上有了很大变化，但教师队伍的质量仍然存在许多问题，全国还有7%的小学教师、15%的初中教师及近40%的高中教师学历不合格。教师队伍的质量不高，不仅表现在学历上，还表现在教师队伍的职业化程度低，业务上缺乏严格专业训练，教育科学素养较差。

与教师质量有关的另一个问题是中小学教师待遇低，教师队伍不稳定。在过去的十多年里，中小学教师的待遇是有了一定的变化，但并没有从根本上改变教师的经济地位。有关单位对北京市的调查统计表明，教师工资收入为12种职业中的倒数第三位。此外，教师在住房待遇、公费医疗等方面也存在着一定困难，农村教师的困难更严重。

教师队伍经济待遇低直接导致了教师职业的离心力增加，教师队伍流动性增大。有人把中小学生流失看作中国教育危机的重要信号，事实上，教师的流失才是最大的危机。教师流失现象在边疆地区更为严重。教师职业化程度低，队伍不稳定，无疑会对我国普及九年制义务教育的质量带来极大的影响和限制。

3.《义务教育法》贯彻情况不平衡

依靠法律措施和手段来推行普及教育，是义务教育的根本特征之一。《义务教育法》颁布已经7年，《义务教育法实施细则》颁行也已经3年多，而人们至今不善于运用法律武器，依法治教。许多地方离开了法制渠道去解决普及九年制义务教育中出现的种种问题，效果往往很差。

4. 人口增长速度过快，义务教育任务更为繁重

人口发展是普及义务教育的重要影响因素之一。我国人口增长速度过快，给我国普及九年义务教育带来的压力和负担很重。

另一方面，在一些偏远贫困地区，计划生育不但得不到落实，而且优生优育也难以保证。大量早婚、近亲结婚现象的存在，极大地影响了人口的质量，致使低能或身心发育不全儿童大量产生，也对我国普及特殊儿童的义务教育增加了负担。

二、基础教育的发展不平衡

城乡之间经济发展程度、教育价值观念、学校办学条件以及人口发展状况等方面的差异，造成了改革开放 20 年来，基础教育虽然在全国范围内都取得了初步的成就，但是发展状况很不平衡。

（一）城乡基础教育发展状况不平衡

首先，城乡入学机会的不平衡。以 1987 年为例，全国城镇小学（7—11 岁）适龄儿童入学率为 99.8%；而农村（7—11 岁）儿童的入学率只有 96.59%，比城市低了 3.21% 个百分点。换言之，我国农村适龄儿童（7—11 岁）有近 269.9 万人不能按期就学。初中入学机会的差距就更为显著。

其次，城乡教育资源的分布不平衡，全国的贫困地区大多在偏远的农村和山区，温饱问题难以解决，教育经费投入与城市相比差距较大。

最后，在师资和办学条件方面，农村远比城市落后。城市中每 10 万人口中有教师 956 人，而农村才 600 人左右；1990 年全国共有危房 29.16 万平方米，其中农村就占了 24.92 万平方米，比例高达 81.5%。

（二）男女儿童受教育状况不平衡

我国是一个深受封建传统思想影响的国家，女童教育受到影响，与男童相比，发展不平衡。其表现首先是女童入学率低；其次是辍学率高。据统计，1992 年全国学龄儿童平均入学率是 97.95%，而女童入学率只有 96.9%，相差 1.05 个百分点。1988 年全国流失生近 7000 万人，其中 83% 是女童。1998 年底的统计数据表明，女童入学率低于男童。全国 1.8 亿文盲中 70% 是妇女。显然，女童义务教育问题值得高度重视。

（三）不同民族地区的基础教育发展不平衡

由于各民族文化传统、宗教信仰、经济发展的差异，在民族地区义务教育发展也不平衡，学生入学率差别较大。如延边朝鲜族自治州已基本上普及了九年制义务教育，现在正在普及高中教育。新疆维吾尔自治区的学龄儿童入学率已超过全国水平。但西藏、甘肃、青海等一些少数民族地区的学龄儿童入学率还不到60%，部分地区只有20%—30%。

（四）特殊儿童教育与正常儿童教育的不平衡

改革开放20年来，特殊儿童的教育有所重视，但是与正常儿童相比，差别仍然很大，存在着严重的不平衡。从入学机会来看，1992年底，我国特殊教育中的在校学生只有129500人，入学率占我国特殊儿童总数不超过2%，这与我国正常儿童小学入学率97.95%相比，差距很大。另一方面，特殊教育机构很少，分布也不平衡。

目前我国各类残疾儿童近千万人。卫生部有关负责人在1989年4月召开的“中国优生优育协会”成立大会上指出，“当今中国，每二十个人中就有一个残疾人，其中聋哑病呆、综合残疾和精神病患者占绝大多数”。面对如此众多的残疾人口，我国特殊教育机构显得十分匮乏。另一方面，现有的特殊学校又绝大部分集中在城市、县镇，广大农村、边区、少数民族地区特殊学校极少，严重影响着特殊儿童受教育机会。

（五）贫困地区教育落后，造成农村教育发展亦不平衡

我国18个贫困片，涉及21个省、自治区，人口5000多万，占地面积在全国一半以上。与一般农村相比，贫困地区基础教育，特别是普及九年制义务教育的阻力更大。首先，贫困地区经济极端落后，大多数地区年人均收入只有一二百元，人民群众的温饱问题尚未解决，缺乏支持义务教育的基本能力，教育需求程度很低。其次，贫困地区交通不便，信息闭塞，居住分散，不仅增加了办学布局和学生就学的难度，而且造成了教育的封闭落后，今后若干年，贫困地区必将是我国普及九年制义务教育最困难的环节。

此外，各省区之间，各省内部，基础教育的发展也还存在着不平衡的方面。

三、一些学校办学思想不端正

以升学为主的办学思想，严重干扰了少年儿童的素质教育以及德、智、

体的全面发展。

城乡中小学教育培养目标以及教育内容和课程的大一统现象，明显加剧了办学方向与社会经济发展相脱节，同时大大削弱了九年制义务教育的质量。初中学生中的普遍厌学情绪以及学业成绩及格率偏低，义务教育质量有待提高。

多种原因造成的中小学生课业负担过重，不仅影响了青少年的身心健康，使党和国家的教育方针难以得到全面的贯彻落实，同时也给学校教育工作者、学生家庭乃至社会各方面带来了不必要的负担。

四、中小学办学体制改革有待进一步深化

近几年来，随着教育改革的不断深入和市场经济的建立，基础教育办学体制面临着一系列新问题。一些地方进行了"国有民办"制（或称之"民办公助"、"公办民助"）等不同形式的体制改革。改革中出现了少数地方少数学校教育高收费、学校以营利为目的、学校国有资产出现了流失等不正常的现象。

一些大中城市择校生和乱收费问题仍然突出存在。有的公办学校擅自设立收费项目，提高收费标准或者采取把收取赞助费与录取学生挂钩的办法，吸纳资金。少数"高款生"乃至关系户的"条子生"，干扰了义务教育就近入学原则的实行。

以上问题的存在，不仅影响当前我国九年制义务教育的实施，而且影响我国整个教育的纵深发展，应当引起人们的高度重视。

第四节　基础教育改革发展原则的思考

改革开放20年来，基础教育虽然取得了初步成就，但存在的问题也十分突出。面临着未来发展的严峻挑战，唯有改革才是出路，而改革必须坚持正确的指导思想和有效的改革措施。今后基础教育改革应坚持以下原则。

一、坚持全面提高国民素质的原则

义务教育是基础性教育，其主要职能是传授基础科学文化知识，使学

生掌握读、写、算等基本的技能，以及获得知识、运用知识改造世界的能力。培养青少年儿童的基础性文明，向青少年儿童进行公民基本的道德教育。锻炼提高青少年儿童身体素质等。总之，义务教育的直接目的是对青少年儿童进行最基本的公民素质的培养，使青少年儿童形成良好的人格品质，正直、公正、忠诚的思想和行为习惯，并具有强壮的体魄。

义务教育不仅奠定了青少年一代国民素质的重要基础，同时也奠定了更高一级教育的根基。作为培养国民素质的基础，作为中国教育大厦的根基，义务教育搞不好，整个中华民族素质的提高就难以保证。因此必须在发展义务教育上下大工夫，为我国经济和社会的长期发展作好全面高素质的人才贮备。

二、坚持为经济和社会长期发展服务的原则

《中共中央关于教育体制改革的决定》指出："教育必须为社会主义建设服务，社会主义建设必须依靠教育。"这是我国教育改革的基本指导思想，也是我国基础教育改革发展的出发点。基础教育对社会主义建设的服务具有周期长、生效慢的特点，我们绝不能因此而忽略基础教育的重要性。相反，普及义务教育是我国长期发展的百年大计，我们应当从长远考虑，把基础教育真正重视起来。当前还要注意解决好义务教育中的分流问题。经济落后地区、农牧区在当前实施义务教育过程中，可以考虑加强职业教育的因素，以提高教育的适用性。

三、从我国国情出发，稳步发展和注重效益的原则

要从我国国情出发，以国家现有的人力、物力、财力为基本依据，确定我国基础教育的规模、速度和结构，保证基础教育的稳步发展。

没有稳定，就没有速度。回顾历史，过去在基础教育上的一个错误就是盲目追求数量和规模的片面发展，结果付出了沉重的代价，经验教训十分深刻。今后发展基础教育再也不能凭主观臆断追求虚名，要切实提高基础教育的办学效益和质量，避免不必要的浪费。

人类社会即将进入 21 世纪，当前是一个承前启后的时期。一方面，要继续大力改善基础教育办学条件；另一方面，要把握普及义务教育的重点和难点，转变农村基础教育薄弱局面。但是，普及义务教育的进程不能

过急。

普及义务教育是一项艰巨的历史性的社会工程，美国从颁布第一个《义务教育法》到基本上实现普及初等义务教育用了67年时间，英国用了48年时间，法国用了92年时间，德国用了125年时间。即使普及速度最快的日本也用35年时间才普及了四年制义务教育。可见，发展义务教育，首先要保证稳步扎实，稳步发展才能保证效益和速度。

四、社会主义初级阶段普及义务教育，必须坚持教育机会、权利与义务相统一的原则

权利和义务相互统一、相互制约。在社会主义社会，权利和义务的统一协调了国家、集体和个人三者的利益关系。我国《宪法》规定："任何公民享有宪法规定的权利，同时必须履行宪法规定的义务。"普及义务教育的实践是一个长期的、艰巨的历史过程，不仅需要国家创造良好条件，提供更多的教育机会，更需要每一个公民把接受基本教育看成是自身权利和基本义务。只有使受教育权利、机会与其义务得到有机的统一，普及义务教育的目标才能顺利实现。

我们认为，教育的权利意识与教育的义务意识的协调统一，是我国普及义务教育由强迫走向自发，再由自发走向自觉的重要环节。

五、坚持公民素质培养为第一位的原则

基础教育，一定要将公民的素质培养放在第一位，要以学生人格的健康发展、完善为根本目标。任何以实用主义为目标过早地、不适当地强调升学教育的短视行为都是对义务教育宗旨的严重歪曲，也是对我们整个中华民族长远发展的歪曲。毫无疑问，普及教育是我国教育机会民主化实践中带有根本性的问题，绝不可持有急功近利的思想追求和形式主义的行为表现。

六、坚持义务教育逐步向免费过渡的原则

免费性是世界各国普及义务教育制度的重要特征。目前我国还没有普遍实行免费的义务教育，这必然影响我国普及义务教育的实现程度。尽早实现免费的义务教育制度，意义十分深远。为了整个中华民族的长远利益，

为了国家的长治久安，宁可在别的地方忍耐一点，甚至牺牲一点暂时的经济发展速度，也要确保义务教育的经费投入。

为了尽早实现义务教育的免费制度，必须广泛吸收资金。正如1990年3月世界全民教育大会通过的《世界全民教育宣言》所阐述的那样："要通过比以往规模更大的行动来满足全民的基本教育需要，就必须开发现有的和新的财力资源——无论它是公众的、私人的还是赞助的资源，社会各界均应作出自己的贡献。""因为基础教育所花费的时间、精力和经费可能是他们对人民和国家的未来所提供的最大的投资。"① 据此，我国也应当进一步建立和完善以财政拨款为主，多渠道筹措教育经费的体制。

鉴于我国基础教育当前发展中所存在的问题以及今后面临的挑战，我们认为今后我国基础教育的改革应采取以下三项基本对策。

（一）深化基础教育改革

1. 确立正确的价值观，提高全体人民对基础教育重要性的认识

观念的东西，不易简单改变或消除，必须通过大力宣传反复教导，形成人人关心基础教育的气氛。对于各级政府领导，要采取强制性措施，督促他们提高对义务教育的重视和落实，应把基础教育发展水平作为地方干部考评的重要指标之一。落实世界全民教育大会的精神，增强全国人民对实施基础教育的紧迫感和历史使命感。要通过宣传和教育，使人们了解到基础教育对于每一个人的切身利益的重要性，激发群众参与办学的内在热情。

2. 努力增加教育投入

要增加国家的教育投入资金总量，要提高教育内部分配中基础教育经费比例，同时，提高使用效益，防止铺张浪费。

3. 切实改善教师队伍状况

必须改善教师待遇，提高教师质量，控制教师流失。

4. 加强义务教育法制建设

应当不断完善义务教育法规体系；切实提高执法意识；帮助全体公民树立教育权利意识与教育义务意识。

---

① 具体可参见《世界全民教育宣言》世界全民教育大会文件（中文版），1990年，第7页。

（二）狠抓薄弱环节

由于我国社会、经济以及文化教育的不平衡导致了基础教育的不平衡，我们认为以下薄弱环节是我国今后基础教育的难点和重点，必须高度重视，并采取积极措施，不断优化。

1. *加强农村地区基础教育*

联合国教科文组织曾经深刻地指出，“农村地区教育服务不足，有可能造成灾难性后果。”① 农村基础教育问题，无疑是中国基础教育最大的困难所在。

优化农村基础教育必须做到：发展农村经济，提高教育需求。教育与农村社会经济生活紧密结合，建立二者之间的良性循环。农村基础教育与农村职教有机结合。

在贫困地区，基础教育的发展应当以“扶贫”为契机，扶贫、扶教互助，有步骤、按阶段实施义务教育。

2. *加强女童基础教育*

早在20世纪70年代，国际教育局在题为《今日的教育为了明日的世界》的总报告中，就提出了“为发展而教育妇女”的口号。② 1990年3月，在泰国宗滴恩召开的世界全民教育大会通过的《世界全民教育宣言》中也明确指出：“在那些女性入学率和识字率远远低于男性的国家里，其首要任务就是要扩大女童和妇女的入学机会，改善其教育质量，并消除一切阻碍她们积极参与教育的因素。”③

加强女童教育，一要根除封建传统观念；二要改善女童就学条件；三要采取优惠政策鼓励女童就学；四要各级学校采取公平合理的招生政策与就业分配制度。

3. *加强少数民族教育*

我国是一个多民族的国家，发展少数民族基础教育：第一要从少数民族地区与少数民族少年儿童身心发展状况的特殊性出发；第二在管理上加

---

① 查尔斯·赫梅尔．今日的教育为了明日的世界［M］．王静，等，译．北京：中国对外翻译出版公司．1983：145.

② 同①：129.

③ 《世界全民教育宣言》（中文版），1990年，第4页。

强分类指导；第三要加强双语教学研究与改革；第四要处理好宗教与教育的关系。

4. 加强特殊儿童教育

努力增加特殊儿童学校；抓好特教教师队伍建设；加强人口政策教育，提高人口生育质量。

5. 明确培养目标

明确基础教育培养目标，对于我国基础教育的工作具有重要意义。早在 1975 年，联合国召开的“教育目标与理论”会议上代表们就一致认为，“在第三世界，教育危机，首先是目标危机”。

发展基础教育首先端正办学思想，以素质教育代替升学教育，克服片面追求升学率的倾向，对学生进行德、智、体全面教育。

6. 加强道德教育

必须提高学校对德育的认识，更新道德教育的内容，不断改革德育方法和途径。

第八章
职业教育改革发展

职业技术教育是现代教育的重要组成部分，大力发展职业技术教育，是推进教育现代化进程、提高劳动者素质、培养大批建设人才的根本出路。

党的十一届三中全会以来，在《中共中央关于教育体制改革的决定》和《国务院大力发展职业技术教育的决定》的推动下，我国职业教育得到了前所未有的发展。1996 年 5 月 15 日，颁布的《职业教育法》，对职业教育的地位作用、体系机构、办学职责、管理体制和经费渠道都作出了规定，职业教育从此走上了依法治教的轨道。

第一节 职业教育改革发展历程

我国的职业技术教育，由于长时期受多种因素干扰，到改革开放前的 1978 年，职业技术教育与普通教育的比例已经处在严重失调的状态，在高中教育阶段，职业技术学校在校生只占 7% 左右。

1978 年 4 月，教育部在全国教育工作会议上，正式提出了改革中等教育结构的主张，要求从单一的普通中学教育体系转变为普通中学教育与职业技术教育并举。1979 年，五届人大二次会议政府工作报告指出："中等教育要有计划地举办各种门类的中等职业教育，这是社会主义建设的多方面的迫切需要，同时也有利于解决大量中学毕业生的就业问题。"1980 年，中共中央在批转全国劳动就业会议文件的通知中进一步指出，要"有步骤地改革现行的教育制度，改变中等教育结构单一化，与经济建设严重脱节的情况。""要把职业教育作为教育体系的重要组成部分，逐步建立职业教育网。"1980 年上半年，教育部先后召开了两次有部分省、市和中央业务部门有关负责人参加的座谈会，并会同国家劳动总局共同拟定了《关于中等教育结构改革的报告》，此报告后经国务院批准，以国务院文件形式下发全国。由此，各地陆续开始试办职业高中班，劳动部门组织建立劳动服务公司进行就业培训。此后，各类职业学校有了较大发展。仅就专业设置来说，1981 年据 18 个省、市、自治区的初步统计，全国就有 385 个专业，其中，工科 220 个，农林 52 个，医科 22 个，财经 39 个，政法 2 个，体育 5 个，文化教育 13 个，艺术 24 个，旅游服务 8 个。

1982 年以后，我国的职业技术教育又有了长足的发展，原因是进一步从根本上改变了发展职业技术教育的指导思想，确立了职业教育在经济和社会发展中的重要地位，第一次将发展职业教育列入《中华人民共和国宪法》予以保障。1983 年 5 月，中共中央、国务院颁发了《关于加强和改革农村学校教育若干问题的通知》，对改革农村中等教育结构，发展职业技术教育的意义、奋斗目标、原则、办学形式、师资建设以及毕业生安置等重大问题都作了原则规定。同年 5 月 9 日，教育部、劳动人事部、财政部、国家计委联合发出了《关于改革城市中等教育结构，发展职业技术教育的意见》，明确了改革城市中等教育结构，发展职业技术教育的方向、途径和要求。至此，1984 年全国职业中学已发展到 7002 所，在校生达 174. 48 万人，加上中专、技工学校在校生，全国接受中等职业技术教育的人数已达 370 万人，占整个高中阶段在校生总数的 34. 9% 。

到 1997 年底，全国共有职业大学、高等职业技术师范院校、中等专业技术学校技工学校和职业中学 17116 所，在校学生 1089. 5 万人，招生数和毕业生数分别为 278 万人和 195 万人。据统计，1997 年高中阶段职业技术教育的规模已达到高中阶段招生数和在校生总数的 56. 3% 与 56. 2% 。

近 20 年来，中等职业技术教育的蓬勃发展为经济和社会发展输送了大量适用人才，共培养中级技术人才 2632. 76 万人。

第二节 职业教育改革发展的主要成效

我国中等教育结构经过几年的调整和改革取得了显著的成效。

一、突破了中等教育结构单一的模式

改革开放以来，各地充分发掘现有中等专业学校和技工学校的潜力，扩大招生，并且有计划地将一批普通高中改为职业高中，或者增设职业班，加上新办的这类学校，力争使各类高中阶段的职业技术学校招生数相当于普通高中的招生数。1997 年，全国高中阶段职业技术学校招生占高中阶段招生总数的比例，已超过半数，达 56.3%。中等教育结构单一化的局面已得到根本改变，基本形成了基础教育与职业技术教育“双轨”并行的格局，突破了我国原有的单一教育结构，为中学毕业生升学分流奠定了良好的基础。

表 8－1　职业高中基本情况（万人）

年　份	学校数（所）	在校生数	招生数	专任教师数
1980	3314	31.92	24.06	1.65
1985	6444	184.34	98.49	11.58
1990	7655	247.13	103.83	19.53
1996	8515	395.75	158.23	26.85
1998	8602	454.92	182.68	29.61

二、改进和加强了职业技术培训

改革开放以来，各级政府和教育部门采取了一系列措施，开展了多种形式的初中后和高中后的职业技术培训。在城市，每年有二百多万名青年接受就业前的短期培训。在农村，职业技术培训发展更快。

三、加强了职业教育指导

对学生进行就业观念和就业心理准备的指导，是职业技术教育的一项重要内容。根据大多数普通中学毕业生不能升入高一级学校而准备就业的实际，为了引导广大学生树立正确的职业观，并帮助他们按照国家建设的需要和自身的特点，选择比较合适的职业或专业。1989 年国家教委有关部门要求各地开展试点工作，1990 年逐步扩大范围。目前这项工作在全国进展顺利。

四、加大了中等专业教育领导管理体制的改革力度

中等专业学校是我国中等职业技术教育的骨干，其中大部分学校由中央和地方政府的业务部门办学并管理。实践证明，这种体制对调动业务部门的办学积极性，促进专门人才的培养与合理使用，发挥了重要作用。但由于部门所有制的局限，也造成了学校服务面窄，同一地区不同部门所办的学校专业重复设置，办学效益低等问题。1987 年 1 月，国务院办公厅转发的国家教委等部门《关于全国职业技术教育工作会议情况的报告》，要求职业技术教育的领导和管理要逐步形成一个既便于进行地方统筹协调，又能调动各业务部门积极性，学校又有较大自主权的管理体制。几年来，采取的改革措施主要有：国务院一些业务部门从直接管理直属中专学校向宏观管理过渡；各部门、各省市组织所属中专学校跨地区、跨部门协作代培；发展各种形式的联合办学，提倡学校与经济集团及科研机构共同形成的集团办学，还有学校与有关单位组织校董事会办学等。

表 8－2 中等技术学校基本情况（万人）

年　份	学校数（所）	在校生数	招生数	专任教师数
1949	561	7.71	4.28	0.66
1965	871	39.24	14.64	4.37
1980	2052	76.31	25.29	9.1
1985	2529	101.29	45.36	12.8
1990	3046	209.83	86.54	18.7
1995	3152	287.36	107.26	19.51
1996	3206	334.78	120.77	20.43
1998	3234	405.97	134.89	21.50

五、进一步改革了中等职业学校招生、毕业生分配制度

长期以来，中等专业学校实行按国家指令性计划招生，毕业生由国家统一分配到全民所有制单位工作的制度，这种状况已难以适应我国经济体制改革和社会发展的要求。为此，从 1987 年起，农业部率先从中等农业教

育的改革抓起，从农业中专开始，进行了面向农村招生，纳入国家计划，实行单独考试，毕业生不包分配的试点，打通了人才通向农村的渠道。此后，各类中专学校在主管部门的领导下，有计划地进行了招生、毕业生分配制度的改革。1988 年 4 月，国家教委等八部委联合发出《关于农业中等专业学校招收农村不包分配班的若干规定》。同年，全国农业中专招收不包分配的试点发展到 23 个省、自治区，不包分配的在校生约占农业中专在校生总数的 12.7%。在总结农业、卫生等中等专业学校招生、毕业生分配制度改革试点经验的基础上，国家教委在全国范围内继续推进这项改革。

技工学校是培养中级技术工人的中等职业技术学校，是中等职业技术教育的重要组成部分。党的十一届三中全会以来，技工学校得到了迅速的恢复和发展。到 1997 年，全国已有 4395 所技工学校，在校学生 193 万人，设有 500 多个工种（专业）。在我国经济体制改革和教育体制改革的推动下，技工学校改变了过去单一、封闭的办学模式，向多形式、多层次、灵活开放的办学方向发展。第一改革了招生制度，实行全国统一文化考试，择优录取，以招收初中毕业生为主，并试行了差额招生淘汰制度。第二拓宽了培训范围，自 1981 年以来，逐步改变了只靠国家投资，单纯为全民所有制企业培养技术工人的状况，提倡各种形式的联合办学；技工学校除按计划培养中级技术工人外，还承担在职工人的中、高级技术培训及待业青年初级技术培训的任务，同时为集体所有制企业、乡镇企业、个体私营企业等培训技术工人。第三，改变了毕业生“统包统配”的制度。自 1983 年以来，技工学校毕业生逐步实行了有条件地统筹安排、择优分配、不合格不分配的制度；1988 年，国家规定技工学校毕业生分配到企业当工人的实行劳动合同制，分配当生产实习指导教师的实行聘任制。第四，改助学金为助学金与奖学金相结合的制度。第五，改革了教师职务制度，建立了教师职务聘任制。此外，在教学改革方面，注重强化学生技能训练，加强了教学与生产结合等环节。

表 8-3　技工学校基本情况（万人）

年　份	学校数（所）	在校生数	招生数	专任教师数
1949	3	0.27	0	0.018
1965	281	10.1	10.75	1.2

续表

年　份	学校数（所）	在校生数	招生数	专任教师数
1980	3305	70.04	33.13	6.14
1985	3548	74.17	35.54	8.89
1990	4184	133.17	50.43	14.39
1995	4507	188.59	74.05	11.54
1996	4467	186.25	72.68	11.51
1998	4395	193.10	73.40	11.57

六、各类职业学校改革教学内容和教学方法取得显著成绩

为了适应我国经济结构及生产发展的需要，各类职业技术学校都注重专业设置及结构的调整，加强课程的实用性和灵活性。在教学过程中突出实践性环节，加强了职业技能训练。各类职业技术学校和培训中心积极发展校办产业，办好生产实习基地，在产教结合、工学结合方面取得了较快的发展，增强了学校的活力和实力。城市中等专业学校把教学、技术（社会）服务、生产实践三结合作为办学的基本路子，建立并推广校内外“三结合”基地等方面的经验；农村职业技术学校推广了“上挂、横联、下辐射”与“教学、科研、生产、经营、服务”相结合的教学管理经验，在农村教育综合改革中发挥了龙头的作用。

七、“双元制”职业技术教育办学模式试点取得积极成效

1985 年 5 月，国家教委确定在苏州、无锡、常州、沙市、沈阳和芜湖 6 个城市引进德国“双元制”职业技术教育办学模式，先行试点，探索发展职业技术教育的新路子。1988 年，连续举办了由联邦德国专家和中国有关人员参加的“双元制”培训班，系统探讨了“双元制”的基本做法，试点单位作了经验介绍。几年来，试点工作取得了积极有效的进展。“双元制”有利于调整城市教育的结构，有利于职业技术教育为地方经济服务，有利于理顺城市教育管理体制，有利于调动企业办教育的积极性，因而受到学生、家长、社会的广泛欢迎。

八、职业教育师资队伍建设取得显著成效

在我国各级政府的支持下，职业学校的师资建设已经取得很大进步，形成了一支专兼结合、热爱职教事业的教师队伍。截至1996年底，全国已有专任教师66.65万人，兼职教师4万多人。

目前，我国职业学校的文化课教师主要由普通高等师范院校培养，专业课教师除少部分由职业技术师范学院培养外，主要由普通高等院校及其设立的职业教育学院、系培养。大部分省市建立了职教师资培养基地，以保证职业学校师资的来源。同时，职业学校可以有选择地聘请一些有实践经验的专业技术人员和能工巧匠到职业学校担任专、兼职专业课教师或实习指导教师。

第三节　职业教育改革发展的主要问题

社会对职业教育重要性的认识还有待于进一步提高。对于发展高等职业教育，一些部门和领导的思想还不够解放。由于“普高”热的冲击，职业高中教育受到影响。

职业教育办学体制，内部管理体制还有待于进步完善和改进。现在部门分割、相互掣肘的现象还比较普遍。

职教投入不足，生均公用经费少。中央财政给城乡职业中学的专款每年仅5000万元，银行职教贷款也很少。特别是用于农村职业教育的经费微乎其微。投入不足直接影响了职业教育的办学条件。据1993年统计数据分析，以学校为单位，实验室建筑面积达标率，全国普通高中为43.99%，职业高中为22.62%；理科实验设备达标率，全国普通高中为42.59%，职业高中为18.65%；教学实验分组达标率，全国普通高中为40.36%，职业高中为18.28%；图书配置达标率，全国普通高中为41.09%，职业高中为24.71%；体育场馆面积达标率，全国普通高中为39.48%、职业高中为22.53%。特别是农村职业学校实验、实习等基础条件很差，人们形容是在“黑板上种田，作业本里开机器”。

教师队伍的状况不适应职业教育发展的需要。据1998年统计，全国普

通高中教师学历合格率为63.49%，职业高中只有37.4%；全国普通初中教师学历合格率为83.42%，职业初中只达到71.02%，职业中学专业课教师达到高中毕业的仅占10%。专业技术教师紧缺，传统的师范教育主要培养文化课教师。

受上述问题影响，自1995年以来，我国中等职业技术教育发展徘徊的局面没有根本扭转。有些地方中等职业教育在高中阶段教育所占的比例出现了持续下滑的局面。

第四节 深化职业教育改革发展的思考

一、进一步转变观念，充分认识职业技术教育的战略地位和作用，加大贯彻职教法的力度

从现在到2010年，是我国社会主义现代化建设非常关键的十多年。进一步发展教育事业，推动科技进步是实现第二步战略目标并为21世纪经济和社会发展奠定基础的迫切需要。职业技术教育的规模和水平关系到我国产业领域产品质量、经济效益和发展速度。发展职业技术教育，是提高劳动者思想道德和科学文化素质、实现社会主义现代化的一项具有战略意义的基础建设。

从我国目前的实际状况看，由于教育普及程度还不高，学龄人口中大体只有80%的人小学毕业，50%的人初中毕业，20%的人能完成高中阶段的学习，造成我国劳动者文化水平普遍较低。同时，在学龄人口中能接受系统的高中阶段职业技术教育的人只有10%，在每年不能升入上一级学校的550多名万小学毕业生和700多万名初中毕业生中，绝大部分又未能接受必要的职业技术教育和培训就直接进入劳动岗位。再加上劳动者中还有相当比例的文盲和半文盲，这就使得我国劳动者文化技术素质不高的问题更加突出。许多先进的科技成果难于推广应用，产品质量和经济效益难以提高，严重制约我国科技成果应用能力和经济竞争能力。

农村问题尤为明显，70%的现成农业科技成果得不到推广应用，重要原因之一就是农民的文化技术素质低，不能很好地接受和掌握新知识、新技

术。这不仅影响农业生产水平的提高，也直接影响农民的收入。据调查，农民人均收入是随着受教育年限增加而增加的，其中受过中等职业技术教育的农民收入明显高于其他人。国家统计局1989年对67000户农民跟踪调查，人均年收入与受教育程度和教育结构的关系是：文盲户442.84元，小学户542.96元，初中户616.3元，高中户639.85元，中等职业技术教育户740.9元；同1985年相比，文盲户人均年收入增长率是45.6%，小学户是54.9%，初中户是56.1%，高中户是53.9%，中等职业技术教育户是68%。由此可以清楚地看出，职业技术教育同经济建设密切相关，同人民的富裕、幸福密切相关。

一个国家、一个地区，生产设备和某些技术可以引进，但劳动者的素质是无法引进的。今后几年，我们要把产品质量和经济效益搞上去，在很大程度上取决于我国劳动者素质的提高。要提高劳动者素质，就必须在努力提高教育普及程度的同时，大力发展职业技术教育。各级政府必须给予高度重视。

二、实现职业教育的规模、质量、结构和效益的协调发展

职业教育的发展应坚持规模、质量、结构和效益协调发展的方针。一是要挖掘潜力，扩大招生规模，特别是扩大中等职业技术学校的规模。二是要切实提高各类职业学校的质量。在各类职业技术学校中，都要集中建设一批办学质量较高的、具有示范性的骨干学校。这是推动职业技术教育健康发展的具有战略意义的措施。

面对即将到来的21世纪，职业教育，特别是高等职业教育在经济和企业发展中的地位越来越重要。积极发展高等职业教育也是时代的迫切需要。正如李岚清副总理在全国第三次职业教育工作会议上所说："现在已是研究、解决发展高等职业教育问题的时候了。"

发展高等职业教育，要进一步解放思想，积极调动社会各方面的积极性，大胆探索发展高等职业教育的多种办学形式；要充分挖掘现有潜力，走内涵发展为主的道路，使现有高等教育资源得到充分利用，各地应继续坚持"三改一补"的思路，即主要通过现有职业大学、部分专科学校、独立设置的成人高校改革办学模式、调整培养目标来发展高等职业教育；在仍不能满足需求时经批准可利用少数重点中专改制或办高职班为补充。

三、开展多种形式的短期职业技术培训

职业技术培训是现阶段提高我国劳动者素质的重要途径，也是职业技术教育的重要组成部分。要努力办好各种培训机构，包括劳动部门举办的就业培训中心。各类职业技术学校也要挖掘潜力，积极开展各种短期培训。要进一步总结和完善“六加一”、“三加一”或初三分流等职业技术培训形式，使中小学毕业生中未能升入高一层次学校学习的青少年，在从业前基本上都能有机会接受多种形式的短期职业技术培训。在广大农村地区，要积极推行“燎原计划”，实行三教统筹，农科教结合，分别对小学后、初中后、高中后的回乡青少年进行短期实用技术培训。

四、在基础教育的适当阶段，要因地制宜地引进职业技术教育因素

在经济发展水平和教育普及程度较低的贫困地区，在小学的高年级就应增加一些与当地生产、生活联系密切的实用技术知识，使他们能够成为家庭生产的“小能人”、“小顾问”。从小培养学生热爱劳动、热爱科学技术的精神，养成良好的习惯与作风。

各地政府和有关部门要统筹规划，加强职前与职后的职业技术教育的密切合作。尤其在农村，县级职业技术学校要和当地各级农民技术学校一起，形成农村的培训网络。

五、努力探索和完善有中国特色的职业技术教育体制

继续发动和依靠各行各业、社会各种力量共同兴办职业技术教育，逐步形成多渠道、多层次、多形式的办学体制。在各级政府的统筹规划下，积极发展行业、企事业单位办学和各方面联合办学。在农村还应支持乡镇企业和有技术经验的个体户、专业户开展各种形式的技术培训。在工业战线，尤其要充分发挥企业办学的积极性，可以自办或者多种形式联办，把办职业技术教育作为企业建设的重要组成部分。按照这种办学体制应采取中央和地方、教育部门和行业部门分级、分工的管理体制。要提倡部门主管的学校，在完成对本系统培养人才任务的同时，积极为地方培养人才，并提倡部门与地方发展联合办学，以提高办学效益。

办职业技术学校比办同样规模普通学校需要的资金投入要大，没有足够的投入，难以办出高质量的职业技术学校。发展职业技术教育，首先各地财政要加强投入，这是毫无疑义的。各级政府和有关部门的重要任务，就是从本地实际出发，采取多种措施，千方百计拓宽职业技术教育的经费来源。根据职业技术教育的特点，要提倡和扶持各类职业技术学校发展校办企业，走教育与生产相结合、“校厂合一”的道路。职业技术学校如果能很好地利用自己的技术优势和学生参加生产的有利条件，就能使校办企业产生好的经济效益。

六、面向社会需要，努力提高办学水平

要坚持为社会主义现代化建设服务的办学方向，始终使职业技术教育的发展与国家的富强和人民的幸福联系起来。各类职业技术学校都必须把德育放在首位，加强四项基本原则的教育，加强职业道德和职业纪律教育。要采取有力措施，多渠道地解决职业技术教育的师资问题，特别是要重视专业和技能教师的培养和聘用，积极采取兼职的形式扩大教师来源。要组织力量，采取全国统编一些基础教材，地方和行业自编一些专业教材，并通过两者相结合的办法，尽快为学校提供一批好教材。

要加强职业教育的针对性和实用性，紧紧围绕生产实际需要来确定教学内容和方法，不能用办普通教育的模式来办职业技术教育。职业技术教育有自己的特点，在教育中要更重视实际技能的训练，让学生在生产、经营、服务的实践中学习知识和本领。要大力提倡“校厂合一”的办学形式，使学生既上学，又“上岗”，加强实践锻炼。在师资队伍的建设上，要积极吸收各方面的能工巧匠作为技能教师，对他们不应把学历作为任教的前提。

办学要逐步规范化、标准化。各种形式的职业技术教育，都应当不断提高质量，对于大量的短期职业技术培训，当前应提倡先办学，然后加强引导，逐步提高水平。

要放手让各地、各部门、各单位根据自己的需要和可能，举办不同层次、不同形式的职业技术教育。既要办好系统的学校教育，又要大力发展各种短期培训；既可办全日制的，又可办业余的，农村还可以办季节性的。领导部门要做好分类指导工作，不搞“一刀切”。目前，在城市和经济比较发达的农村，以举办高中阶段的职业技术教育为主；一般农村地区除办职业

高中外，应与义务教育相结合，举办初中阶段的职业技术教育。总之，按需施教、灵活多样、逐步提高，是我们重要的指导方针。

此外，还应进一步加强职业教育的师资队伍和教材建设的步伐，同时还应不断加强校内体制改革。

七、制定配套政策和制度，落实“先培训、后就业”的原则和实行技术等级证书制度

要抓紧制定各行各业、各种岗位的资格标准，各单位用人必须遵循这个标准，各职业技术学校和培训机构必须根据这个标准的要求组织教学；同时，要按标准建立相应的考核和证书制度。由于岗位标准和教育形式的多样化，职业技术教育的考核方式和证书也应该是多种多样的。

第九章
成人教育改革发展

第一节　改革开放初期的工农教育和职工教育

一、农民文化教育、技术教育和业余教育的发展

改革开放前和改革开放初期，我国的成人教育在内容上主要为工农文化教育和业余教育。在三中全会精神指引下，有关部门加强了工农教育和业余教育。

1979 年 11 月，教育部、农业部、共青团中央、中国科协联合召开了“第二次全国农民协作会议”；1980 年 10 月，教育部又在山东济南召开全国农民教育座谈会，此后各地加强了农民教育工作的专职干部，有的地方还建立了教研机构，配备了教研人员，初步制定了农民教育方面的规章制度、工作条例等。同时，为了适应农民教育密切结合农村实际需要，改进组织学习的方式、教学内容和教学方法，提高教学质量，使农民学有所得。1982 年，教育部又制定了《县办农民技术学校暂行办法》，印发各省、市、自治区实施，教育内容由以识字学文化为主转向识字同学习文化、学技术相结合。

二、职工学历补习教育和自学考试的发展

职工教育是培养人才的重要途径，是国民经济持续发展的可靠保证。粉碎“四人帮”以后，经过拨乱反正，职工教育得到很快恢复和发展。1979 年 9 月，教育部在郑州召开了全国职工教育会议，对职工教育的方针、

任务等问题进行了全面讨论和部署。

1981 年 2 月，中共中央、国务院发布了《关于加强职工教育的决定》，对职工教育的重点对象、基本内容、办学形式、毕业生待遇、教师队伍、教育经费、领导管理等问题作了规定。从此，我国职工教育进入了一个新的发展阶段。在“六五”期间，我国已经形成了一个由初级到高级的职工教育办学体系，基本完成了对3000 多万青壮年职工的文化、技术补课任务。对企业领导干部普及经济理论和管理基础知识的轮训得到发展，全国财贸系统半数以上企业领导得到轮训，科技人员的继续教育和专业管理人员的业务培训收到成效。每年有近百万科技人员学习外语、计算机等应用知识，学习工程数学和现代化管理知识，学习与本专业相关的新理论、新技术、新工艺。

改革开放初期，除了农民文化技术学校和职工教育得到恢复和发展外，成人业余教育工作，如函授、夜校、电视学校等也逐步得到恢复和发展。

1979 年 2 月，经国务院批准，由教育部、中央广播事业局共同在北京建立了中央广播电视大学，采用广播电视、录音、录像等现代化教学手段，进行远距离教学，充分发挥其覆盖面宽、学员容量大、形象直观、灵活多样、学员学习方便、师资水平高、社会效益明显等优势，为国家培养了大批相当大学专科水平的建设人才。

1980 年 9 月，国务院批转教育部报送的《关于大力发展高等学校函授教育和夜大学的意见》，采取积极恢复、大力发展的方针，截至 1985 年，全国高等学校举办的函授教育和夜大就达到 591 所，本科、专科在校生总数达 49. 2 万人。

高等教育自学考试制度是我国进入新的历史发展时期的产物，是广大群众自学和国家考试相结合造就和选拔人才的一条重要途径。1981 年 1 月，国务院批转了教育部《关于〈高等教育自学考试试行办法〉的报告》及《高等教育自学考试试行办法》，并在北京、天津、上海等地开始试点工作。实践证明，建立高等教育自学考试制度，是实现宪法规定的“鼓励自学成才”的重要措施，是个人自学、社会办学、国家考试相结合的一种新的教育形式，是成人教育改革的一大创举。此后，高等教育自学考试制度由试点逐步向全国推广。

第二节　成人教育的改革与发展成就

1982 年，国家有关部门正式将工农教育、业余教育等规范统称为成人教育。1986 年召开了第一次全国成人教育工作会议。1987 年 6 月，国务院批转《国家教育委员会关于改革和发展成人教育的决定》明确提出，成人教育是我国教育的重要组成部分。同时，确定了成人教育“一要改革，二要发展”的方针。1993 年 1 月，国务院办公厅转发了国家教育委员会《关于进一步改革和发展成人高等教育的意见》（以下简称《意见》），《意见》提出了动员社会各方面的力量，大力支持、积极兴办多种形式、多种层次、多种规格的成人高等教育，进一步增加、拓宽社会成员接受高中后教育的机会和渠道的改革与发展目标。

1993 年 2 月印发的《中国教育改革和发展纲要》，同年 7 月国务院颁发的《关于〈中国教育改革和发展纲要〉的实施意见》，重申了关于实现国家现代化的根本大计，在于把发展经济转到依靠科技进步和提高劳动者素质的轨道上来，以及要始终把教育摆在优先发展的战略地位，努力提高全民族的思想道德和科学文化水平等重要指导思想，再次提出“要大力发展各种层次的职业教育和成人教育”。全国教育工作会议还将“到 20 世纪末基本扫除青壮年文盲和基本普及九年义务教育”一并列为中国教育事业发展的“重中之重”。并且对成人教育的发展、扫盲规划目标的完成等提出了具体方案。

1995 年 3 月通过的《中华人民共和国教育法》，明确规定了国家实行成人教育制度，“国家鼓励发展多种形式的成人教育，使公民接受适当形式的政治、经济、文化、科学、技术、业务教育和终身教育”，提出了要逐步建立和完善终身教育体系，从法律上保障和推动了成人教育的发展。

20 世纪 80 年代以来，成人教育作为当代社会经济发展和科学技术进步的必要条件，得到了各级政府的高度重视，各地对成人教育的发展，采取了一系列重大的措施并取得了显著的成效。

一、充分调动了地方和企业举办成人教育的积极性

新时期我国社会主义建设需要大量人才。为此，党中央和国务院对于

部教育、职工教育、农民教育都作出了一系列重要决策。除了各级教育行政部门、业务主管部门、厂矿企事业单位办学外，各级工会、共青团、妇联等部门也单独或与教育部门联合办起了面向本部门或本地区的成人进修与培训学校；民主党派、学术团体以及公民个人等在教育行政部门的指导和管理下，也办起了以文化补习、职业技术和社会文化为内容的成人教育机构。

二、职工培训工作取得显著成效

《关于改革和成人教育的决定》指出，要“把开展岗位培训作为成人教育的重点”，这是我国成人教育的一项重大改革。为了贯彻这一精神，原国家教委组织力量开展调查和试点工作，1989 年底印发了《关于开展岗位培训若干问题的意见》，就开展岗位培训的指导思想和目的、要求，岗位培训的实施，岗位培训的考核和发证，岗位培训的宏观管理和分工，健全和完善相应的政策措施等方面提出了指导性意见。近年来，岗位培训工作进展顺利。根据“七五”期间累计统计，全国职工参加学习和培训在 50 学时以上的达 14000 万人（其中参加岗位培训的有 11000 万人次），平均每年约有 2500 万名职工参加了 50 学时以上的教育和培训。从 1992—1997 年的 5 年间又有 1. 76 亿人次职工在岗位培训和继续教育中受益。

在农村，1986 年以来，全国参加各种实用技术培训的青壮年农民达 3. 05 亿人次。目前大部分地区已形成了县、乡、村三级办学的农民技术培训体系，为农村经济的发展和贫困地区的脱贫致富作出了重大贡献。

三、远距离教学手段得到充分利用

1987 年以来，随着卫星电视教育频道的开通和各地电教设备的增加，广播电视大学办学规模逐年扩大。到 1997 年，全国除中央广播电视大学外，另有 43 所省级广播电视大学，3 万多个基层教学班。各级广播电视大学近年来还大力发展多层次教育，积极开拓多规格办学，发挥一校多功能的作用。举办招收应届高中毕业生的普通专科班。积极开展大学后的继续教育，与有关部门联合开展岗位培训。广播电视大学已成为既有学历教育，又有非学历教育，既可以学全科又可以学单科的新型学校。

四、完善了自学考试制度

1981年1月13日，国务院批转了教育部《关于高等教育自学考试试行办法》，并决定先在北京、天津、上海、辽宁等地试点。《试行办法》的颁发标志着我国高等教育自学考试制度的正式建立。1983年5月4日，教育部发出了《关于成立省、市、自治区高等教育自学考试指导委员会、开考专业及其考试计划问题的通知》；1986年12月8日，国家教委和劳动人事部联合发出了《关于进一步健全各地高等教育自学考试机构和配备编制的通知》。1988年3月，国务院发布了《高等教育自学考试暂行条例》，对自学考试的任务、方向、考试机构、开考专业、考试办法、考籍管理、社会助学、毕业人员的使用与待遇等方面作了规定。从此，高等教育自学考试有了法规依据。

为了调动广大群众学习的积极性，鼓励人们自学成才，国家设立了全国高等教育自学考试指导委员会，下设14个由著名专家教授组成的专业委员会，指导编制考试专业计划和自学教材，建立和健全自学考试的各项规章制度。1989年6月，全国高等教育自学指导委员会制定了《全国自学考试考籍管理试行办法》，内容包括总则、报名与考试、转专业、转考、停考与寄考、毕业审定与颁发毕业证书、考籍档案、奖励与处罚等共31条。这一文件总结了我国实行高等教育自学考试制度以来考籍管理工作的实践经验，是指导全国自学考试考籍管理的重要规定和依据。

1991年8月31日，国家教委发布了《关于加强自学考试工作的意见》，就“八五”期间自学考试工作重点作了明确规定。1995年11月3日，国家教委印发了《关于高等教育自学考试社会助学工作的意见》，加强了对社会助学工作的指导监督。1996年5月10日，国家教委印发了《高等教育自学考试开考专业管理办法》，加强了对开考专业的宏观管理。1997年1月7日，国家教委办公厅印发了《关于进行落实“教考职责分离”原则，发挥主考学校作用试点的通知》，决定先在辽宁、吉林、山东、广东、陕西等五省进行试点。1997年3月31日，国家教委、农业部联合发出了《关于推进自学考试面向农村工作的意见》。

据1981—1997年统计，全国自学考试报考人数累计达6700万人。仅1997年当年报名数就达到10223人。自1988—1997年的10年间，共培养毕业生 173 万余人，遍及 30 个省、市、自治区。面向社会及行业部门开考的专业已由 20 世纪 80 年代中期的 60 余种发展到 425 种，涵盖了理、工、农、医、文、法、财经、教育等各门类，从中专、大专至本科，已形成系列。

五、调整与整顿了成人高等教育

20 世纪 80 年代是我国成人高等教育迅速发展的时期，形成了成人高等教育与普通高等教育并举，共同发展高等教育的新格局。成人高等学校不仅给数百万计的在职、从业人员提供了短期进修学习的机会，而且培养了一大批本专科层次的人才。这对于满足在职、从业人员对科学文化知识的渴求，缓解用人部门特别是基层对专门人才的需要，发挥了积极的作用。

但是，由于种种原因，各类成人高等学校的发展很不平衡，暴露出一些不容忽视的问题。突出表现：一是有些学校条件差，规模过小，办学效益低，教学质量达不到国家规定的学历要求；二是有些学校布局、专业设置不合理，脱离实际需求；三是有些学校管理不严，少数学校出现了乱办班、乱收费、乱发文凭的“三乱”现象，严重干扰了成人高等教育的健康发展。针对这种状况，原国家教委遵照全国人大七届三次会议“以整顿成人高等学历教育为重点，努力提高成人教育水平”的要求，从 1990 年开始，对成人高等教育进行了治理整顿，其目的是提高成人高等教育、特别是学历教育的质量，使之更好地为社会主义建设服务。

经过院校自查、互查和检查验收等环节，端正了办学指导思想，增加了投入，加强了管理措施，基本遏制了“三乱”，改变了“小而全”的办学模式，加强了横向联系，促进了联合办学。1997 年，全国有独立设置的成人高等学校 1107 所，在校生总数 272.45 万人，办学质量和效益也有了较大的提高。

六、成人教育的办学体制和办学形式发生了很大变化

一是改革开放以来，我国成人教育办学体制发生了很大变化，单一办学的体制逐步改变。目前我国主办成人教育的单位有国务院部委、省、自治区、直辖市的教育行政部门，有机械、电子、城建、环保、化工、轻工、煤炭、冶金、铁路、交通、农业、林业等经济主管部门，有厂矿企事业单位，有县、乡（镇）人民政府。同时，各级工会、共青团、妇联等组织也

单独或与教育部门联合，举办面向本系统或本地区的进修、培训学校或机构；民主党派、社会团体、人民团体、学术团体、集体经济组织以及公民个人，也可举办补习和辅导文化课程、职业技术教育课程和社会文化生活教育课程的成人教育机构。

二是成人教育的办学形式丰富多样。我国成人教育的办学形式，包括广播电视大学、职工高等学校、农民高等学校、管理干部学校、教育学院、独立设置的函授学院、普通高等学校举办的成人教育（函授部、夜大学、教师进修班）、卫星电视教育以及高等教育自学考试等成人高等教育；成人中专学校、普通中专学校举办的职工干部中专班、成人广播电视学校和中专自学考试等成人中、初等教育。此外，还有各种进修、培训、辅导性质的函授、面授学校。上述办学机构给求学者提供多种学习方式：有全日制课堂集中讲授的，有通过提供教材、录音录像资料远距离指导自学的；有全脱产、半脱产学习的，也有采用业余方式学习的。这些办学机构根据社会需要和自身的条件，开设了文、理、工、农、医、财经、政法、教育、体育等科类的多种专业，在保证学历教育规格的前提下，尽可能根据求学者的需要确定教学内容。

三是我国成人教育的职能越来越宽，办学形式有学历教育，也有非学历教育，学历教育包括本科、专科、中专和中学，非学历教育包括扫盲、农村实用技术培训、岗位培训、单科合格证书教育、“专业证书”教育和大学后继续教育等。在我国社会主义现代化建设以及满足群众日益增长的文化教育需求方面，发挥出越来越多的作用。

七、成人教育事业取得了重大成就

中国的成人教育在改革中发展，取得了巨大的成就。1978—1998 年，全国共扫除文盲 7900 多万人，新中国成立以来累计则达到近两亿人。全国有 10 个省、直辖市、自治区基本扫除了青壮年文盲，有 2078 个县（市、区）青壮年非文盲率达到 95% 以上，城镇职工中基本扫除了文盲。1984 年以来我国先后有 10 个单位荣获联合国教科文组织颁发的国际扫盲奖。根据规划，至 20 世纪末将完成基本扫除青壮年文盲的任务。

1979—1998 年参加各种形式的实用技术培训的农村劳动者达 4 亿人次，近年来各级农村成人学校年均培训规模已达 4000 万人次以上。全国初步形成了县、乡、村三级成人教育培训网络。

1980—1998 年，成人高等教育共毕业本、专科生 700 多万人。至 1996 年上半年，参加自学考试获得本、专科毕业证书的有 130 余万人，获得中专毕业证书的 20 万人。1998 年，成人初、中、高等学校在校生规模分别达到 538.55 万人，6675.96 万人，282.22 万人。

在国家办学之外，尚有社会力量举办的高等教育机构 1200 余所，其中 21 所具有颁发学历文凭资格，还有举办短期培训、进修、补习、辅导的学校 3 万余所。

第三节 “基本扫除文盲”工作的历程与成效

一、文盲问题是当今世界的全球性问题

文盲是当今世界最严重的问题之一。据统计，1990 年全世界 15 岁以上文盲约 9.6 亿，加上 1 亿多 6—11 岁的儿童没有进学校读书，合计约占全世界人口的 1/5，其中，8.7 亿人在发展中国家，亚洲 6.66 亿人，非洲 1.62 亿人，拉丁美洲和加勒比海地区 4.4 千万人。这样一个庞大的文盲群体，既是愚昧和贫困的产物，又是产生新的愚昧和贫困的载体，正在日益严重地影响着全球经济和社会发展。

文盲问题长期以来也是严重困扰中国经济和社会发展的重要难题之一。《中国教育改革和发展纲要》强调指出：要“抓紧扫除青壮年文盲，坚持标准，讲求实效，把文化教育和职业技术教育结合起来。各级政府要增加扫盲拨款，设立社会扫盲基金，加强领导，把扫盲任务落实到乡村”。我们要在《纲要》上述精神的指导下，认真总结我国扫盲工作的历史经验，认准目标，克服困难，大胆改革，使我国扫盲工作走上一个新台阶。

二、改革开放以来中国扫盲工作的历史回顾

1978 年党的十一届三中全会以后，我国政府号召在全国进一步扫除文盲。1978 年国务院颁发了《关于扫除文盲的指示》，要求各地扫盲机构，继续扫除工人、农民中的文盲，并提出“一堵、二扫、三提高”的教育基本

方针。此后5年，全国共扫除文盲2100多万人。1979年11月，召开第二次全国农民教育工作会议，党和国家领导人提出要抓紧扫除文盲。1986年12月，全国成人教育工作会议指出，农村中扫除文盲和初等文化教育的任务还很艰巨，尤其是妇女的扫盲任务，要抓紧抓好。1988年2月，国务院颁发《扫除文盲工作条例》。为贯彻落实《条例》，1988年以来，国家教委连续5年召开全国扫除文盲工作会议，总结交流经验，表彰扫盲先进单位和个人。

1995年颁布的《中华人民共和国教育法》规定，各级人民政府、基层群众组织和企业事业组织应当采取各种措施，开展扫除文盲的教育工作。

1994年10月，由国家教委、中共中央宣传部、文化部、广播电影电视部、农业部、林业部、国家民委、解放军总政治部、全国妇联、共青团中央和中国科协等部委和人民团体组成的全国扫盲工作部际协调小组，负责扫盲的宏观指导和检查，动员全社会关心、支持和参与扫盲工作。协调小组成立以来，有力地推动扫盲的开展。

1977—1997年，全国累计扫除文盲8410.7万人，年均扫除文盲420.5万人。截止1997年底，全国已有13个省（区、市）和约2300个县（市、区）实现了基本扫除青壮年文盲的目标，全国青壮年文盲率已降到了6%。

截至1997年初，全国已有10个省（区、市）2078个县级单位实现了基本扫除青壮年文盲的目标，分别约占省（区、市）总数和县（市、区）总数的30%和73%。应该说这是历史性的巨大变化，是我国对整个人类文明的特殊贡献。扫盲工作的成就得到了国际组织的高度评价，近年来，我国接连荣获了“夜间扫盲奖”、“娜杰达·克鲁普斯卡娅扫盲奖”、国际扫盲“世宗国王奖”等。

表9-1　新中国成立四十多年来扫盲人数统计表

年　度	扫除文盲数（万人）
1949—1953	701.0
1954—1965	9571.3
1972—1976	1265.8
1977—1992	5969.7
1992—1997	2441.0
合计	17507.8

三、我国扫盲工作的基本经验

回顾我国扫盲工作的历程，总结我们成功的经验，集中表现在以下几个方面。

（一）各级政府必须重视加强对扫盲工作的领导，把扫盲任务列入当地经济和社会发展规划

扫盲是各级政府的职责，要通过实行扫盲责任制，把扫盲列入地方政府的工作任务。有条件的省政府或省教育部门还要与下级政府和教育部门签订扫除文盲责任书，基层乡、村具体组织实施扫盲工作。

（二）必须努力通过制定扫盲法规，推动扫盲工作的实施

新中国成立以来，颁布了大量的法规，产生了积极的作用。1978 年 11 月 6 日国务院发出《关于扫除文盲的指示》；1988 年，国务院又颁布了《扫盲工作条例》；1990 年，国家教委还下发了关于农村中小学参加扫盲工作的通知；1993 年 3 月，国家全民教育大会通过了《中国全民教育行动纲领（草案）》。上述法令、条例和规定的颁发，为我国扫盲工作的具体实践，提供了法律和政策依据。

（三）广泛开展扫盲的社会宣传动员工作

扫盲是一项社会性、群众性很强的工作，必须动员有关部门、群众团体及社会力量关心、支持、参与扫盲。特别要注意用与人们切身利益密切相关的事实，来动员宣传群众重视扫盲，提高大家对扫盲在经济与社会发展中特殊作用的认识。重视发挥各部门和社会团体在扫盲中的作用。

（四）必须重视建立扫盲的组织管理和实施机构

为了加强对扫除文盲工作的具体领导，早在 1952 年 11 月 15 日，中央人民政府第十九次会议通过决议，成立中央扫除文盲工作委员会。现在教育部基础教育司设有扫盲教育处，省、地、县教育部门也都设置了成人教育管理机构，乡镇配备了扫盲成人教育专职干部，村里指定了干部、教师负责扫盲工作，从而使扫盲工作层层有管理。

（五）坚持普及初等教育、扫盲及扫盲后教育的统筹规划，同步实施

要坚持“一堵、二扫、三提高”的方针。“一堵”就是抓好普及小学教育，采取多种形式，组织学龄儿童入学，真正达到小学毕业程度；“二扫”就是把15—40岁的少年、青年、壮年中的文盲基本扫除；“三提高”就是对已脱盲的要继续组织学习，进一步巩固和提高。在大力扫除青壮年文盲的同时，抓紧普及初等教育，提高学龄儿童入学率、巩固率，堵住新文盲的产生；同时抓紧抓好扫盲后的继续教育，广泛开展多形式、多层次的农民文化技术教育。

（六）在扫盲教学中，坚持学文化与学技术相结合，与生产生活的实际需要相结合

近十几年来，我国努力发展经济，改善人民生活，广大农民迫切要求在学习文化的同时学习技术，发展生产，脱贫致富。目前，已形成了学文化与学技术相结合的扫盲机制，其主要特点是：扫盲教材中增加生产技术和生活常识的内容；编写以学技术为主的扫盲教材，举办技术扫盲班；组织脱盲学员继续学习生产实用技术，巩固扫盲成果。

（七）做好筹集经费、师资培训和教材建设工作

这是扫盲工作必须具备的条件。扫盲经费采取分级负责，多种渠道筹集。主要由县、乡财政拨款，国家和省级财政给予补助，乡、村根据当地的情况，从企业和农村教育经费中筹集一部分。扫盲教师主要从农村中小学教师和知识青年中选聘，由地方教育部门组织培训后任教。

（八）因地制宜，从实际出发开展扫盲工作

我国地域广阔，民族众多，对扫盲教学内容的要求也各异。各省根据国家教委制定的《扫除文盲教学大纲》的要求，编写、审定扫盲教材。地、县、乡再编少量的补充教材。教材的种类以文字教材为主，也有声像教材，如中国教育电视台制作了《汉语扫盲》教材，通过卫星向全国播放。有语言文字的少数民族则编写少数民族文字教材，仅我国新疆维吾尔族自治区就编写了6种语言文字的扫盲教材。

此外，通过建立评估、验收、表彰、奖励制度，加强扫盲教育的科学研究，积极开展国际合作等措施，对我国扫盲工作产生了积极的作用。

四、当前我国文盲问题的严峻形势

我国文盲人口众多的现状及分布特点，给今后扫盲工作带来了深刻的影响。据统计，1995 年，我国仍有文盲 1.45 亿人，其中青壮年文盲 3775 万人。从绝对数看，仅次于印度（3 亿人），居世界第二。如此庞大的文盲队伍，无疑是现代化建设面临的巨大挑战，已成为影响整个中华民族素质的重大障碍。

当前我国扫盲工作确实面临着严峻的形势，突出表现在以下方面。

（一）脱盲人数逐年下降

据 1995 年全国 1% 人口抽样调查统计：我国成人文盲 1.45 亿人，其中青壮年文盲有 3775 万人，文盲人数多而脱盲数逐年下降，1995 年全国脱盲 476.1 万人，1996 年脱盲 406.8 万人，1997 年脱盲 403.5 万人，1998 年各省区市上报的脱盲规划人数不到 350 万人。

（二）新生文盲和复盲现象不断产生

按 1995 年全国 1% 人口抽样调查数据推算，脱盲人员复盲率约 11%，即近两年每年复盲人数约 40 多万人。据教育部统计，1997 年学龄儿童入学率为 98.92%，未入学儿童 150 万人，全国小学生流失率为 1.01%，约 140 万人辍学，其中大部分在 1—2 年级。因此，最保守估计每年新生文盲超过 100 万人。新生文盲和复盲不断抵消着扫盲的成果。

（三）扫除青壮年文盲的难度日益增大

现有文盲主要分布在农村贫困地区、山区、少数民族地区，全国扫盲尚未达标的约 560 个县中有 470 多个国家级贫困县；文盲中女性多，文盲率高；文盲居住分散，流动范围扩大，也增加了扫盲的难度。

（四）扫盲任务仍然很艰巨

已验收达标的 13 个省市还有青壮年文盲 1000 万人，占全国青壮年文盲数的30%，扫除剩余文盲的任务仍然很重。一些达标地区对扫盲工作有松劲情绪，扫盲工作已处于停顿状态，扫盲后巩固提高工作流于形式。

我国第二、第三片地区扫盲任务相当艰巨。据国家统计局提供的资料，我国第二、第三片地区中四川、贵州、云南、甘肃、江西、河南、湖南、海南、陕西9省青壮年文盲超过100万人；经济、教育基础较差的贵州、云南、西藏、甘肃、青海、宁夏等省区青壮年文盲率还比较高。第二、第三片地区按期达标形势不容乐观。

第四节　成人教育工作的对策思考

一、推进成人教育的制度化

应在新中国成立以来特别是改革开放以来丰富实践经验的基础上加快成人教育的制度化、规范化的进程，包括成人教育中的岗位培训制度、继续教育制度、普及科学技术知识教育制度、成人学业证书制度和职业资格证书制度、现代企业教育制度、自学考试制度和成人教育的评估制度等，都将逐步加以完善并得到普遍的实行，以推进终身教育体系的建立和完善。

二、继续将岗位培训和继续教育作为成人教育的重点

岗位培训和继续教育应在完善培训制度和实行多种证书制度的同时，以新的深度和广度大力发展，并与现代企业制度等的建立紧密结合。

三、促进成人高、中等学历教育向多样化、职业性、开放型方向发展

成人高等学历教育在稳定规模、成人中等学历教育在适度发展的同时，在优化结构、合理布局、提高质量和效益、职业学校的联系与合作；充分利用各种远距离教学形式为中小城市、乡镇企业、农村以及边远和教育发展程度较低的地区服务。还要完善自学考试制度，逐步实行自考与广播电视教育和函授教育的沟通、合作，为社会成员创造更多的学习、成才的机会。

四、加强社会力量办学的管理

对社会力量办学继续实行“积极鼓励、大力支持、正确引导、加强管理”的方针。

形成在政府的管理和适当资助、扶持下，社会力量办成人教育主要依靠行业、企事业单位、社会团体举办，以及由社会各方面和公民个人联合举办的格局。

五、加大对扫盲工作的领导力度，力争早日完成基本扫除青壮年文盲的历史任务

第一，各省（区、市）、地、县都要进一步明确当地扫盲工作目标，抓住重点、难点、分区推进。经济和教育较发达的地区，要在近几年内努力完成扫盲任务。

第二，加强妇女扫盲工作的力度，把扫除妇女文盲放到重要地位。

第三，进一步落实“一堵、二扫、三提高”的方针。要加快普及初等教育，防止新文盲的产生。

第四，进一步加强各级政府对扫盲工作的领导，做好社会动员，强化对扫盲的支持。

第五，进一步改进对扫盲工作的管理和教学方法。

第六，应加强扫盲工作的科学理论研究，总结适合我国国情的扫盲路子，不断提高扫盲工作的效益。

第十章

高等教育改革发展

党的十一届三中全会以来，我国高等教育事业得到了迅速的恢复、调整和发展。为了使高等教育更好地适应新时期四化建设对各种人才的需要，继续进一步提高高等教育的质量和水平，在高等教育迅速发展的同时，要深化高等教育改革。

第一节　高等教育改革的主要措施

一、加强和改进高校思想政治工作

针对高校思想政治工作薄弱的状况，党的十一届三中全会以后，对高等学校的思想政治工作给予高度重视。1980 年 4 月 29 日，教育部和团中央联合颁发了《关于加强高等学校学生思想政治工作的意见》。1987 年 6 月，中共中央正式颁发了《中共中央关于改进和加强高等学校思想政治工作的决定》。

在总结各地高校加强思想品德教育的教学实践的基础上，1984 年 9 月，教育部下发了《关于高等学校开设共产主义思想品德课的若干规定》。1985 年 8 月 1 日，又发布了《中共中央关于改革学校思想品德和政治理论课程教学的通知》。1987 年 10 月，国家教委印发了《关于高等学校思想教育课程建设的意见》的通知。上述措施和指导意见，对改进高校的思想品德课和政治课教学产生了积极的作用。

二、调整高等学校科类和专业结构

一是优化科类结构，提高文科在高等教育中的比重。长期以来，我国高等学校文科学生占高校在校生的比例在全世界一直是最低的，远远不能满足社会主义现代化建设的实际需要。1979 年文科学生占高校在校生比例为 8.5%，1980 年是 8.8%，比世界上比例最低的国家还低。1978 年 6 月，教育部在武汉召开了全国高校文科教学工作座谈会。同年 9 月，教育部向有关部门发出了《高等学校文科教学工作座谈会纪要》，要求高等学校文科专业设置和发展规模“必须根据新时期总任务的需要和学校的条件，统筹规划”。经过几年调整，我国高等学校文科学生的比重已明显提高。

二是改善层次结构，加强专科教育。长期以来，我国专科教育几起几落、相对薄弱的现象一直比较突出，不适应国家经济建设第一线对大量专科人才的需求。经过几年的调整，专科教育有了一定的发展。1982 年，本科、专科招生数的比例是 1∶0.37，1986 年已达到 1∶0.83；在校学生数，1982 年本科、专科比例是 1∶0.24，1986 年已上升到 1∶0.86。为了使所培养的专科人才适应社会主义建设第一线需要，1990 年，国家教委召开了专科教育工作座谈会，明确专科的培养目标是各条战线基层工作所需的应用性人才。专科教育改革发展进入一个新的阶段。

三是增设应用文、理科专业和新兴边缘学科专业。20 世纪 70 年代末刚刚恢复统一招生考试时，我国高等学校的专业大部分仍是传统的老专业，内容和方法都比较陈旧，很不适应社会主义现代化建设的需要。进入 20 世纪 80 年代特别是 90 年代以来，针对社会发展的需要以及世界新技术革命的挑战，各高等学校迅速增设了一批应用文、理科专业和新兴边缘学科专业，如计算机科学、信息科学、控制科学、分子生物学、生态学、环境科学、管理科学、材料科学等专业和应用数学、应用物理、应用光学、应用化学、食品化学、数理统计等应用理科和技术科学专业。许多文科院校恢复了政治学、社会学、考古与博物学、图书馆学，新设了秘书学、外事管理、审计学、税务学、物价学、世界金融、经济法、房地产、旅游等应用文科专业。

三、改革高等教育体制

随着社会主义市场经济体制的建立和各项事业改革的深化，高等教育体制改革成为高等教育各项改革的关键。改革高等教育体制，包括改革办学体制、管理体制、投资体制、招生和毕业生就业制度以及高等学校内部管理体制五个方面。改革的总目标是：理顺政府、社会和高校之间的关系，建立和完善政府统筹规划和宏观管理，学校面向社会依法自主办学的新体制。

（一）高等教育管理体制改革

我国高等教育管理体制基本上沿用着 1963 年颁布实施的“中央统一领导，中央和省、市、自治区两级管理的制度”。这种管理体制的优点是能够调动中央业务部门和地方办学的积极性，有助于高等教育与各行业科技、生产的结合，有利于增加对高等教育的投资，使人才的培养更具有针对性。但是，作为计划经济体制下形成的产物，也存在着一些弊端，这主要表现在以下方面：学校主管部门对学校包得过多，统得过死，学校缺乏办学自主权和主动适应社会主义建设需要的能力；部门、地区“条块分割”的管理体制，造成了学校布局和专业布点不合理、投资大、办学效益低的后果，甚至使高等教育在宏观管理上失控；在微观上，教育行政机关对各高校控制过死，严重限制了高等学校主动适应经济建设和社会发展的积极性和活力。

1985 年，《中共中央关于教育体制改革的决定》发布，要求进行扩大高等学校的办学自主权的改革。在执行国家的政策、法令、计划的前提下，高等学校有权在计划外接受委托培养学生和招收自费生；有权调整专业的服务方向，制定教学计划和教学大纲，编写和选用教材；有权接受委托或与外单位合作，进行科学研究和技术开发，建立教学、科研、生产联合体；有权提名任免副校长和任免其他各级干部；有权具体安排国家拨发的基建投资和经费；有权利用自筹资金，开展国际的教育和学术交流等。对不同的高等学校，国家还可以根据情况，赋予其他的权力。

1986 年，国务院又发布了《高等教育管理职责暂行规定》，划分了中央各部门之间、中央与地方之间在管理高等教育方面的权限、职责，规定高等学校在保证执行国家统一政策、法令、计划的前提下，有权实行跨部门、跨地区的联合办学，接受委托培养、招收自费生，自主分配一定比例的毕业生；有权调整专业服务方向，制订和修订教学计划、教学大纲，选用教材，进行教学内容和教学方法的改革；有权在科学研究工作中自主开展协作和对外签订合同；一部分学校具有审定教授或者副教授任职资格的权力等。

在扩大高校自主权的基础上，为了适应加强宏观管理的需要，1985 年开展了高等教育评估理论和实践的研究及试点。1990 年 10 月，国家教委发布了《普通高等学校教育评估暂行规定》，初步明确了评估的地位、作用、指导思想，评估的类型、办法和有关问题。各地方、部门和高等学校，运用评估的手段，加强了宏观管理，促进了高等教育改革。

（二）推动联合办学，改革单一办学体制

20 世纪 80 年代初，迅速发展起来的跨部门、跨地区的联合办学和高等学校之间的协作，在克服我国高等教育管理体制的弊端，突破“条块分割”的局限方面，起到了积极作用。如中央、国务院业务部门之间、地方（省、自治区、直辖市及地、市级政府）之间、中央部门同地方或地方同企业之间，对一方直接管理的高等学校进行长期稳定的投资，联合进行人才培养、科学研究及技术开发，这种联合有利于克服高等教育管理体制上“条块分割”所带来的弊端，有利于充分发挥高等学校的潜力，调动用人部门和企业向高等学校投资的积极性，增强高等学校主动适应经济和社会发展需要的机制和活力。另外，在高等学校之间，这几年也出现了各种形式和内容的协作，如教师相互兼课和进修，跨学科专业组织教学，图书资料互相借阅，实验室互相开放，大型精密仪器设备专管共用，联合培养研究生，联合创办新兴、交叉学科专业，联合进行科研攻关和科技开发直至开始探索建立教育、科研、生产三结合联合体等。这对于充分利用高校现有条件，增强高校科研力量，提高高校科研水平等都发挥了巨大的作用。1988 年 5 月，国务院办公厅转发国家教委《关于推动联合办学和校际协作若干问题的意见》。这一改革使高等教育体制开始呈现出纵横交错、条块结合的新格局，对于改变条块分割的限制、深化体制改革提供了重要启示，为充分发挥高校的教学、科研潜力提供了一条切实可行的途径。

进入 20 世纪 90 年代以来，以共建、合作、合并、划转、协作五种形式为主的联合办学取得重要进展。以合并为例，1992—1996 年，参与合并的高校就有 160 所，合并调整为 64 所。

通过一系列改革，高校数量减少，规模扩大，质量和效益明显提高。全国普通高校数量已由1994年的1080所减至1032所，成人高校从1990年的1321所减至1138所。与此对应，1996年校均本专科生规模从1991年的1901人增至2927人，生师比从1991年的6.63∶1提高到9.6∶1。高等教育的规模、结构、质量、效益趋向统一协调发展，内涵发展战略显示巨大的成果。高教管理体制改革取得了明显的阶段性成果。

1994年以来，国务院先后在上海、南昌、北戴河召开了三次全国高教体制改革的座谈会，转发了国家教委1995年起草的《关于深化高等教育体制改革的若干意见》，有力地推进了改革。国家教委在广东省、江苏省、上海市、机械部进行了改革试点。除试点单位外，全国25个省、自治区、直辖市和42个中央部门不同程度地进行了改革探索。

改革探索出以下五种形式。①

一是共建。据介绍，实行中央部门与地方政府共建共管的高校已发展到70多所，其中，国家教委所属高校28所，其他中央部门所属高校42所，基本上都是全国的重点高校、名牌高校。在省、部共建的基础上，又探索了中央部门与省会城市、中心城市共建高校以及省、市共建高校的形式。

共建形式，找到了普通高校特别是中央部委所属院校更为密切地为地方经济和社会发展服务的一条途径，成为淡化和改变学校单一的隶属关系、加强条块结合，逐步改变现行管理体制的比较容易接受和操作的手段和方法。

二是合作办学。就是若干所高校在一定意义上、一定程度上、一定范围之内进行资源共享，优势互补。如上海的东南、西北两片，广东的石牌地区，北京的东北片等。又如一墙之隔的北京商学院和北京轻工学院，两校课程统一安排，相同专业的课程统一开课，运动会统一召开，晚会统一举行。目前实行各种形式合作办学的高校发展到205所。

三是企业、研究所参与学校办学。迄今实行协作办学的高校发展到170所，涉及大中型企业和科研单位1744家。协作办学，对于加强高校与社会的联系、增强学校办学活力、促进产学研紧密结合具有重要意义。

四是划转。即中央部委所属院校划转地方政府管理。划转的院校目前

① 具体参见《中国教育报》（1998年9月8日）。

有 8 所。一些转由地方管理的学校转制后又和其他地方学校合并，使学校得到新的发展机遇。这种方式对加强地方政府统筹、逐步改变中央部门和地方政府同在一地重复办学、严重浪费教育资源的状况提供了初步经验，对促进高校为地方经济和社会发展服务具有重要作用。

五是合并。1992 年以来，通过合并，高校净减 96 所。南昌大学即为合并成功的一个典范。这所学校是在江西省原两所省属重点大学江西大学和江西工业大学合并的基础上，于 1993 年 5 月 4 日成立的。合并前，两校各有一个计算机系、计算机中心、计算机研究所。6 个摊子均是“小而全”，人力不集中，设备分散。合并后 6 个小摊子组合起来成立理工结合的“计算机科学工程系”，师资力量和仪器设备集中，实力大增，软硬件力量互补。而后由 6 个摊子组成的计算机科学工程系由原江西大学的电子科学系和江西工学院的无线电通讯专业合并而成的电子科学工程系以及由图书情报系改造而成的信息管理科学系，3 个系组建成一个互相交叉渗透的学科群，并成立信息科学工程学院，立即形成“大兵团”作战能力，承接大的科研项目，进行大项目的科研攻关。教育资源合理配置后，产生了巨大的办学效益。

（三）改革招生制度和毕业生分配制度

1977 年普通高等学校恢复招生考试制度以来，基本上沿用着新中国成立初期形成的统一招生与毕业生统一分配的制度。尽管这种制度曾一度为我国的社会主义建设发挥了积极的作用，但在后来的实践过程中，却不断暴露出一些弱点。这主要表现在：在招生制度上，招生来源计划体制不科学，录取方法与体制明显地突出“智”的地位，学校招生，政府录取，没有很好地体现德、智、体全面考核，择优录取的原则；过于重视总分的高低，不利于体现不同学校、不同专业的特点，不利于选拔基础较好、某一方面又比较突出的学生；考试对能力的考核不够，更多地偏重知识量的考核。在就业分配制度上，一律按国家统一制定的指令性计划进行行政性分配，压抑了学生的活力和学校办学的积极性。因此，这种制度已逐渐出现了一些与社会发展需要越来越不相适应的情况，改革势在必行。

一是招生计划改革。经过逐步改革，高等学校招生已经从完全的指令性计划改为国家任务计划和调节性计划两种形式。

二是录取方法上，对长期以来实行的“分段录取”方法（以总分或总平均分为根据，把学生分在若干分数段中，从高分到低分，依次录取）进行了改革。从1985年开始，兼顾学校和政府两个方面作用，将政府统一录取改为学校单独录取，实行“学校录取，招办监督”的新体制。为了更好地贯彻全面考核、择优录取的原则，在1984年少数学校试点的基础上，1985年全国72所高等学校试招中学保送生。保送生不参加全国统考，由有关高等学校进行简单的面试后，即可决定是否录取。

三是在毕业生分配制度改革方面，扩大了学校的分配权限；试行了“供需见面”的分配办法；进行了招聘考核录用和综合测评择优分配的实验。

（四）高校内部管理体制改革

在改革高等学校的内部管理体制方面，以改革人事制度和分配制度为重点，在合理定编的基础上，对教职工实行了岗位责任制和聘任制，在分配上依据工作绩效差距，强化了分配的激励机制，调动了广大教职工的积极性。促进高等学校管理和决策的科学化、民主化的改革正在进一步深化，许多高校的办学活力和主动适应社会需要的能力有所增强。

（五）经费投资体制改革

在高等教育投资体制改革方面，单纯依靠国家投资办学的观念已经改变。高等学校开始尝试走上社会、企业、校办产业以及适当收费等多渠道筹集办学经费的新路子，以政府拨款为主多渠道筹措办学经费的格局正在形成（第二章）。

四、加强重点大学及重点学科建设

改革开放以前，我国重点高等院校大体经历过三次确认。1954年、1959年、1960年都确认了一批重点大学。

1977年7月29日，邓小平同志在听取教育部工作汇报时就指示：“要抓一批重点大学。重点大学既是办教育的中心，又是办科研的中心。”同年8月8日，在科教工作座谈会上，邓小平同志又讲道，“高等学校，特别是重点的高等学校，应该是科研的一个重要方面军，这点应该定下来。”“重点大学，都要逐步加重科研的分量，逐步增加承担科研的任务。”从此，重点高等学校得到恢复和发展。

1978 年 2 月 17 日，国务院转发了《教育部关于恢复和办好全国重点高等学校的报告》，全国重点高等学校的数量，第一批定为 88 所，约占高等学校总数 405 所的 21.73%。

截至 1981 年底，全国重点高等学校共扩大至 96 所。之后，重点大学的建设工作得到进一步的重视。特别是在系科和专业建设方面，党中央、国务院给予了高度的重视。

1985 年，《中共中央关于教育体制改革的决定》（以下简称《决定》）指出，“高等学校担负着培养高级专门人才和发展科学技术文化的重大任务。到 20 世纪末，我国高等教育发展的战略目标是：建成科类齐全，层次、比例合理的体系，总规模达到与我国经济实力相当的水平；高级专门人才培养基本上立足于国内；能为自主地进行科学技术开发和解决社会主义现代化建设中重大理论问题和实际问题作出较大贡献。”《决定》还指出：“要根据中央关于科学技术体制改革决定，发挥高等学校学科门类比较齐全，拥有众多教师、研究生和高年级学生的优势，使高等学校在发展科学技术方面做出更大贡献。为了增强科学研究的能力，培养高质量的专门人才，要改进和完善研究生培养制度，并且根据同行评议、择优扶植的原则，有计划地建设一批重点学科。重点学科比较集中的学校，将自然形成既是教育中心，又是科学研究中心。”同时，《决定》指出要根据经济建设、社会发展和科技进步的需要改变高等教育科类比例不合理的状况，加快财经、政法、管理等类薄弱系科和专业的发展，扶持新兴、边缘学科的成长。

为了贯彻落实《决定》关于建设重点学科的要求，国家教委先后印发了《关于评选高等学校重点学科的暂行规定》和《国家教委关于高等学校的重点学科建设与管理的意见》。

为了确保重点学科建设的选点质量，原国家教委在 1988—1989 年间，采取了学校申报、主管部门推荐、专家评议，国家教委审批的办法进行评选。在高等学校 1501 个有博士学位授予权的学科点中，择优确定了 417 个重点学科点（其中文科 78 个，理科 86 个，工科 164 个，农科 36 个，医科 53 个），并制定了重点学科发展规划，争取与有关方面共同扶植。为了分期分批建设好这批重点学科点，在国家计委、财政部支持下，国家教委又利用世界银行贷款，组织实施“重点学科发展规划”。经过同行专家论证选点，国家计委专家组综合评议，在1989年初完成了项目的前期工作。利用世界银行近1亿美元贷款，在高等学校理工科部分重点学科上建设和装备57个专业实验室（约120万美元/个）和58个专业实验室（约45万美元/个）。世界银行代表团多次来华考察和评议“重点学科发展项目”，对我国提出建设和装备重点实验室和专业实验室表示赞同。

进入20世纪90年代以来，原国家教委对重点大学和学科建设进一步重视。1992年11月，全国高教工作会议又进一步重申要加强重点学校和学科的建设。为了进一步搞好重点学校和学科专业建设，国家教委1993年工作计划要点还指出要进一步组织落实“211工程”，即在2010年左右，集中中央和地方各方面的力量，办好100所左右的高等院校和一批重点学科，力争在21世纪初，有一批高等院校和重点学科点，在教育质量、科学研究和管理方面，达到世界较高水平。原国家教委认为，国家实施“211工程”的目的，将有利于引导高等学校高水平和现代化、向21世纪发展。“211工程”中重点建设的高等学校，将会在我国高等教育事业的改革和发展中起模范带头作用，探索我国21世纪高等教育发展的新路子。

1993年2月印发的《中国教育改革和发展纲要》指出：“高等教育担负着培养高级专门人才、发展科学技术和促进现代化建设的重大任务。20世纪90年代，高等教育要适应加快改革开放和现代化建设的需要，积极探索发展新路子，使规模有较大发展，结构更加合理，质量和效益明显提高。”《纲要》还指出：“为了迎接世界新技术革命的挑战，要集中中央和地方等各方面的力量办好100所左右重点大学和一批重点学科、专业，在教育质量、科学研究和管理方面，达到世界较高水平”。建设重点大学和重点学科及专业，是新中国建立后一直坚持的发展高等教育的工作方针。当前，搞好重点大学专业学科建设意义重大。

五、加强普通高等学校教学改革

高等学校的根本任务是培养合格人才，教学改革是学校教育改革的核心。改革开放来，教育部门采取了一系列措施，使普通高等学校的教学改革出现了可喜的局面。

一是从1989年开始，在普通高等学校中建立了教学成果奖励制度。

1994年3月，李鹏总理签发了国务院151号令，发布了《教学成果奖励条例》，使得教学成果奖成为国家级的奖励。教学成果奖的设立，对于调动广大教师、教学辅助人员、教学管理干部认真从事教学工作，积极研究改进教学工作的积极性，起到了重要作用。

二是实施了“高等教育面向21世纪教学内容和课程体系改革计划”，准备用5年左右时间，在全国范围内组织高校教师，根据21世纪科学技术的发展和经济、社会发展对各类专门人才在规格和质量方面的要求，对文、理、工、农、医、财经、政法等各个学科的教学内容和课程体系进行系统的改革，重建科学、合理的知识结构和智能结构。这项改革计划实施两年来，高校教师投入改革的积极性空前高涨，目前已经立项221个大项，985个子项，300多所学校10000多名教师参与了这项教学改革，预计将产生一批优秀的教学成果，对于大面积提高我国高等教育的教学水平和教育质量，具有深远影响。

三是在教学管理方面，已经建立了经常性的高校教学工作状态数据统计制度，并在一定范围内公布。创建了具有中国特色的高等学校教学工作评价体系。从1995年开始，开展教学工作合格评价，预计用4年左右时间，对大约占全国普通高校总数1/5的200所新建高等学校进行考评。1995年和1996年，优秀教学工作评价试点也开始进行，本着“以评促改、以评促建、重点建设、重在提高”的原则，通过评价工作，促进了高等学校重视教学工作，提高教学管理水平和教学质量。

四是本科专业目录的多次修订。1998年5月，新的《普通高等学校本科专业目录》正式颁布。针对原来计划经济体制形成的专业目录中专业划分过细，专业范围过窄，门类之间专业重复设置等问题，新修订的本科专业目录设置11个学科门类，下设71个二级类，专业种数由原来的504种降至249种，调减幅度达到近50%。与以前的专业目录相比，新的专业目录较好地体现了拓宽专业口径，增强适应性的原则，门类和专业的划分比较科学、合理，专业种类适当，名称更为规范。目录颁布后，许多高校利用新专业目录颁布的契机，对院系、专业进行调整和改造，制订新的本科专业教学计划。

六、颁布《中华人民共和国高等教育法》，标志着我国高等教育走上依法治教之路

高等教育的改革发展，对于促进我国的社会主义现代化建设，实施科教兴国战略具有举足轻重的地位和作用。高等的改革发展不仅需要得到全党和全社会的支持，更需要国家通过立法予以保证。1998 年 8 月 29 日，《中华人民共和国高等教育法》经第九届全国人民代表大会常务委员会第四次会议审议通过，于 1999 年 1 月 1 日开始实施。高等教育法的颁布和实施，是我国高等教育发展史上一件具有里程碑意义的大事，它对于保障我国高等教育事业的健康发展，迎接世界新技术革命的挑战，落实科教兴国战略，具有重要意义。

高等教育法共 8 章 69 条，包括总则、高等教育基本制度、高等学校的设立、高等学校的组织与活动、高等学校教师和其他教育工作者、高等学校的学生、高等学校投入和条件保障、附则。

高等教育法的制定和颁布有利于规范和促进高等教育管理体制、办学体制、经费投入体制、招生和就业制度以及高等学校内部管理体制的改革，理顺政府、社会和高等学校之间的关系，建立和完善政府统筹规划和宏观管理、学校面向社会依法自主办学的体制；有利于规范高等学校内部领导体制和运行机制，促进高等学校管理和决策的科学化、民主化；有利于规范高等教育质量标准，提高教学质量，使高等教育规模、质量、结构、效益协调发展；有利于规范高等教育经费来源、经费筹措方式和资源合理配置等问题，使高等教育经费投入有法律保障；有利于保障高等学校教师和学生合法权益。

第二节　高等教育改革发展的成就

改革开放以来，经过不断改革和调整，初步形成了适应国民经济和社会发展的多种层次、多种形式、学科门类基本齐全的高等教育体系，为社会主义现代化建设培养了大批高级专门人才，为促进国家经济建设、科技进步和社会发展发挥了重要作用。

办学规模有了较大发展，办学效益明显提高。普通高等学校从1978年的598所增加到1996年的1032所（1998年调整为1022所），其中综合大学79所，理工院校280所，农业院校232所，语言院校15所，财经院校75所，政法院校26所，体育院校14所，艺术院校31所，民族院校12所，短期职业大学82所。随着高等教育管理体制改革的不断深入和高校布局的调整，普通高等学校的办学效益已有明显提高。1990—1996年，普通高等学校本科、专科在校生平均规模从1919人增加到2927人，生师比从5.2∶1提高到7.5∶1。

培养了大批高级专门人才。1998年全国普通高等学校招生数和在校生数分别为108.36万人和340.88万人。1979—1998年，普通高等学校累计向社会输送大学本、专科毕业生近1000万人。1998年高等学校招收研究生7.25万人，在学研究生总数达到19.89万人。到1996年，每10万人口中的大学生人数达到470人，18—21岁学龄段人口毛入学率达到7.07%。

层次结构趋向合理。为适应现代化建设事业的需要，1998年普通高等学校专科招生数占本专科招生总数的比例，已由1980年的27.4%上升到50.44%，专科在校生所占比例已达40%以上。研究生教育有了很大发展，培养博士、硕士学位研究生的学校分别达到224所和476所，学科点分别达到2144个和8412个。目前，全国已经形成一批学科门类基本齐全，科研基础比较扎实的研究生培养基地。

专业结构不断优化。1993年国家教委颁布的本科专业目录中设置了哲学、经济学、法学、教育学、文学、历史学、理学、工学、医学和农学10大门类504种专业，比原设置的专业种数减少了309种。1998年又减少到249种专业，充实扩大了专业所含的业务内容，在一定程度上改变了专业划分过细，适应性不强的状况。

业务培养质量明显提高。通过教学改革，普通高等学校学生的知识能力结构有所改善，基础知识更加扎实，外语水平和计算机应用能力普遍提高。教师队伍不断充实加强。1998年全国普通高等学校教职工达到102.96万人，其中专任教师40.73万人，教授33276人，副教授110640人。

办学条件有所改善。1996年全国普通高校校舍建筑面积达13605万平方米；教学科研仪器设备总数价值达到197亿元；图书资料已达46869万册。

科研队伍不断壮大，科研水平不断提高。普通高等学校已经成为国家科学研究事业的一个重要组成部分，在基础研究、应用研究和高技术研究方面取得了重要成果。在自然科学研究方面，高等学校现有科研机构1806个，研究人员3.09万人。1996年，高等学校获得国家发明奖和科技进步奖的项目占全国颁奖总数的50.6%和31.34%。在哲学、社会科学研究方面，高等学校现有科研机构1596个，研究人员6.3万人。1996年高等学校获得社科基金资助项目占全国立项总数的65.9%。我国已在高等学校建立国家级重点实验室104个，专业实验室58个。高等学校已经通过教学、科研、生产、社会实践等多种途径，将科学研究成果转化为社会生产力，取得了显著的技术和经济效益。

近年来，以高科技产业为主、多方面发展的高等学校校办企业迅速兴起，有些产品已经打入国际市场。国家集中力量分期、分批重点办好一批大学和学科的“211工程”计划已经开始实施。力争在21世纪初，有一批高等学校和学科、专业在教育质量、科学研究和管理水平、办学效益方面有较大提高，达到世界较高水平。

第三节　高等教育存在的主要问题

一、管理体制不顺，办学效益有待提高

我国高等教育体制受计划经济模式影响深，部门间的条块分割，“大而全”、“小而全”的本位主义造成了办学力量分散、效益不高的状况，与社会主义市场经济建设的需要不相适应。以现有高等院校中的师范教育类为例，在全国普通高校中已有232所师范院校，而在成人高校中还建有229所教育学院。教育学院的主要功能是对在职的师资进行学历教育和培训，很多师范院校实际上已经承担了这个职能。重复设置导致校均规模小，教育学院校均规模只有1000名学生。有72所师范院校在校生不到1500人，有关教育研究机构对我国“普通高校人力资源利用状况分析”的研究表明，学生数在5000人以上其规模效益较好。又例如，全国很多普通高校都建有管理学院，仅招收工商管理硕士（MBA）生就有7000名左右，其中不少是在职干部，但在成人高校系列中又重复建161所管理干部学院，其校均规模

仅930人。各部门为这批成人管理学院兴建了680万平方米校舍，生均45.3平方米。

二、结构不够合理

一是高等院校的专业设置与国民经济、生产结构、技术结构相脱节，不能适应社会发展对人才的需求，特别是生产、服务、管理第一线所需要的实用型专门人才缺乏。二是长期以来大学的专业设置过窄，造成学生知识面过窄、知识结构不合理，社会适应性较差。三是从产业结构及城乡分布看，经济欠发达和农村地区、农业技术等方面的专门人才严重不足。我国是一个农业大国，近80%的人口生活在农村。然而在我国现有的1022所普通高校中，农林院校只有60所。在全国589万名在校本专科生中，农学专业（含林、牧、渔）学生比重仅占2.4%，不足工学专业学生比重（33.8%）的1/10，二者之比为1∶14.08；不足文学专业学生比重（14.2%），农学与文学之比为1∶5.92。

三、高等院校的地域分布不合理

我国在20世纪50年代进行了较大规模的高等教育地区结构调整，基本上可以说是计划经济的产物，深受苏联高等教育模式的影响。此外，当时国内正在进行大三线建设，在很大程度上是为了防御战争。这种结构与当前我国地区经济发展及其对人才需求状况之间的不适应表现得越来越突出，一些经济发展较快的省份如广东、山东、浙江、江苏等的高等教育规模相对较小，社会对人才的需求不能得到充分满足，而与此同时，有些省份如陕西、四川、湖北、吉林等的高等教育规模又明显高于当地经济发展水平，这些地区要想维持现有的高等教育规模，在人力、物力、财力上有困难，也难以吸收所有的高校毕业生，造成毕业生就业困难。

四、高等教育的培养目标单一

各级各类高等教育机构主要进行学历教育，培养学术型人才，对各种非学历教育和各种层次的应用型人才的培养重视不够；普通高等教育与高等职业教育的比例严重失调；在培养目标上大多数成人高校还带有很强的学历补偿教育的性质，不能体现成人教育的特色；各种社会力量办学也主要是自考性质。这一状况使高等教育不能满足社会对各种类型人才的需求，从长远来看，也将不利于我国成人高等教育和民办高等教育的发展。

五、高等教育机构的办学模式趋同

自20世纪80年代以来，各级各类高等教育机构普遍存在向高层次、综合性、研究型大学看齐的趋势。没有硕士点、博士点的学校尽力争取硕士点、博士点，有硕士点、博士点的学校又希望建立研究生院，尤其是专科教育问题更为突出，其课程基本上是本科压缩型，许多学校总是一心想着专升本，各级各类高等教育机构功能定位不清，办学缺乏特色，导致培养的人才也缺乏特色。

六、经费投入不足，办学条件差

高校办学条件困难大，突出的是办学经费中国拨部分所占比例逐步下降，有些学校国拨经费还无法满足教职工工资需要。学校各级领导都要花大力去筹集办学经费，分散了教育和科研方面的精力。全国有些重点大学办学经费中国拨部分已降到1/3左右。以1997年为例，清华大学全年总支出52328万元，国拨教育科研事业费17694万元；北京大学总支出44614万元，国拨事业费17268万元；浙江大学总支出36179万元，国拨事业费11176万元；复旦大学总支出34009万元，国拨事业费11128万元。经费不足，科研条件难保证，教师待遇偏低，导致优秀的骨干教师和学术带头人不稳定，高水平人才流失严重，一些学科后继乏人，严重影响了教育科研质量。

民办高校办学力量较弱。现在虽有1200余所民办高等教育机构，但办学条件很困难。学校自有的校舍、师资、设备十分有限。经费来源主要靠收取学费。民办高校在向社会提供学习机会方面发挥了重要作用，但本身办学力量还相当薄弱，亟须要国家在政策上给予扶持。

第四节　加快我国高等教育改革和发展的对策思考

一、坚持高等教育稳步发展的工作方针

党的“十五大”提出，我国目前仍处于社会主义的初级阶段。我国是

一个人口大国，各地经济、社会文化发展不平衡。总体上看，国家的经济基础相对比较薄弱，还是一个发展中的国家。因此，高等教育的发展在整体上必须坚持“稳步发展”的方针，这是特有的国情、国家经济能力以及高等教育的现有办学条件所决定的。当然，鉴于国内东部、中部、西部三个地区的经济、社会发展很不平衡，应允许某些地区在发展的规模和速度上高于全国平均水平。

二、加大改革力度，建立适应社会主义市场经济的教育管理体制和办学体制

按照由国家进行宏观指导、条块有机结合的思路，以共建、合并等联合办学为主要形式，淡化并逐步改变单一的隶属关系，实现各类普通高校和成人高校现有资源的优化配置，同时改革专业结构，加强重点学科建设，全面提高教育质量，进而逐步建立起面向21世纪的、布局结构合理、学科门类齐全、规模效益好、教育质量高、适应社会主义市场经济体制和现代化建设需要的高等教育体系。

三、发展多种形式的高等教育，建立终身教育体系，适应国家和社会日益增长的教育需求

随着经济发展、科技进步和国际竞争的日趋激烈，国家对高等专门人才的需求将日益增加。伴随着生活水平的提高，我国重视教育的传统和独生子女政策，使人民群众要求接受高等教育的愿望更为强烈。我国人口多、就业压力大，延长青年受教育的时间、推迟就业，还有利于缓解就业压力。加快高等教育发展是国家的需要、群众的愿望，也是时代要求。

但是由于我国还处于社会主义初级阶段，经济水平还较低，单纯依靠普通高等教育难于满足国家和社会的需求，必须发展多种形式的高等教育才能满足社会各方面的需要。

发展普通高等教育受到两个重要因素的制约，一是经费不足；二是毕业生的就业去向。因此，除通过改革发挥普通高校的潜力外，还应充分利用高等教育自学考试、函授、夜大、电大等成人高教等这样一些多种高等教育形式以满足社会需要。现在很多没有进入高等教育的高中毕业生参加了自学考试和成人高校学习，同样走上了成才之路，国家应重视并加强对

这些形式教育的支持和管理，提高其质量和社会信誉。

世界各国高等教育形式多样。未来社会要求人们必须不断地学习新的知识和技能，发展终身教育已成为各国教育发展中的普遍趋势，建议加强立法，逐步建立符合我国国情的现代终身教育体系，充分利用社会已有的教育资源，动员各方面力量发展我国终身教育。

四、不断深化高等学校教育教学改革，全面提高教育教学质量和效益

21 世纪是知识经济的时代，大学既是新知识产生的重要之源，扩散的中心，又是培养有创新能力人才的重要基地，大学对 21 世纪的经济发展和社会进步扮演着极为重要的角色。培养素质全面、特别是具有强烈创新精神和创新能力的人才，必须对现行的教育思想、教学和教学方法进行重大的改革。

1994 年初，原国家教委制订并实施《高等教育面向 21 世纪教学内容和课程体系改革计划》，这是大力提高高等教育质量、培养适应 21 世纪需要的专门人才的一项重要措施。各级政府教育行政管理部门和高等院校都应认真组织实施。按照转变教育思想，更新教育观念，改革人才培养模式，实现教育内容、课程体系、教学方法和手段的现代化，建立和形成有中国特色的社会主义高等教育的教学和课程体系，实现“质量上一个台阶”的目标。

五、加快学校内部管理制度的改革

高校体制改革只是解决和创造良好的外部环境，如果没有相应的内部改革，加大投入、下放权力等措施也不可能达到预期的效果，必须加大内部管理体制改革的力度。内部改革的根本任务是要提高办学效益和教育质量，使高等教育能更好地面向市场经济、面向社会服务。

六、高度重视农林高等院校的发展和改革

我国是一个农业大国，近 80% 的人口生活在农村。没有农村的现代化，就没有全国的现代化。农业高等教育的发展，直接影响我国农业的现代化步伐和农民的脱贫致富。

七、切实组织实施好“211 工程”，并创造有利条件，争创几所世界先进水平一流大学

高水平大学对国家培养高素质人才，发展科学文化，提高科研水平，创造新的技术，促进经济发展与社会进步具有非常重要的作用。1993 年，国家实施了“211 工程”，其目标是重点建设一批高等学校和学科。在党中央、国务院的领导和支持下，几年来“211 工程”的进展顺利，但仍然存在不少困难和问题，需要进一步推进。一是由于进入“211 工程”的学校太多，经费投入很少。应加大建设投入。二是国家在组织“211 工程”的实施过程中，加强“211 工程”公共服务体系建设，提高“211 工程”的整体效益。与此同时，在实施“211 工程”的基础上，国家应创造有利条件和社会环境，促使我国大学真正进入世界一流大学的前列。

第十一章
民族教育改革发展

在我国，少数民族教育就其范围来说，是指对汉族以外的55个少数民族成员所实施的教育。民族教育是我国整个教育事业的重要组成部分。改革与发展民族教育事业，将是十分艰巨的历史任务。

第一节　民族教育的改革发展历程

新中国成立前，我国绝大部分少数民族社会经济发展十分缓慢，教育状况极为落后。据1950年统计，在全国高等学校、中专和中小学在校生总数中，少数民族学生分别仅占0.9%、0.4%和2%左右，远远低于同期少数民族人口占全国总人口6%的比例。有的少数民族地区教育被寺庙所垄断，群众中文盲充斥，现代教育几乎一片空白。还有的少数民族，处于刻木结绳记事的文化形态。全国没有一所正规的民族高等院校。新中国成立后，党和政府关心和重视民族教育事业的发展，并取得了显著成就。新中国成立以来，先后召开了四次全国民族教育工作会议，制定了一系列特殊的政策措施，加速了民族教育事业的发展。

这些政策措施主要有以下内容。

（1）从1951年起，中央和各省（区）财政单列发展少数民族教育的专项补助经费；中央向地方下拨的各项教育专款中，对民族地区给予照顾。

（2）动员大批内地教师和高校毕业生支边，并有计划地开展内地与少数民族地区院校之间的对口支援协作。

（3）在办学条件较好的高等学校举办民族班、预科班，在山区、牧区举办寄宿制民族学校（班）。

（4）积极编译出版民族文字教材，开展少数民族语言文字和汉语言文字的双语教学。

（5）在高等学校和中等专业学校招生时，在相近条件下，优先录取当地少数民族考生；国家每年划拨一定的研究生、出国留学生或进修生指标，向少数民族地区定向招生，为民族地区培养急需的高级人才。

（6）在中央和少数民族人口较多的地区，建立各级民族教育行政管理机构，加强对民族教育工作的领导。

（7）根据西藏的特殊情况，于1987年和1993年先后两次召开了智力援藏和教育援藏工作会议，国家拨出专款，扶持西藏发展教育，动员各省（市）支援西藏教育，并在部分省（市）举办内地西藏班（校）。

实践证明，这些措施有力地促进了民族教育事业的发展。特别是1992年3月，国家教委和国家民委在北京召开的第四次全国民族教育工作会议，制定了一系列民族教育改革与发展的措施，对新时期的民族教育改革具有重要指导意义。

第二节 民族教育改革发展的成就和经验

改革开放以来，经过近20年的努力，我国民族教育事业取得了巨大的成就。

少数民族在校学生数以高于全国平均速度大幅度增加。1998年，全国各级各类普通学校在校生有2.43亿人，其中少数民族学生1853.22万人，与新中国成立初期相比，少数民族在校生提高了约15倍。

少数民族高等教育得到迅速发展。新中国成立以来，在少数民族自治地方已先后建成大专院校105所，在全国举办了12所民族学院，专门招收少数民族学生。还在全国重点大学、地方大学举办了大量民族班和民族预科班。到1998年，国家教委等6个部委院校和内蒙古、新疆等11个省（自治区）已办预科班300多个，在校生逾万人；1998年全国高等学校少数民族在校生达到22.64万人。

造就了一大批热爱祖国、坚持社会主义、有现代科学知识的少数民族干部和知识分子队伍。新中国成立以来培养的200多万名少数民族干部和专业技术人才，绝大多数人已经成为各条战线的骨干，为民族地区和国家的现代化建设，为增进各民族的团结、边疆的稳定、祖国的统一，作出了重大贡献。

少数民族教师队伍不断成长壮大。在旧中国，民族教师的数量很少。目前，在全国普通大中小学1155万名教师中，有少数民族教师81.30万名，与新中国成立初期相比，全国大中小学教师人数平均提高了4.3倍，少数民族提高了10余倍。

少数民族文字教材的编译出版工作成果丰硕。新中国成立后，学习和使用少数民族文字不仅受到尊重，而且得到法律保障。现在全国已有10个省、自治区建立了民族文字教材编译机构；在国家教委指导下，还成立了蒙古文、藏文、朝鲜文中小学教材协作组，负责编审跨省区使用的教材。每年出版中小学少数民族文字教材近2000种，总印数达5000万册以上。目前，已有蒙、藏、朝、维、哈萨克、壮等23个民族的600多万名学生，用29种少数民族语言文字进行教学，而在一定年级学习汉语文。

民族教育的改革势头良好。近年来民族地区在调整教育结构，落实“分级办学、分级管理”的体制，发动群众集资办学、改善办学条件，举办寄宿制学校以及发展电化教育等方面都有了新的进展，涌现出一批好典型。

内地支援少数民族地区教育工作成效显著。长期以来内地与民族地区高等院校之间长期开展了对口支援协作。1982年以来，有70多所高等院校，同新疆、内蒙古、宁夏、广西、西藏、云南、贵州、青海、甘肃等省区的高等院校建立了对口协作关系。近年来，还通过招收少数民族学生、接收教师进修提高、派出教师讲学、支持教学仪器和图书资料、开展教学与教育管理的经验交流等形式，加速了边远地区人才的培养和教育水平的提高。自1993年以来，原国家教委和国家民委两次召开全国教育对口支援协作工作会议。省际间的对口支援已扩大至10对，支援的范围已超出国务院确定的143个少数民族国家级贫困县。

西藏和平解放后，党中央、国务院一直十分关心和重视西藏教育，采取了一系列措施支援西藏发展教育事业。西藏自治区党委和政府也做出了极大的努力。西藏教育事业发生了巨大的变化。现代学校教育从无到有，从小到大，基本建立起包括幼儿教育、小学教育、中学教育、中等专业技术教育、高等教育以及成人教育、电化教育等在内的，具有西藏地方特色和民族特点的教育体系。特别是1987年第二次援藏工作会议精神的贯彻和项目的落实，进一步推动了西藏教育事业的发展。到1998年底，西藏区内各级各类学校在校生数已经达到35万人，比1986年增长了80%；适龄儿童入学率达到81.3%，比1986年增加了一倍多。25个省、市、自治区和国务院19个部、委、局举办的中学和中专西藏班（校）已有70多个，累计招收西藏学生逾万人。其中，中专西藏班第一批600多名毕业生已返回西藏，走上工作岗位，还有近300名高中毕业生进入高等院校学习。

近年来，越来越多的地区、科研院所和学校，重视研究民族教育领域的重大课题，初步形成了民族教育科学研究的网络，取得了一批优秀科研成果，出版了一批在国内外较有影响的论著和期刊，培养锻炼了一支以马克思主义为指导的理论队伍。1992年，国家哲学、社会科学“八五”规划领导小组还正式批准“中国少数民族教育理论与实施若干重大问题研究”为“八五”期间重点研究项目。

改革开放20年来，民族教育工作取得的成就是巨大的，这些成绩是对人类和平与发展的伟大贡献，是中国社会主义制度优越性的充分体现。新中国民族教育的巨大变化，具有特殊的人权意义：第一，在社会主义制度下，我国各少数民族不仅享有共同的社会政治地位，而且享有平等的教育权利，充分体现我国社会主义制度下人权的广泛性；第二，我国各少数民族教育的巨大变化还表明，新中国成立40多年来，在中国共产党的领导下，全国各族人民为改变少数民族教育的状况进行了长期不懈的努力，特别是发达地区给予了民族后进地区以大量的支持和帮助，这充分体现了我国各民族教育权的平等性。总之，在共产党的领导下，少数民族获得平等的生存、发展以及受教育的权力。

改革开放20年来，我国民族教育工作的丰富经验证明，发展民族教育，必须执行党和国家的教育方针、政策，坚持民族教育的社会主义方向；必须从少数民族的特点和民族地区的实际出发，坚持为当地经济建设和社会发展服务；必须在继承发扬本民族优秀文化的同时，学习其他民族的优秀文化成果；必须实行教育与宗教的分离；必须坚持国家帮助和自力更生相结合的方针等。

第三节　民族教育改革发展存在的主要问题

由于复杂的历史原因和民族地区的特殊性，新中国成立 40 多年来，民族教育虽然取得了巨大成就，但也存在一定的困难与问题。

一、相当一部分少数民族人口聚居地区的教育发展十分困难，基础相当薄弱

从目前总体水平看，大约占少数民族人口总数 2/3 的地区，教育发展水平明显低于内地，其中近 1/3 人口地区的教育发展尤为困难。其突出表现是：学校办学水平和教师教学业务水平较低，合格教师少，教育质量不高；老文盲没有扫除，新文盲还在不断产生，人口的平均受教育程度很低。1990 年第四次人口普查表明，文盲、半文盲率高于 20% 的七个省区，大多数是少数民族地区。

二、教育脱离当地经济发展的需要

在教育事业的发展上，不同程度地脱离当地经济和社会发展的实际，教育结构不够合理，基础教育十分薄弱，并且没有得到足够的重视；职业技术教育和成人教育发展缓慢，教育不能有效地为当地的经济建设和社会发展服务。由于基础教育薄弱，有的地区升入高中和大学的生源质量较低，再加上教育结构不合理，内容单一，所以许多学生回到家乡不能为当地发展生产和改善生活服务。

在教育工作的指导上，没有很好地做到从少数民族的实际出发，因地制宜，分类指导。在少数民族人口稀少的地区，学校布局缺少合理规划，设置过于分散，规模过小，影响教育投资效益的提高。教育教学内容考虑民族特点和地区特色不够。教学语言文字政策，有待于从民族的长远发展和教育质量的提高出发，区别不同情况，进一步明确和落实；双语教学的科学研究比较薄弱；民族文字教材的出版发行存在许多困难，教材种类不配套，供应不及时，课外读物更加缺乏。

三、教育投资欠缺

在教育投入上，不少地区经费不足，办学条件差。邓小平同志关于“宁肯牺牲一点速度，也要千方百计把教育搞上去”的思想观念尚未得到很好的落实，广大群众的办学积极性也还没有充分调动起来，教育经费单纯依靠国家投入。1980 年财政体制改革以后，中央和省（区）原来单列的民族教育专项补助经费被并入各级政府包干基数，有的地方挤占或挪用了这项经费，影响了当地教育事业的发展。

四、个别地方对办学的政治方向重视不够

在办学政治方向上，前些年，由于受国际大气候和国内小气候的影响以及党的工作上的失误，民族地区学校的品德教育和思想政治工作也受到削弱。一些学校对坚持四项基本原则、坚持办学的社会主义方向和加强民族团结、维护祖国统一的爱国主义教育重视不够。特别值得注意的是，少数地区还存在外部敌对势力对学校的渗透、策动民族分裂和制造动乱的活动，个别地区宗教干预教育的现象一度比较严重。

第四节 民族教育改革发展战略对策的思考

要努力缩小目前困难较大的民族地区同全国教育发展平均水平的差距。为了实现上述战略任务，各级党委和政府必须在民族事业发展中，坚持“教育必须为社会主义建设服务，社会主义建设必须依靠教育”的指导方针，从少数民族的特点和民族地区的实际出发，努力探索教育为改变民族地区经济相对落后的状况，同全国的经济发展相适应的路子。

一、必须提高对改革与发展民族教育重要性的认识

民族问题事关整个中华民族稳定发展。我国是一个统一的多民族的社会主义国家，55 个少数民族居住地区幅员辽阔，生产力发展极不平衡。党中央认为，新时期解决民族问题的根本原则是促进各民族的平等、团结和共同繁荣。各民族共同繁荣是党的一切民族政策的根本出发点。由于历史

等多方面的原因，消除我国各民族间教育发展水平上的差距，实现共同繁荣仍然是十分艰巨的历史任务。

要完成这一艰巨的历史任务，必须把发展民族教育放在首要战略地位。我国社会主义革命和建设的历史实践反复证明，民族教育的发展，对于各民族的共同繁荣具有深刻的影响。没有各民族地区文化教育的充分发展，没有大批少数民族出身、坚持社会主义道路和党的领导的专业技术人才和管理干部，没有千百万广大少数民族群众劳动素质的普遍提高，就不可能从根本上消除各民族间事实上存在的不平等，也就不会有各民族的共同繁荣。

马克思主义的理论和历史实践还告诉我们："贫困不是社会主义，愚昧也不能建成社会主义"。社会主义建设一要靠富裕；二要靠精神文明。两者结合才能真正实现社会主义。而要在民族地区建设精神文明，同样必须大力发展民族教育。民族教育本身既是民族地区精神文明建设的重要内容，同时又是民族地区精神文明建设的重要工具，各级各类民族学校更是民族地区精神文明建设的重要场所。由于历史的原因，我国有些少数民族在进入社会主义初级阶段之前的母体社会还比较落后，在生产方式、风俗习惯、思想观念及行为等方面至今还存在一些影响人民群众生活幸福和民族健康发展的内容，有些方面的影响还相当严重。因此，大力发展民族教育，积极传播现代文明、科学知识，有利于逐步改变还不适应社会主义精神文明建设的传统观念和风俗习惯，促进少数民族精神文明的迅速发展，使各民族优秀文化在新的条件下得到继承、发展和繁荣。

二、以"初级阶段"理论为指导，发展、改革民族教育

党的"十五大"确立了邓小平理论在我党的指导思想地位。邓小平理论的精髓是"解放思想、实事求是"，这是我们行动的指南。

邓小平理论的核心是社会主义初级阶段理论。这一理论将指导我们正确认识我们所处的时代，正确地制定现阶段我们的发展战略和目标，它是我们一切工作的依据和根本原则。

民族教育的发展与改革，必须以"初级阶段"理论的基本观点为指导，认清现阶段民族地区的实际。我国民族地区和大多数少数民族是从奴隶制、封建农奴制，有的甚至是原始母系社会形态直接跨入社会主义社会的。因

此从社会生产力水平和社会状况看，我国大多数民族地区从整体上处于社会主义初级阶段的“低水平”。因此要从这一实际出发，认真研究现阶段民族地区经济、社会发展对民族教育的需求，在数量、质量、结构、层次上调整民族教育的各个方面，探索民族教育改革和发展的路子。

三、关于民族教育改革发展的若干具体建议

（一）重点加强基础教育

加强基础教育，第一要端正办学思想，必须面向全体学生，主要为当地建设培养人才，同时兼顾升学。第二要积极创造条件，有步骤地实施九年义务教育。在有特殊困难的地方，首先要办好初小，努力提高学龄儿童入学率，尤其是女童入学率。发展初中教育，要重视改善办学条件，合理布局，使学生逐步做到就近入学。普通高中发展过快的，要适当控制或改办为职业中学。第三要改革教学内容。民族中小学的教材要根据中央有关规定单独编写，充分反映本民族、本地区人民生产、生活的需要。增加学生喜闻乐见、易于理解的教学内容，尽量做到多样化。要重视加强劳动课和劳动技术课教学，边远贫困地区的学校，要从小学开始引进职业技术教育因素，把学文化和学技术结合起来，学以致用，学能致富，使民族教育与少数民族群众的利益密切相连，充分发挥学校参与当地经济发展和社会变革的巨大作用。第四民族学校的布局要合理，办学形式要灵活。在民族杂居地区提倡不同民族学生合校合班或合校分班上课，以便相互学习，增进团结，提高规模效益；风俗习惯不同的，可分餐、分宿。民族学校的办学形式要适合民族特点和地区特点，既要考虑学校的规模效益，又要照顾群众的居住环境，可灵活变通，以方便少数民族子女入学。在人口较少、居住分散或经常流动的牧区，学校的布局要相对集中，从一定年级起举办寄宿制学校。对有特殊困难和散杂居地区的民族教育，要给予足够重视，切实帮助解决办学中的实际困难，逐步改变这些地区教育落后的状况。

（二）大力发展职业技术教育

职业技术教育是我国民族教育发展中的最薄弱环节。1985 年以来，在《中共中央关于教育体制改革的决定》精神指引下，民族和边远地区的职业

技术教育已呈现出可喜的发展势头，涌现出一批有较大影响，能起示范作用的职业技术学校。但是职业技术教育与经济和社会发展的要求仍然有较大差距，教育结构不尽合理，教育的着眼点还是少数学生升学，致使大部分回乡中小学毕业生，缺乏必要的建设家乡的思想准备，不具备致富的技术和技能。

改变民族地区职业技术教育薄弱的状况，必须落实1992年国家教委职业技术教育司与国家教委民族地区教育司联合下发的《关于加强少数民族与边远地区农村职业技术教育工作的意见》，要坚持主要为当地经济建设和社会发展服务的办学方向，培养素质较高的新型农、牧民；要加强与当地经济建设和社会发展的联系，职业技术学校应积极向周围农村和农户推广科学技术，积极参与农村社会生活的变革，为科教兴农贡献力量。坚持多层次、多规格、灵活多样的办学形式，建立职业技术教育和培训网络。加强农科教统筹结合，依靠社会各方面力量兴办职业技术教育。积极发展校办企业，开展勤工俭学，走产教结合、以厂养校的道路。采取多种措施，扩大职业技术教育经费的来源渠道，推动职业技术教育的发展。采取国家和地方相结合的办法加强教材建设。各地有关部门应根据当地需要，组织编写部分乡土教材，并在经费上给予支持。地方政府和有关部门应帮助职业技术学校配备和建设好生产实习基地，兴建有关专业的实验室，就近划拨一部分土地、山场、水面或小型企业；或帮助学校租赁、承包、举办有关企业；或与科技、经济实体联合经营，建立相应的生产实习基地。各级政府和有关部门应进一步落实“先培训后就业”的方针，逐步实行技术证书制度。加强对民族和边远地区农村职业技术教育的领导。各级政府应把职业技术教育纳入当地经济和社会发展的总体规划，努力创造一个有利于职业技术教育发展的良好社会环境。要加强政府统筹，搞好教育、计划、劳动、人事、财政等部门的分工协作，加强教育部门的具体指导。

（三）优化和改革发展民族高等教育

根据全国民族教育工作会议的精神及市场经济建设的需要，今后应重视和发挥民族地区高等院校在当地经济和社会发展中的重大作用。

第一，应明确办学指导思想。“九五”期间，要把工作重点继续放在稳定规模、优化结构、改善条件、深化改革、提高质量上。要特别重视培养大专层次的经济、科技、管理方面的人才。同时，民族高等院校的专业设置要根据当地需要和可能统筹规划，合理调整、提高整体效益。

第二，办好民族学院。民族学院在历史上为培养民族干部发挥了重要作用，在新形势下应继续努力办好。有关部门要帮助民族学院改善办学条件，提高教育质量。民族学院现有的专业，要根据社会需要，积极改善办学条件，提高质量；民族地区急需的一些专业，要在地方统筹规划和充分论证的基础上，努力创造条件，经审批后有计划地设置。

第三，加强普通高校少数民族预科教育。当前除继续重点办好具有民族特色的学科、专业和对少数民族干部进行培训外，还要努力办好大学预科。国家教委和中央部委所属的高等院校，要制订计划，面向55个少数民族招收新生；达不到最低录取分数线的，要通过预科，提高入学起点。新中国成立以后，为加快培养少数民族人才，普通高等学校开设了民族预科班。在1980—1991年底的10余年，全国有11个省、自治区和6个部委所属的近百所高等院校，举办了民族预科班，有效地提高了少数民族大学新生入学的文化起点。为了进一步加强高等院校民族预科班工作，今后高等院校民族预科班要注意面向边疆、农、牧、山区定向招生，从参加当年高考的少数民族考生中适当降分择优录取。有特殊困难的地区，如无考生进入最低分数线，可由当地推荐，经省、自治区招生委员会批准，择优录取。

各高校应根据民族预科班学生的特点和教学要求，制订适用的教学计划，编写预科各科教学大纲和教材，并由国家教委组织力量，编写预科干课程教材，供各高校选用。

（四）加强民族师范教育

加强民族师范院校建设，培养合格教师，是提高民族教育质量的关键。根据全国民族教育工作会议精神，民族师范院校要把德育放在学校工作的首位，加强对学生进行党的基本路线和唯物史观的教育。同时，要从本民族和本地区的实际出发，调整教学内容，上好劳动技术课，开展双语教学。民族师范院校毕业生要树立正确的民族观、宗教观，热爱教育专业，一专多能，既有较扎实的科学文化知识，又要掌握一两项实用技术。要改革民族师范院校的招生分配办法，定向到县、乡，为牧区、山区以及有特殊困难的边远民族地区，单独举办师范班，保证毕业生下得去、留得住。凡自愿从事民族教育工作的汉族考生，要予以鼓励。民族地区的教师进修院校，要有计划地培训在职民族教师，不断提高他们的思想政治水平和业务素质。

到20世纪末，要使绝大多数少数民族小学教师和多数初、高中教师的学历，达到国家规定的要求或取得专业合格证书。90年代，还要依托国家教委所属的师范大学和办学条件较好的师范院校，为部分民族地区的高等院校培训数以千计的专业技术学科教学骨干，并作为一项长期工程，下大气力办好百所有较高水平的民族中师和师专，尽快为民族地区实施九年义务教育，培养大批合格教师。

增加对民族师范院校的经费投入。国家、省（区）和市（州）三级教育部门，在正常事业费、专项补助费的安排上，要对百所师范院校实行倾斜政策，帮助这些学校尽快改善办学条件。

（五）努力搞好对口智力支援工作

开展对口智力支援是促进民族教育发展较好的途径，今后要采取多种形式进一步扩大对口支援协作，建立起双方直接联系的渠道。

1. 加强对少数民族贫困县的对口支援协作

国务院在20世纪80年代确定的全国328个贫困县中，有143个是少数民族贫困县，占全国贫困县总数的43.60%。为了加强少数民族地区的经济文化建设，促进各民族共同繁荣，必须动员各方面力量，给予有效支持。必须提倡经济发达地区的县（市），与国家确定的143个少数民族贫困县，开展多种形式的结对支持。1992年，国家教委下发了《关于对全国143个少数民族贫困县组织教育对口支援协作的意见》。1993年，国家教委、国家民委在宁夏召开全国对口支援协作工作会议，总结经验，部署任务。1996年又在深圳召开了第二次全国对口支援协作会议。1997年下发了《关于认真贯彻中央扶贫工作会议精神，进一步加强对口支援民族和贫困地区发展教育事业的通知》（教民［1997］5号）。经济发达地区应不断探索新形势下教育扶贫的有效形式。

2. 加强对民族地区师范教育的对口支援

目前，全国有民族中等师范学校85所，民族师范专科学校25所。为了加强民族师资队伍建设，以适应民族教育发展与改革的需要，今后要有步骤地集中力量办好百所民族师范学校。

根据全国民族教育工作会议精神，鼓励经济发达地区师范院校，与民族地区现有百所中师和师专，开展对口支持。尽量为民族地区多培养一些急需的合格教师。民族地区的师范院校，应针对当地需要，深化改革，培养能教文化课、又会实用技术、一专多能的教师，特别应重视双语教师的培养。各地政府在经费使用上，应优先考虑师范院校的需要，国家拨给的教育专款补助经费，对百所民族师范院校，适当给予支持。同时应关心教师的工作、学习和生活，形成全社会尊师重教的社会风尚。

（六）加强对西藏教育的援助

西藏是我国藏族同胞聚居的自治区，地域辽阔，资源丰富，是我国西南边防的战略要地。西藏的经济和社会发展，对我国边防巩固和社会主义现代化建设具有极其重要的意义。没有西藏的繁荣，就不会有全国各族人民的共同繁荣；没有西藏的现代化，就不会有全国的现代化，也就不会有国家的长治久安。因此，大力发展西藏教育，意义十分重大。

由于历史的原因和特殊的自然条件的限制，发展西藏教育的困难很大。为了加快西藏经济、社会的发展，党中央、国务院十分重视教育援藏工作。新中国成立40多年来，国家为发展西藏教育已累计投资11亿元，仅1987年国务院第二次援藏工作会议一次就为西藏教育投资6000万元，帮助建设了九个教育项目（含34个子教育项目）。1993年3月召开的全国教育援藏工作会议，再一次直接向西藏投资4100万元，帮助发展教育。1985年以来，在全国选择教育质量较高的中学创办了内地西藏班。十几年来，各类内地西藏班已有近3000名毕业生回到西藏，参加到社会主义新西藏的建设中。目前，尚有10000多名藏族中学生和中专生，分布在全国25个省（市）的近80所学校学习。另外，据不完全统计，自20世纪50年代中期以来，特别是中央第三次西藏工作座谈会以来，全国各有关省市还为西藏选派援藏教师6640余人。

为了适应我国社会主义现代化建设的新形势，努力发展西藏教育事业，促进各民族的共同繁荣，1993年3月，国务院又委托国家教委在北京召开了全国教育援藏工作会议。会议根据邓小平同志“先发展起来的地区要带动后发展的地区，最终达到共同富裕”指示的精神确定了今后教育援藏工作的基本方针和政策。

第一，内地办学要长期坚持，努力办好，逐步扩大，通过改革要提高到一个新的水平。

第二，教育援藏工作要实行对口、定点、包干责任制。今年，国家计委、财政部和国家教委决定拿出4100万元，进一步支持发展西藏教育。各省、市、自治区还应在财力、物力和其他方面继续给予支持。承担援藏任务的地区、单位要同受援地、市建立长期对口协作关系，定点培养西藏学生，所需经费包干使用。

第三，教育援藏工作必须从西藏的实际出发，培养适应当地经济、社会发展需要的人才。内地西藏班初中后和高中后的专业培养计划由西藏自治区政府制定，学校要积极配合，指导学生选学西藏建设急需的专业。同时支持和鼓励汉族学生学习藏语文，研究藏族历史、文学艺术、医学等，培养汉藏兼通的专门人才。

第四，进一步加强对教育援藏工作的管理和协调。国家教委要搞好宏观指导，注重政策研究，制定有关规章制度。担负教育援藏任务的省、市、自治区教委要有一位副主任主管这项工作，国务院有关部委局也要有人负责；要及时研究新情况、新问题，总结经验，搞好评估，表彰、奖励先进单位和先进个人。

（七）积极发展散杂居地区的少数民族教育

在我国的绝大多数县、市，都有两个以上的民族共居。在9100万少数民族人口中，大约有2000万人散居在全国各地，这是我国的基本国情之一。各地教育行政部门，要把散杂居的少数民族教育列入议事日程，切实加强领导。有计划、有措施、有专人负责，定期研究和解决工作中存在的实际问题，尽快缩小与当地其他民族在教育发展程度上的差距。

（八）加强民族教育行政管理干部的培训

随着教育事业的发展，民族地区各级教育行政管理部门的干部队伍得到了相应的充实和加强。但是，从整体上看，干部队伍的政治、业务素质状况还不能完全适应民族地区教育事业发展和改革的需要。为此，各地应根据国家教委有关文件精神，力争在“八五”期间将民族地区中小学校长、民族聚居县教育局长、分管教育的县（旗）长、主管教育的专员、州（盟）

长和地、州（盟）教育局（处）长，省、自治区教委主任、副主任和民教处处长等培训一次。通过培训，使民族地区的教育行政管理干部逐步加强对党的基本路线的理解，提高贯彻党的教育方针和民族政策的自觉性；了解内地教育改革的经验，总结本地区的经验，开阔思路，提高水平，以适应 20 世纪 90 年代民族地区教育发展和改革的需要。

（九）不断完善民族地区教学语言政策，加大双语教学力度，搞好民族语言教材建设

教学用语和教材是少数民族地区教学质量提高的重要制约因素。着眼于 21 世纪的发展，应切实搞好民族地区的双语教学和教材建设工作。

学习现代科学技术和文化知识，语言的作用十分重要；语言不通，就不能交流。我国有 56 个民族，语言种类繁多，为了加强学习和交流，各个民族都要努力克服相互之间的语言障碍。汉族要学习少数民族语言，少数民族也要学习汉语，有条件的还要学习外语，这样才能适应时代发展的要求。实现我国各民族的共同发展、共同繁荣，都需要我们努力掌握语言这个交流的工具。我们要在民族教育改革工作中，进一步加强民族语言教材的建设，使其与双语教学的需要相适应。

第十二章
师范教育改革发展

振兴教育的希望在教师，建立一支数量足够、质量合格、结构合理并相对稳定的师资队伍，是发展教育的关键。没有师范教育的成功改革，就不会有教育改革的成功。

第一节　师范教育改革发展历程

党的十一届三中全会以来，党和政府十分重视师资队伍建设，把大力加强教师队伍建设作为教育政策的一个基本点，把发展师范教育放在优先地位。

1978 年全国教育工作会议上，邓小平同志指出，为社会主义建设培养合格的人才，关键在教师，并提出要采取切实有效的措施大力培训师资。1980 年，全国师范教育工作会议总结了新中国成立以来师范教育的历史经验，分析面临的形势，讨论了师范教育在社会主义现代化建设新时期的方针、任务，提出了发展和加强师范教育的措施。全国师范教育走上恢复、调整、改革和发展的轨道。

1985 年，《中共中央关于教育体制改革的决定》指出："建立一支有足够数量的、合格而稳定的师资队伍，是实行义务教育、提高基础教育水平的根本大计。"并确定"把发展师范教育和培训在职教师作为发展教育事业的战略措施。"为了贯彻《决定》精神，同年 11 月，国家教委召开了全国中小学师资工作会议，确定了基础教育师资队伍建设的目标、方针和步骤，明确了各级师范学校的办学思想，提出了改革和加强师范教育的措施，部署了中小学在职教师的培训工作。

回顾十一届三中全会以来的20年，为加强师资队伍建设，国家采取了一系列措施。

第一，对师范教育采取倾斜政策，增加投资，改善办学条件。

“七五”期间，除保证正常经费外，国家拨出13亿元人民币师范教育补助专款；“八五”期间，继续拨出8亿元人民币师范教育补助专款。同时，积极引进外资，利用世界银行1.1亿美元贷款加强装备28所师范本科院校和72所教育学院及师专培训部；利用联合国儿童基金会约2000万美元援款，加强装备153所中等师范学校、部分小学教师培训中心和教师进修学校。

第二，面向中小学、面向农村，主动适应社会主义建设和基础教育改革与发展的需要，对各级师范院校进行了教育教学改革。

第三，初步改革师范院校招生和毕业生分配制度，收到了一定的成效。从中央到地方，各级党政和教育行政部门都把提高师范生源质量作为发展教育事业的重要任务，积极采取措施，鼓励优秀中学毕业生报考师范；保送德智体全面发展、具备从事教师工作素质的高中及中师优秀应届毕业生进入师范院校深造；招收有实践经验的优秀公、民办教师和优秀青年工作者；实行定向招生、定向分配，为农村、边远地区师资补充疏通渠道；有的地区还试办了高师预备班。在招生办法上，采取提前考试、单独录取，增加面试等措施。分配工作中实行分配制度改革及其他优惠政策等，收到良好的效果。

第四，加强师资培训工作，以教师进修院校为主渠道，充分调动师范院校及广播、电话、电经教育机构和社会各方面力量的积极性，举办多层次、多形式的培训。此外，还举办各种层次、各种规格、各种形式的知识班、单科班、教学研究班、干部培训班、骨干教师研究班等。通过函授、脱产培训、自学与互教以及在教学实践中边教边学等灵活多样的形式，对已具有合格学历和胜任教学的教师进行新知识、新教育理论和教学方法的培训，积极探索中小学教师继续教育试行工作。

第五，采取了一系列措施提高中小学教师的政治地位、社会地位和生活待遇，加强中小学教师队伍管理工作。为了进一步提高人民教师的地位，逐步使教师工作真正成为社会上最受人尊敬、最令人羡慕的职业之一，国家设立了教师节，成立了中小学幼儿教师奖励基金会，通过宣传、庆祝活动，表彰先进，在全社会形成尊师重教，尊重知识，尊重人才的好风尚。进行教育系统工资制度改革，提高教师工资水平；建立模范教师奖励晋级制度；根据教师劳动特点，逐步建立并完善教育系统的奖金津贴制度。多年来，教师工资水平呈逐步上升的趋势。1978 年以来，中小学教职工住宅建设逐步纳入了国家基建计划；1978—1989 年间，全国城市中小学教职工住房建设共投资 35. 5 亿元，建房 1681 万平方米；与此同时，国家采取鼓励政策，支持教育部门和学校兴办集体福利，改善教师生活条件。

第二节　师范教育改革发展的主要成效

改革开放 20 年来，我国师范教育改革发展取得了显著成效。

一、师范教育体系日益完善，办学条件逐步改善

改革开放以来，党和政府越来越重视师范教育。在师范教育发展的条件和外部环境改善方面，党中央、国务院采取了一系列重大措施，促进我国师范教育体系日益完善，形成一个在世界上规模最大的、具有我国国情特色的师范教育体系。与此同时，国家对师范教育的投入不断加大，办学条件得到了根本性改善。

二、师范教育事业得到了很大发展

截至 1998 年底，全国已有高等师范院校 236 所，其中师范专科学校 160 所；同年，全国有中等师范学校 897 所（包括特教师范学校、幼儿师范学校、艺术师范学校）。

除此之外，在教师的职后培训方面，全国各省、地两级教育学院 230 所，县（市）教师进修学校 2031 所。

三、全国中小学教师队伍的数量增加，素质得到大幅度提高

改革开放 20 年来，我国中小学教师队伍建设取得显著成效。教师总数稳中有增，基本满足了教育工作的总体需要。教师队伍的政治业务素质进

一步提高。广大教师忠于职守、教书育人。教师队伍的人员效益不断提高，小学、初中、高中教师的学历合格率从1980年的48%、17%、30%分别提高到1997年的93%、85%、61%。通过深化以人事分配制度为核心的学校内部管理体制改革，优化了教师队伍结构，学校的生师比例提高。民办教师工作取得重大进展，民办教师所占比重大幅度下降，部分地区民办教师问题已经解决。

四、教师的社会地位和待遇进一步提高

改革开放20年来，中小学教师的工资待遇和住房条件得到明显的改善。特别是1993年以来，党中央、国务院高度重视解决教职工住房困难问题，把它作为落实科教兴国战略的一项大事来抓。近年来，国务院办公厅先后四次召开全国职工住房建设经验交流会。1993—1997年，全国城镇教职工住房建设共投资594亿元，竣工建筑面积9107平方米，建成住房122.4万套；教职工家庭人均居住面积由1993年的6.90平方米提高到1997年底的8.45平方米，人均增加了1.55平方米。

五、师范院校的教育教学管理经验不断丰富

改革开放以来，师范院校的教育质量不断提高，教学改革不断深化。截至目前，已培养各类学生551万人，其中学历培训480万人。

回顾师范教育的改革发展历程，积累了一些重要的经验。

（一）必须把发展师范教育作为发展教育事业的一项战略性措施给予高度重视和优先发展。在整个教育发展中，师范教育应坚持适度超前的发展速度。

（二）师范教育建设及其改革发展，必须坚持政府行为。要把师范教育纳入当地社会经济发展的总体规划中。

（三）师范教育必须按照国情的特点和教师职业化建设的需要，坚持相对独立的办学体系。

（四）师范教育必须坚持面向中小学服务的办学宗旨，努力造就适应时代发展需要的中小学教育工作者，在青少年一代的成长中，切实发挥启蒙作用。

（五）必须坚持分区规划、因地制宜、分类指导的原则。我国是一个多

民族的国家，地域辽阔，人口众多，各地差异性很大，必须从各地实际出发，分别加以指导。

第三节　师范教育改革发展存在的问题

改革开放20年来，我国师资队伍建设成就巨大。但是，与教育的改革与发展需要仍不相适应。

一、教师数量不足的状况趋于缓和，但教师队伍结构有待优化

据教育部统计，全国小学教职工数量已达693.5万人，专任教师已达到532.2万人，比1949年增长了6.5倍，与学生之比例达到1∶22。

上述数据表明，目前我国小学教师数量的矛盾已趋于缓和。特别是由于计划生育的广泛推行，我国人口出生率已由1970年的33.4‰下降到1980年的18‰，入学儿童人数呈现减少的趋势，入学儿童人数1975年为1.5亿名，而1986年为1.3亿名，而比较起来教师的数量一直在持续增加，1988年，在校小学生比前一年减少300万名的情况下仍增加教师6.75万人，师生比越来越小。

与小学教师的数量相比，初中教师则有较大数量的缺额。特别是随着九年制义务教育的实施，小学毕业生的升学率（升初中）将由现在的68%提高到95%以上，这就意味着需要补充大批合格的初中教师。据国家教委预测，20世纪末，需要补充初中教师200万人，而现有师专的培养能力只有140万人，差额还比较大。①

二、少、边、贫地区教师学历偏低、专业素质仍有待提高

学历是作为受教育程度的标志，是教师从事教学和科研工作的基础。虽然学历并不完全真实决定和反映教师的实际业务水平和教学质量，但师资队伍学历层次越高，就越能有效地提高学校教育教学质量。1997年全国

① 参见《光明日报》1989年1月13日。

仍有7%的小学专任教师、15%的初中专任教师和39%的高中教师学历条件不合格。青海、新疆、西藏等地的情况就更差。基础师资队伍学历状况，在一定程度上影响我国中小学教育的改革与发展。

各学科师资不配套主要表现在初中教师上，与全面的教育发展要求不适应。音乐、体育、美术、生物、英语、地理等课程的教师数量明显不足。据某些省的调查统计，上述学科缺额占所需教师量的70%，而农村初中则更缺，因为没有音、体、美教师而停开或改开音、体、美课程的现象时有发生。数学、物理、化学、语文等长线学科的师资目前缺额不大，主要是提高师资质量问题。造成我国小学和初中教师专业学科不配套的主要原因，一是长期以来我国师范教育的结构本身不合理，系科设置过于单一化，仅以数理化、语文、政治为系科的师范院校仍大量存在；原因之二是由于片面追求升学率，许多学校不重视音体美教学，对教师培养工作做得不够。

三、民办教师、代课教师问题仍然存在

自“文化大革命”以来，民办教师的数量大为增加（包括许多公办教师转为民办），成为我国中小学教师的重要组成部分。民办教师为我国基础教育事业的发展贡献重大，在我国教育发展中曾经发挥了重要的作用。但是大量民办教师的存在必然在一定程度上影响教育的质量，其重要原因是长期以来民办教师的选拔缺乏严格要求和管理制度。在一些农村，“聘教唯亲”的现象仍然存在，受聘的教师达不到要求。在贫困地区小学毕业教小学，初中毕业教初中的现象比比皆是。

少、边、贫地区教师队伍不稳定，流失现象仍然严重。少数民族地区、边远地区和贫困地区教师队伍不稳定，教师外流现象仍然存在，影响教师队伍质量。

四、师范教育的效益和质量有待于进一步提高

当前的突出问题，一是师范院校的规模效益不高。全国17%的高师规模不足2000人，相当一部分大专规模不足1000人，全国中师规模平均不足900人，有的还不到700人。

二是教师的利用率低。近年来，中小学生入学总数下降，小学、初中都不同程度地减少了学生数，造成教师的利用率降低，专任教师与学生的

比例偏低。从与国际标准的比较看，我国小学生师的比例低于发展中国家的平均比例数（35∶1），1979 年我国的比例只是 27∶1，1982 年为 25∶1，1988 年为 22.6∶1。我国初中学生与教师的比例情况也大致相同，1983 年的生师比例已由 1979 年的 19.2∶1 下降到 17.6∶1，1988 年又下降到 15∶1。而其他发展中国家的平均比例为 21∶1，生师的比例偏低，实际上造成教师的工作量减少，利用率降低。

三是我国师范教育职前培养与职后培训分割，也在一定程度上造成了效益上的浪费。很多地方师范院校与教育学院、教师进修院校重复设置，整体效益偏低。此外，还存在着布局不合理、专业设置重复等问题。

四是师范院校自身师资队伍建设有待加强，教学、科研水平有待提高。目前有的师范院校教师队伍学历不合格，科研能力弱，教学工作精力投入不足，在一定程度上影响了教学质量的提高。

五是部分院校办学思想存在偏颇，存在向综合大学看齐的倾向，必然影响培养目标的实现。鉴于上述情况，我们认为，今后我国师资队伍建设的重点在于质量提高问题，大量地增加基础教育师资已不是主要矛盾，今后应当着重加强现有数量教师的业务提高和进修工作。

五、部分地区教师工资拖欠问题仍然严重

近几年来，拖欠教师工资问题在党中央、国务院领导同志的关心和有关部门采取一定措施后，已得到不同程度的解决。但在一些地区，拖欠教师工资问题至今未能根本解决，拖欠数额仍然较大。

据教育部有关部门负责人介绍，由于财政收入进度滞后、农村教育费附加没有征足用好等原因，吉林等省有 40% 左右的县市存在拖欠现象，拖欠总额高达 2 亿元（未包括企业办学欠款），黑龙江省 50% 左右的县市存在拖欠现象，总额达 1.2 亿元，其他省、自治区如河北、湖北、内蒙古、河南等也有 30% 以上的县市存在拖欠现象。

第四节 师范教育改革发展的对策思考

一、把师资队伍建设放在重要战略地位

全党、全社会、全国人民都必须充分认识师资队伍建设的重要性，树立发展教育、师资在先的思想，切实把师资队伍建设放在突出战略地位；应当努力改变社会上仍然存在的不重视中小学教师的状况，特别是要通过一些措施进一步改变当前存在的优秀中学生不愿报考师范院校，师范院校毕业生又不愿到中小学任教的不正常局面。确立“优先、重点、确保”师资建设的战略思想。在整个教育发展次序上，要“优先”师资建设；在局面安排上，要“重点”突出师资建设；在经费、设备供应上，应“确保”师资建设的需要。

二、国家采取特殊政策，提高教师待遇

建立一支德才兼备，忠诚教育事业的合格教师队伍不是教育内部本身所能完成的任务，国家必须通过采取多种政策乃至教育法制的杠杆优势来推动师资队伍建设。

1. 增加工资并坚决制止拖欠教师工资现象

国家应拨款逐步提高教师的工资，使教师的平均工资比各行各业的平均工资水平高出20%—25%。至少使教师的工资待遇由现在12个行业中的倒数第二位提高到前几位，特别应当注意提高中小学教师的工资。

同时，中央和地方各级政府应该为高寒山区、边远地区、贫困地区、少数民族农牧区中小学教师增加特别工资补贴，使这些地区的中小学教师的工资又高于其他地区20%左右。这样做才有利于调动这些地区教师的积极性和稳定师资队伍。

在逐步增加教师工资待遇的同时，要坚决制止目前仍然严重存在的拖欠教师工资现象。拖欠教师工资不仅违背党和国家尊师重教的方针，与全国正在实施的科教兴国战略相悖，而且直接影响教师的生活、教学秩序及政府的形象。各级政府应高度重视这一问题的严重性，认真贯彻国务院办

公厅和财政部的有关精神，坚决制止拖欠工资现象。

目前，世界上许多国家，如北朝鲜、原联邦德国、波兰、原苏联、日本等国中小学教师的工资均高于其他行业同期参加工作的职工。国外的做法值得我们借鉴。

2. 解决教师住房条件差的问题

近年来，在党中央、国务院和各级地方政府的共同努力下，教师安居工程取得了显著的成绩，广大教师的住房条件发生了很大的变化。但在不少地方，尤其是中西部农村，教师住房条件仍然相当紧张，给教师的备课、自修和生活都带来一定的困难。因此，中央和各级地方政府在今后若干年内应继续切实解决好教师，特别是农村中小学教师的住房问题。确有困难的地区，中央应予以帮助。

3. 建立教师休假疗养制度

建议国家建立教师休假疗养制度，拨出专项资金，中小学教师每五年享受一次疗养、参观的待遇。

国外一般都比较重视教师休假待遇。东欧大部分国家教师暑假均在45天以上。瑞典还规定，教师教龄满10年后，可休360天年假。教师在休假期间（如寒、暑、病假及女教师休产假）一般不扣工资。

4. 提高教师的社会、政治地位

中小学教师的劳动，复杂而又繁重，艰辛而又费神，他们的劳动应当受到全社会的尊重。从1985年起，国家设立“教师节”，给予教师的劳动以极高的评价。《义务教育法》第十四条规定：“全社会应当尊重教师。国家保障教师的合法权益，采取措施提高教师的社会地位……”应切实贯彻和执行《教师法》，《教师法》在法律上明确规定了教师的地位、资格、待遇、培训进修、晋升考核和奖惩制度，对师资队伍建设意义重大。

民办教师的待遇也应当逐步加以提高，民办教师和代课教师的经济待遇应接近公办教师。与此同时，现有的民办教师应通过学习培训，提高业务素质，逐步转为公办教师，以便更有效地提高农村教育质量。

三、加强师资队伍的专业化建设

面对当代社会政治经济、科学文化的迅速发展与我国教育的重任，只从数量上考虑师资队伍建设远远不够，更为重要的是要向社会提供高质量的教师。这就需要不断加强教师队伍的职业化建设，使师资队伍具备较强的专业水平和职业特征。加强师资队伍的职业化建设，还将有利于提高教师的社会地位，使教师更能受到社会的普遍尊重。

从国际趋势看，教师的职业化建设已成为发达国家密切关注并为之努力的方向。

联合国教科文组织《关于教师地位之建议案》强调指出："教师职业必须视为专业，教师职业是一种需要教师精心地钻研，以便获得专门知识与特别技能的特殊专业，并且要求对学生的教育和前途负有高度的责任感。"此外，第 45 届国际教育大会把会议主题确定为教师队伍建设。

进入 20 世纪 80 年代以来，我国教育事业迅速发展，特别是 1986 年《义务教育法》颁布后，我国普及义务教育的发展对教师质量和数量的要求达到了空前的程度，然而教师质量之欠缺、数量之不足、队伍不稳，已为众人所熟知，教师队伍的职业化建设更是迫在眉睫，只有加强教师队伍的职业化建设，教师的职业地位才有希望真正得到提高，教师职业也才能逐步成为有吸引力和竞争力的职业。

我国当前教师队伍职业化建设，关键要抓好以下环节。

（一）切实提高教师队伍专业素质

提高我国教师专业程度可以分两步走。

第一，尽早实现《义务教育法》对师资的学历要求。我国《义务教育法》规定，初中教师的学历水平要达到大专程度，小学教师的文化程度要达到师范学校或中专水平，高中教师要达到大学本科学历。目前我国教师队伍的学历程度还达不到上述要求，今后教师合格学历建设的任务仍十分艰巨。

第二，在实现学历达标的基础上，提高各级教师的专业水平。我国《义务教育法》对教师专业水平的规定只是最低标准，实际上远远落实于发达国家对教师专业程度的要求。因此，应当考虑把初中和小学教师的专业程度再提高一个档次，即初中教师必须具备大学本科学历，小学教师必须具备大专或 3—4 年制师范学校的学历程度。需要指出的是，近期内实现这一要求困难较大，但应当向这个方向努力。

（二）建立我国教师专业组织，提高其社会地位及影响力

迄今为止，我国还没有教师的专门组织，对教师职业化问题也缺乏长期、稳定、系统的专门研究，这不利于教师职业意识的形成和教师专业水平的提高。国外众多的教师专业组织都具有一定社会地位和影响力，对教师队伍的专业化建设和发展起重要作用，例如美国教师联合会，英国的全国教师联盟等。这类教师专业组织通过专门教师问题研究，为教师提供福利、参与社会政治决策、提出教师专业标准等方式推动着教师队伍的专业化发展。

（三）尽快颁布教师资格考核制度，促使教师积极参加培训

建立教师资格考核制度，首先要与教师进修制度配合起来，促使不合格的教师逐步达到合格水平，而不是以此来排挤不合格的教师。考核应从师资队伍实际出发，不能要求过高。其次建立教师考核制度应当把考核与工资制度，职称晋升制度结合起来。经过考核，优秀教师应当增加工资、晋升职称、民办教师转公办教师。此外，对于各类进修教师还应保证较好的待遇，以调动教师参加培训进修的积极性。

为提高中小学教师队伍质量，应当加强评估工作，并且制度化。在科学地分析教师队伍状况的基础上，不断调整和充实教师队伍的力量，逐步提高师资的资格要求。通过教师全面评估，要促进教师在业务上更新知识，端正教育与教学思想并提高思想素质。在评估过程中，对于知识老化不能适应教学的教师，应送出去进修提高；对于根本不能胜任教学工作，又没有培养前途的教师，要有步骤地从教师岗位上调换下来，安排他们去做力所能及的工作。

四、改革和完善我国教师职前培养与在职培训体制，提高整体效益

（一）优化改革职前教师教育系统，培养高质量的中小学教师

培养中小学教师应主要依靠师范院校，必须改革和完善我国师范教育体系，着力培养高质量的合格教师。改革和完善我国教师职业培养系统必

须从我国教育的实际出发，努力办好中等师范学校，培养合格的小学教师。深化师范学院与师范专科学校的教育改革，努力提高学术水平和教学水平，培养新一代的合格的初中教师。

师范学院专科学校是培养初中教师的重要场所，应当把握改革的方向。

——在办学方向上，必须结合普及义务教育的实际和特点，对教育和教学思想、专业设置、课程开设、教学方法和教学制度等进行系统的改革和调整。师范院校应当坚持学术性和师范性的统一，努力提高教学水平和学术水平。

——在发展速度上，师范学院与专科学校发展应与普及中等教育的普及进程保持基本同步，提高教育投资效益。

——在培养规格上，要从各地区的实际出发。民族师范院校必须重视培养师范生向“多知多能”的方向发展。有条件的院校可开设选修课或实行双学位制，使未来的教师既具有广博的科学文化知识，又具有较强的教育教学能力，既了解社会主义商品经济，又具有一定的职业技能。

——在结构上，应建立多层次、可延伸、灵活性强的师范教育体系，以便适应我国基础教育改革发展的多元需求。

——在招生制度上，要重点面向农村、山区、牧区、边区以及少数民族地区，从当地实际出发，采取特殊优惠政策实行定向招生。录取分数线可根据实际需要进行调整，以便解决初中教师地方化问题。

——在分配制度上，应当杜绝“中途截留”，要照顾普通教育基础差的广大山区、牧区和高寒地区的需要。在物质待遇方面，山区、牧区、农村边远地区以及少数民族地区应当实行特殊政策，以吸引更多的教师留在当地从事教育工作。

——中师和高师都要向中小学加强教育专业学科的教学，让师范生掌握教育这门科学，懂得教育规律。同时，加强教育实践环节，加强教育理论和教育实验的研究工作。

普及九年制义务教育急需大批合格教师，利用综合大学、理工科大学等院校培养教师是缓解师资问题的重要渠道。国外的基本做法是对综合大学、理工科大学欲从事教师职业的毕业生进行1—2年的教育专业训练，合格后任教。在我国，利用综合大学培养中小学各学科教师，利用理工科大学培养职业技术教师，应当加强管理，尤其是要制定培养标准，增加教育科学的训练和教育实习。

（二）完善在职教师培训系统，提高在职小学和初中教师质量

教师队伍的质量决定着教育的质量。目前，我国师资队伍的主要问题是教师数量发展不平衡、质量不高，随着时间的推移，质量问题日趋突出。据统计，1997年，我国的小学教师中学历仍不合格的占7%，初中教师中学历不合格的占15%，高中教师中学历不合格的仍占39%。可见，我国教师的培训任务十分艰巨，如果不改变现有状况，将严重影响教育的质量。从长远来看，建立一个合理的在职教师培养系统，是提高教育质量的根本大计。

1. 切实办好教育学院和教师进修学校

教育学院和教师进修学校对于提高在职教师的素质具有重要作用。要尽快改善教育学院和教师进修学校的办学条件。各级教育学院与教师进修学校要统筹协调办学中的重大问题，并统一制订本地区教师的培训计划。边远地区、民族地区教育学院与教师进修学校应实行特殊的招生办法，扩大学生来源。

2. 建立多层次和多样化的在职教师培训系统

在职教师培训应当视不同地区的情况灵活安排，既要有教育学院和教师进修学校的正规形式，又要有函授、广播电视教学、夜校、短训班、自学考试等非正规形式；既可以由国家、省、自治区、地区主办，也可以是各级各类学校自主举办，甚至民间兴办。通过多种形式、多种规格的办学方法，加速在职教师培训。

派讲师团支援基层中小学教师培训也是帮助教师在职提高的重要形式之一。自1985年以来，中央、国家机关已向全国派出了数万名干部组成的讲师团。实践证明，这是培训教师的一种有效方法，既培训了教师，又锻炼了干部。在业务培训上，实行分类指导，切实提高培训质量。在教育学院承担教师培训任务的教师，应当根据在职教师培训的需要调整自己的业务方向，不能仅仅囿于一两门学科的一般性讲授，要能够开设新学科、新理论和新知识的报告或教学。

3. 采取积极措施，建立和完善教师在职培训系统

在措施上要采取奖励政策，国家和学校对教师的进修、培训要采取鼓

励的态度。要加强在职教师培训的专门管理机构，使教师培训工作专门化、制度化。

我国对小学、初中教师的培训方式应以在职进修为主，脱产学习为辅；培训的目标和任务，当前应以培养能够胜任教育和教学工作的能力为主，不宜把他们的精力引导到盲目追求学历的方向上去；校长要把在职教师的培养提高工作作为自己最重要的工作，把它抓好，使学校成为培训教师的基本阵地。

（三）加强职前培养系统与在职培训系统之间的相互协调与横向联合

我国师范院校主要担负新教师的职前培养，教育学院和教师进修院校主要负责教师的在职培训，两个系统具有明确分工，对于教师的专业化发展有很大好处。但是双轨制中间还存在一定的问题，如职前培养系统与在职培训系统之间缺乏联系、相互独立、各自为阵，使培养、培训效果都受到一定影响，不能充分、有效地使用教育中的人力资源（如教职工）以及教学设备，缺少对师范院校教学经验的反馈环节，不利于师范教育的改革。今后师范学院、师范专科学校、师范学校要与教育学院、教师进修学院和学校应加强横向联系，形成在教师培养上的既有分工，又有协作，互相交流、互相支持和互相补充的体制。

（四）充分利用非正规教育形式，促进义务教育师资培训工作，提高教师质量

应大力鼓励、支持并组织好在职教师积极参加教育部门举办的函授学习和社会广播电视教育。据反映，新疆广播师范大学教学节目坚持了十几年，实践表明，其效果比较突出。应积极地倡导教师以参加自学考试的方式提高文化程度与教师的业务水平。中小学教师的业务素质还可以采取校内新老教师互帮互学的方式加以提高。

（五）加强投入，建立普及义务教育师资队伍建设的多渠道

普及九年义务教育需要大量合格教师，今后我国教师培养和再培训的任务非常繁重。为此，国家应广开师资培养资金来源的渠道，设立师资培训基金会，广泛募集社会资金。

第三篇

中国教育发展不均衡问题的研究

第十三章
中国教育发展地区差距的研究[①]

第一节　本课题的研究意义

改革开放20年来，我国各地区的教育事业都发生了巨大的变化。无论是东部、中部、还是西部地区，各级各类教育都比改革开放前有了长足的进步，取得了举世瞩目的成就。仅以学龄儿童入学率为例，1997年底，我国学龄儿童的纯入学率达到98.92%，东部、中部、西部地区分别达到99.66%，99.36%和94.65%，不仅比改革开放前有了大幅度的增长，而且也超过了发展中国家的平均水平。即使是办学条件非常特殊和困难的西藏自治区，学龄儿童入学率也已接近80%，比改革开放前翻了一番多。

但是，地区间经济与社会发展的不平衡性，是中国国情极其重要的特征。我们必须看到，在各地区教育事业持续快速发展的过程中，地区间发展不平衡的问题仍然存在。由于自然的、历史的、社会的以及经济的等多方面的原因，近年来地区间教育发展的差距越来越突出，造成了地区间人才培养上的差距，已经成为制约我国经济发展和社会全面进步，以及顺利实现三步走战略目标的一个重要因素。因此，加强对我国教育发展地区差距的研究具有重要的理论和现实意义。邓小平同志早在20世纪90年代初期的南巡讲话中，就提出要重视研究“贫富地区差距问题”。党的十四届五中

---

① 按照国务院有关部门的划分标准，本文中的东部地区包括北京、天津、河北、辽宁、上海、江苏、浙江、福建、山东、广东、广西、海南；中部地区包括山西、内蒙古、吉林、黑龙江、安徽、江西、河南、湖北、湖南；西部地区包括重庆、四川、贵州、云南、西藏、陕西、甘肃、青海、宁夏、新疆。

全会明确指出，“解决地区发展差距，坚持区域经济协调发展，是我国今后改革和发展的一项战略任务”。

对我国教育发展地区差距的研究，关系到我国全民教育的实施和促进教育机会平等的实现程度。我国是一个社会主义国家，实现受教育机会的人人平等，是党和政府长期努力的目标。1996 年颁布的《中华人民共和国教育法》规定：“公民不分民族、种族、性别、职业、财产状况、宗教信仰等，依法享有平等的受教育机会。”目前我国教育发展地区差距的存在，直接影响着上述目标的实现。只有对地区差距的现状及其原因加以深入地研究，才能最终找出逐步缩小差距的办法。

第二节　我国教育发展地区差距的现状分析

反映教育发展差距的指标很多。本文主要从小学入学率、小学毕业生升学率、义务教育阶段的辍学率、人口中的在校生数、各地的校舍状况等五个方面进行比较分析。

一、小学入学率差距分析

1997 年底，全国小学校内外，学龄人口总数为 13346 万人，在校学龄人口总数为 13202 万人，总计入学率为 98.92%。其中东部地区（12 省市自治区）校内外学龄人口总数为 4579 万人，在校学龄人口为 4561 万人，入学率为 99.61%；中部地区（9 省市自治区）校内外学龄人口总数为 5287 万人，在校学龄人口为 5254.6 万人，入学率为 99.39%；西部地区（10 省市自治区）小学校内外学龄人口总数为 3093 万人；在校学龄人口为 3000 万人，入学率为 96.99%（低于全国平均水平 1.93 个百分点）。换言之，仅西部地区每年约有近 100 万名适龄儿童不能正常上学。

女童的入学情况是，1997 年底，全国小学学龄女童人口总数为 6391.5 万人，在校学龄女童为 6315.7 万人，入学率为 98.81%。其中东部地区 12 省区为 99.64%；中部地区 9 省区为 99.42%；西部地区 10 省区为 93.39%（低于全国平均水平 5.42 个百分点）。就全国 31 个省市自治区来看，女童入学率在 99.9% 以上的有：天津（99.99%）、上海（99.97%）、北京

(99.96%)、浙江（99.90%）；入学率低于97%的省份全部集中在西部地区，其中有重庆（95.79%）、四川（95.81%）、贵州（96.49%）、西藏(71.32%)、甘肃（96.7%）、青海（89.01%）、宁夏（94.95%）、新疆(96.72%)。

二、义务教育阶段辍学率差距分析

1997—1998学年度，全国义务教育阶段的年辍学率为：小学阶段男女生合计为1.01%，初中阶段男女生合计为3.14%。从性别比较看，女学生的辍学率低于男生。小学阶段女学生的辍学率为0.92%，初中阶段女学生的辍学率为2.81%。从绝对数看，1997学年度，中、小学生辍学的人数分别为137万人和156万人。其中女学生分别为59万人和64万人。

从辍学率的地区分布来看，东部地区、中部地区与西部地区的差异很大。小学阶段，东部、中部地区的辍学率分别只有0.73%和0.68%；而西部地区高达2.45%。初中阶段，东部、中部地区分别为2.72%和3.10%；西部地区则达到4.48%。女学生辍学率的地区差别更为显著。在小学阶段，东部、中部地区的女学生辍学率分别为0.67%和0.59%，西部地区为2.38%；初中阶段，东部、中部地区的女学生辍学率分别为2.25%和2.91%，西部地区为3.9%。从各省市区的情况看，1997年度中小学生辍学率出现负增长的三省份（上海、福建、浙江）均属东部地区，而辍学率高于1%的省份几乎全部在西部地区。其中西藏、云南、贵州、青海四省区的中小学生辍学率甚至高于3%。

三、小学毕业生升学率的地区差距分析

小学毕业生的升学率反映一个地区义务教育的普及程度。就全国而言，1997—1998学年度，小学毕业生的初中升学率为93.69%，其中小学毕业生中的女学生升学率为92.22%。按人口覆盖面统计，全国已有92%的人口地区普及了小学教育。

但是从各地区的情况看，差距还很大。1997—1998年度，东部和中部地区的小学毕业生升学率分别达到95.78%和94.78%，高于全国2.09和1.09个百分点，其中女学生升学率达到94.74%和93.05%，分别高于全国2.52和0.83个百分点。而西部地区小学毕业生升学率只有84.09%，其中

女学生只有83.75%，与全国平均数字相比，均相差近10个百分点，与东部地区的差距就更大。这就是说，在我国的西部地区还有近20%的适龄儿童不能升入初中学习，无法完成九年义务教育的任务。

就省份来看，小学毕业生升学率高于97%的7个省份中，有6个是在东部地区，依次为上海（99.63%）、浙江（99.03%）、河北（98.84%）、福建（98.67%）、北京（98.64%）、江苏（97.12%）、天津（97.00%）。而小学毕业生升学率低于90%的7个省份中，有6个集中在西部地区，依次为：宁夏（88.13%）、甘肃（87.93%）、青海（87.39%）、云南（76.05%）、贵州（75.75%）、西藏（61.66%）。

四、每万人口中在校生数的差距分析

每万人口中的在校学生数是衡量一个地区教育发展程度的重要标志。改革开放以来，我国教育事业迅速发展，每万人口中在校生数的比例大幅度提高。截止1996年底，全国共有12.38亿人口，其中每万人口中的平均在校生高等学校为47.6人，中等专业学校在校生为37.57人，普通高中在校生为68.61人，普通初中为417.13人，职业中学为41.32人，小学为1129.66人，幼儿园为203.32人。

改革开放20年来，尽管全国总人口中各类在校生数有了很大增长，但各地发展情况很不平衡。东部、中部、西部的地区差距仍然十分突出。就每万人口中各类学校在校生的比例情况比较而言，1996年度，东部地区每万人口中的高等学校在校生为87.33人，中部地区为46.19人，而西部地区为37.17人；每万人口中的中等专业学校在校生东部为48.67人，中部为39.50人，西部为29.60人；每万人口中平均在校的高中生，东部为82.83人，中部为70.44人，西部为66.61人；每万人口中的平均在校初中生，东部地区为453.9人，中部地区为445.03人，西部为319.69人；每万人口中的平均职业中学在校生，东部为49.66人，中部为50.13人，西部为22.58人；每万人口中的平均小学在校生，东部为1098.37人，中部为1120.25人，西部为1200.74人；每万人口中的平均幼儿园在园人数，东部为228.32人，中部为192.70人，西部为148.26人。

就各省市、自治区的情况看：

——每万人口中平均高等学校在校生最多的3个省份均在东部，依次是北京（322.95 人）、上海（165.91 人）、天津（146.74 人），分别约是全国平均数（47 人）的6.9 倍、3.5 倍、3.1 倍。每万人口中平均在校高校学生最少的（低于25 人）的3 个省份均在西部，依次是云南（23.6 人）、贵州（20.96 人）、西藏（14 人）。西部的10 个省区中，除陕西、新疆，其余8 省区每万人口中的平均在校高校学生均达不到全国平均水平。每万人口中的平均在校中专生人数最多的3 个省份（高于70 人）是：北京（82.71 人）、天津（80.29 人）、上海（78.20 人）；均高于全国平均数（37.57 人）的2 倍以上；每万人口中平均在校中专生人数少于30 人的10 个省份，有8 个是在西部，其中西藏平均只有23.48 人。

——每万人口中平均在校高中生人数最多的（高于90 人）5 个省份依次为：上海（124.36 人）、北京（106.01 人）、宁夏（104.80 人）、青海（101.22 人）、天津（93.28 人）；每万人口中平均在校高中生人数较少的（低于50 人）的5 个省区均在西部，依次是四川（47.54 人）、重庆（44.29 人）、云南（43.94 人）、贵州（39.91 人）、西藏（27.27 人）。

——每万人口中的平均在校初中生人数最多的（500 人以上）4 个省份均在东部，依次是：河北（525.25 人）、福建（570 人）、山东（533 人）、广东（500 人）；每万人口中普通初中在校人数低于350 人的7 个省份均在西部，其中甘肃（340 人）、云南（308.14 人）、贵州（301.98 人）、青海（297.61 人）、四川（279.35 人）、重庆（287.47 人）、西藏（130 人）。

——每万人口中的平均职业中学在校生人数最多的（70 人以上）的省份是：北京（86.03 人）、天津（75.03 人）、安徽（74.83 人）、上海（72.48 人）；每万人口中的平均职业中学在校人数较少的（低于28 人）的8 个省份均在西部，其中重庆（26.30 人）、青海（25.01 人）、云南（22.73 人）、贵州（21.58 人）、四川（19.98 人）、甘肃（19.50 人）、宁夏（12.09 人）、西藏（3.28 人）。

——每万人口中平均在校小学生人数最多的3 个省份是海南（1486.1 人）、贵州（1417.23 人）、新疆（1432.62 人）；每万人口中平均在校小学生人数较少的省份是：北京（776.27 人）、上海（730.11 人）、浙江（848.64 人）。由上可见，每万人口中的在校小学生多少，明显地受到计划生育前的人口出生率及学校的复读率高低的影响。

——每万人口中的平均幼儿在园的人数，东部省份均高于200 人，而西部的10个省份中，有8个低于200人，其中宁夏（142.80人）、新疆（133.97人）、云南（132.90人）、贵州（126.01人）、西藏（20.83人）均低于150人。

五、校舍状况的地区差距分析

学校生均校舍面积与房屋的质量在一定程度上反映区域办学条件的优劣。就全国而言，1997年普通中学生均校舍面积6.3平方米，小学生均面积3.92平方米；其中东部12省市自治区普通中学生均面积为6.5平方米，小学生均面积为4.06平方米；中部9省市自治区普通中学生均面积为6.30平方米，小学生均面积为3.99平方米，西部10省区普通中学生均面积为5.12平方米，小学生均面积为3.58平方米。

从校舍中的危险房屋面积看，1997年全国普通中学的危房面积所占的比例为0.97%，小学危房占校舍建筑面积比例为1.01%。就东部、中部、西部的区域分布看，东部地区普通中学的危房比例为0.78%，中部地区的比例为0.91%，西部地区高达3.69%，西部是东部地区的近5倍；东部地区小学的危房比例为0.77%，中部地区为0.72%，而西部地区高达4.06%，西部是东部的近6倍。

从省、市、自治区的差距看，全国校舍人均面积较大的省份有：上海、浙江、江苏、福建等，人均校舍面积较小的省份是贵州、四川。

全国普通中学危房面积比重最小的11个省份（0.5%以下）是北京（0.26%）、天津（0.49%）、河北（0.40%）、上海（0.07%）、浙江（0.02%）、福建（0.33%）、山东（0.19%）、广东（0.15%）、黑龙江（0.44%）、吉林（0.14%）、河南（0.39%），其中有8个在东部地区，3个在中部地区。而普通中学危房面积比重高于3%的7个省份，有6个是在西部地区，依次是：西藏（7.37%）、新疆（6.97%）、宁夏（6.57%）、贵州（4.61%）、青海（4.5%）、甘肃（3.51%）。

全国小学危房比重最小的（0.5%以下）有13个省份，东部省份占8个，而危房比重高于3%的7个省份中，有6个分布在西部，分别是宁夏（9.77%）、新疆（7.62%）、贵州（6.36%）、西藏（5.37%）、青海（4.94%）、甘肃（3.10%）。

第三节 形成教育发展地区差距的主要原因分析

造成我国教育发展地区间差距的原因十分复杂，既有历史的影响，又有现实的原因，是各地区的经济、社会发展、历史文化以及地域环境，自然条件等多种因素共同作用的结果。

一、地区间经济发展的不平衡是造成教育发展地区差距的直接原因

恩格斯曾经指出："一切社会变迁和政治变革的终极原因，不应当在人们的头脑中，在人们对永恒的真理和正义的日益增进的认识中去寻找，而应当在生产方式和变换方式的变更中去寻找，应当在有关的时代的经济学中寻找。"① 人类社会发展的历史实践证明，经济发展是整个社会发展的重要基础。教育的发展也不例外地会受到经济发展的制约。

据国家统计局的统计：1995 年，东部、中部、西部地区的国内生产总值分别为 33615.4 亿元、15867.64 亿元和 8149.74 亿元，占全国的比重分别为 57.70%、27.20% 和 14.00%。按人均国内生产总值计算，东部为 64.8 元，中部为 3691 元，西部为 2945 元。从农民人均收入的比较来看，东部为 2346.06 元、中部为 1422.34 元、西部为 1033.01 元。经济上的差距必然会影响到教育的发展水平。从县域经济情况看，20 世纪 80 年代国家确定的 143 个少数民族贫困县，有 126 个县是在西部地区，1993 年《国家"八七"扶贫攻坚计划》确定的 592 个贫困县中，有 515 个集中在中西部地区，其中有 208 个是在中部地区，307 个在西部地区，东部只有 77 个贫困县。

考察我国东部、中部和西部各地区经济发展对教育发展的影响主要是：第一，各地经济发展的总体水平直接影响该地区支持教育发展的经济能力，特别是直接影响该地区教育发展的程度（规模与速度）。第二，地区经济发展水平的不平衡直接影响该地区社会成员的实际家庭收入，进而影响社会成员对受教育程度的愿望以及实现的可能性（影响教育支出的能力）。第

---

① 中共中央马恩列斯编译局．马克思、恩格斯选集（第 3 卷）［G］．北京：人民出版社，1972：425.

三，地区经济发展的不平衡，会直接影响到该地区经济对教育的需求程度（层次和结构）。而经济对教育的需求程度，又往往是教育发展的深层次动力。近20年来，我国沿海经济发达地区各类教育，特别是高等教育和职业技术教育增长速度很快，正是经济迅猛发展拉动教育发展的结果。

二、自然环境是影响教育发展地区间差距的重要客观因素

自然环境是人类生存和发展的基本条件，也是影响人们文化教育活动的客观因素，对教育形态、办学条件及学校办学特色都会产生程度不同的影响。

从东部、西部的自然环境比较而言，西部10省市自治区大多位于高原、荒漠、大石山区，气候多变，灾害频繁，水土流失严重，例如全国人均GDP居前列的贵州省，山地面积占了全省土地面积的87%，丘陵占了10%，平原只占3%；再如西藏、青海乃世界屋脊，平均海拔4000米以上，50%的面积在海拔4500米以上；甘肃和新疆、宁夏属于全国荒漠化最为严重的地区。四川和云南地区属西南岩溶地带。

西部地区自然环境的不良状况，一是造成了人口居住分散和交通不便，给学校布点乃至学龄儿童按时接受义务教育带来了一定难度；二是地域上的封闭或偏僻，交通不便造成了信息传播的局限性；三是恶劣的气候，特别是青藏高原地带低温、缺氧，在不同程度上给广大教育工作者和学生的身心健康带来了影响；四是自然环境的不良、交通不便，直接影响了教育的投入成本。

三、传统生活习惯和文化观念的影响

我国地域辽阔，民族众多，各地区各民族的生活习惯、文化教育观念差异较大，也在一定程度上影响着教育的发展。如在我国西部省区的少数民族地区，尤其是信奉伊斯兰教的民族，民间有早婚的风俗，在很大程度上影响了适龄女童的普及义务教育。再如在信仰藏传佛教和小乘佛教的民族地区，多数群众信奉宗教，造成了一些青少年儿童信教或参与宗教活动，这也在一定程度上影响适龄儿童的入学。

从区域来看，近代以来，我国东部沿海一些地区工业和商业发展相对较早，因而兴教重学的风气日趋浓厚，而中西部多数地区重教的观念相对

薄弱。

四、教育政策和教育思想是造成教育发展地区差距的现实原因之一

我国教育发展地区差距的形成，除了受经济发展的不平衡性以及历史、自然环境等因素影响之外，另一个重要制约因素就是各地的教育政策、教育思想。

改革开放以来，党中央、国务院十分重视教育工作，邓小平同志早在20世纪70年代末就指出，要把教育摆在优先发展的战略地位，他强调“忽视教育的领导者，是缺乏远见的、不成熟的领导者，就领导不了现代化”。回顾改革开放的20年，凡是能够真正落实教育发展战略地位、真抓实干办教育的地区，教育事业发展就快，那里就会人才辈出。

此外，一个地区的办学思想是否端正，办学的路子是否适应当地经济建设和社会发展的需要，也直接影响当地教育事业的发展。适应者，就会形成教育与经济、社会发展的良性循环，使教育与经济都得到了相互促进；反之就会形成教育和经济相互脱离的“两张皮”现象，影响教育事业的发展。

第四节　解决我国教育发展地区差距的对策建议

在当今世界知识经济初见端倪的时代，教育的发展对于经济和社会将越来越具有决定性的制约作用。我国教育发展的地区差距，既是我国整个社会经济地区间发展不平衡的重要表现，同时又进一步加剧我国社会、经济发展的地区差距。

教育发展的地区差距，不但会加剧人才培养和经济发展上的不平衡，同时还会造成公民受教育权利的不公平现象，即广大的青少年儿童难以实现受教育机会的真正平等。进而会影响就业机会乃至参与社会其他活动机会的平等，最终会影响社会主义平等原则的实现，影响社会的政治稳定。正因为如此，近年来党中央、国务院十分重视缩小地区间的差距问题，党的“十五大”进一步强调，“要从多方面努力，逐步缩小地区发展差距”。

作者认为，要解决好我国教育发展的地区差距，应当采取积极有力的措施。

一、制定国家扶持西部贫困地区发展教育事业的长期计划，建立贫困地区教育发展基金，增加中央政府的投资力度

《中国教育改革和发展纲要》提出在20世纪末实现“基本普及九年义务教育，基本扫除青壮年文盲，要大力发展职业教育和成人教育，巩固提高高等教育”的战略发展目标。从目前的形势看，实现上述目标，中西部贫困地区的教育发展任务还十分艰巨，国家应该给予特殊的扶持和帮助。

二、增强紧迫感，认真落实教育优先发展的战略地位

教育发展相对滞后的地区，特别是中、西部的贫困地区，各级党政领导必须高度重视教育，要清醒地看到教育发展上的差距可能带来的严重后果，增强发展教育事业的紧迫感，切实在政策措施上真正落实教育优先发展地位，正像邓小平同志多次告诫的那样：“少讲空话，多干实事，再穷也要重视教育，要千方百计，宁可在别的地方忍耐一些，甚至牺牲一点速度，也要把教育问题解决好。”

三、动员和调动一切社会力量，继续加大教育对口支援工作力度

要逐步改变我国教育发展的地区差距，特别是在西部和中部的贫困地区，除了进一步加大中央政府和地方政府的扶持力度外，还必须争取社会各界对教育事业的关注和支持。

改革开放以来，党中央、国务院十分重视对贫困地区和少数民族地区教育的对口支援工作，并取得了非常显著的成效。特别是原国家教委组织实施的“教育援藏工作”、“部属高校对口支援新疆高校”、“对全国143个少数民族贫困县对口支援”、“对口支援三峡库区教育”等活动，支援对象大多集中在西部和中部地区，通过上述支援活动，较大地推动了这些地区教育事业的发展。建议今后继续加大这些工作的力度，并力争在新形势下，创造更多的新形式，加快西部和中部贫困地区的教育。

四、在国家扶贫攻坚计划的实施过程中应加大对教育倾斜的力度

“治贫先治愚，扶贫先扶智（志）”，只有改变了人的素质，才能从根本上解决脱贫致富的问题。目前，《国家“八七”扶贫攻坚计划》的实施进入了关键时期，攻坚的重点主要集中在我国西部和中部贫困地区。建议扶贫专项经费、国家支援不发达地区发展资金、边境建设事业费、“三西”扶贫资金均应确定适当的比例，支持教育事业发展。原国家教委、国家民委等设立的“少数民族专项经费”也应扩大基数。

五、进一步转变教育思想，提高教育的质量和效益

缩小东部、中部、西部地区间的教育发展差距，不能急于求成，更不能只靠扩大投资规模。追求数量目标，必须按照教育发展的自身规律，从实际出发，正确处理好数量与质量的关系。同时要认真转变教育思想，使教育与当地的经济、社会发展紧密结合起来，努力提高办学的效益。

六、加强师资队伍建设的力度

师资队伍薄弱，且不稳定，是造成各地区教育差距的重要因素之一。国家应采取优惠政策，吸引和稳定中西部教师队伍。同时，应对现有师资加强业务培训，并在生活和工作条件上给予关心和照顾，让他们更好地发挥作用。

第十四章

中国教育发展性别差距的研究

第一节　改革开放以来女性教育的发展变化

妇女素质的高低直接关系到一个民族的未来。加强妇女教育不论对于我国经济建设，还是对于整个民族文化素质的提高，都具有十分重要的意义。恩格斯在《反杜林论》这部巨著里，引用傅里叶的话时说过："在任何社会中，妇女解放的速度也是衡量普遍解放的天然尺度。"妇女素质不高必然影响社会物质文明和精神文明建设。妇女素质提高的速度是衡量一个社会物质文明和精神文明的天然尺度。

长期以来，由于政治、经济、历史、文化、宗教等多方面的原因，我国妇女教育一直比较落后。中华人民共和国成立以后，党和政府重视了妇女社会地位与教育机会的平等。特别是改革开放以来，女性教育比新中国成立前有了较大发展。

一是各级各类学校均培养了大批女性人才，有了相当数量的女干部、女科学家、女工程师、女教育家。到 1997 年，全国已有妇女干部 1000 多万人，其中担任县级以上职务的妇女干部有 10 万人。截至 1995 年，我国女科技人员已有 988 万人，占科技人员总数的 36. 91%。中国科学院、中国工程院共有女院士 62 人，占院士总数的 6%。

二是我国女性受教育水平逐步得到提高，女研究生数逐年增加。到 1997 年底，全国女研究生、女大学生有 124 万人，分别占在校学生总数的 30. 35%、37. 32%，中小学校女学生比重已分别达 45. 5% 和 47. 63%。1997 年小学生、中学生及大学生中的女性比例分别比 1978 年增长了 2. 73、4. 06

和13.22个百分点。

表14－1　改革开放以来女性教育发展情况（%）

年　份	小　学	中　学	大　学	研究生
1978	44.9	41.4	24.1	
1992	46.6	43.3	33.7	
1997	47.63	45.46	37.32	30.35

三是女教师比例逐渐增大。1997年，普通高等院校和普通中学、小学和女教师比重已分别达到35.21%、38.16%和48.28%。

四是政府和社会力量举办了一定数量的、适应女性特点的各类学校。在少数民族地区和贫困边远地区，普遍采取了特殊的措施，促进女性教育发展。

第二节　我国教育发展性别差距的分析

改革开放以来，我国女性的教育状况发生了很大变化，取得了显著的成绩，但是，与男性相比，女性的教育仍存在一定的差距。具体表现在以下方面。

一、女性文盲率仍然比较高

据1990年第四次人口普查资料分析，全国12岁及以上和15岁及以上女性人口中的文盲率为30.23%和30.00%，同一阶段男性文盲率为12.24%和13.01%，女性文盲率比男性高出17.99和16.99个百分点。

二、妇女受教育程度较低

女性人口多集中于低文化层，高学历的女性比重低于男性。据1982年人口普查，我国每万人口中有男性大学生88人，女性大学生只有32人。就每千人来说，男性有大学程度的平均为9.1人，女性只有4.7人。再就高中程度来看，男性为女性的1.11倍；初中程度男性为女性的1.61倍；小学程度男性为女性的0.91倍。

20 世纪 90 年代，女性受教育程度与男性的差别仍然相当突出。1990 年第四次人口普查数据表明：全国 20—24 岁年龄段具有大学程度的女性仅占 2.3%，男性占 3.8%；25 岁及以上人口平均受教育年限为 5.5 年，其中男性为 6.55 年，女性仅为 4.50 年，男性高于女性 2.05 年。

三、女童入学率总体上仍然低于男童

据 1993 年统计，全国 261 万名未入学的小学学龄儿童，其中女童占了 2/3。又据 1997 年教育统计，当年全国平均小学学龄儿童入学率为 98.92%，其中女童为 98.81%，与男童差 0.1 个百分点；换言之，每年有近 76 万名适龄女童未能入学。

四、小学、初中辍学率女性高于男性

据 1997 年统计，全国小学男女生平均年辍学率为 1.01%，初中男女生平均年辍学率为 2.81%。就性别差距看，全国平均水平男生辍学率高于女生，但就各省分布的情况看，仍有 8 个省的小学女生辍学率高于男生，有 5 个省的中学生辍学率女生高于男生。国家教育发展研究中心杨念鲁、韩民等近年来对我国义务教育阶段学生辍学、留级现象的抽样调查研究也表明，一个明显的特点是局部地区女童高于男童，特别是在小学阶段和社会经济发展水平较低的地区，则表现得尤为突出。

五、小学毕业升初中升学率性别差距仍然明显

据 1997 年统计，当年小学生升初中的总数中，男生升学比例为 93.69%，而女学生升学率仅为 92.22%，相差了近 1.5 个百分点。就省、区、市分布的情况看，湖北省女生与男生相差了近 4 个百分点。

六、男女两性就业机会不均

现代科学技术的迅猛发展，要求就业女性具备较高素质。而目前女性教育的落后显然与这种要求相脱节，给女性就业带来实际困难。根据 1982 年人口普查，我国男女性就业的分布情况极不平衡，女性大多数分布在第一产业或服务性行业，参加体力劳动者居多，而从事脑力劳动者少。

我国性别差距的状况说明，教育中仍存在着机会不平等，妇女人口素

质及妇女教育现状的落后，迫切需要在普及九年制义务教育过程中，高度重视适龄女童的教育问题。

第三节　教育性别差距形成的主要原因

一、社会生产力水平低，经济不发达

长期以来，我国社会生产力水平低下，经济发展缓慢，社会对科技教育的需求程度不高，这从根本上制约了我国妇女教育乃至整个社会教育的良性发展。另一方面，在半封建、半殖民地的旧中国，广大妇女根本受不到最起码的教育，这也是我国妇女教育落后，女学龄儿童入学率低的历史根源。

老、少、山、穷地区，群众的经济收入微薄，温饱问题仍难以解决，许多家长支持子女接受义务教育有相当大的困难，导致一些家长宁愿把女孩子留在家里做家务，也不让女孩子上学。据福建省教委调查，某地区 10 个乡的未入学和辍学的女孩有 489 人，承担家庭辅助劳动的有 336 人，占 68.7%。该省东山县陈城乡有 60 名女学龄儿童未入学，在家从事副业的有 29 人，占 48.3%。①

二、封建传统思想、宗教观念及传统婚俗的影响

在我国，长期存在着男尊女卑的思想。不少人还恪守着“女子无才便是德”、“男主外，女主内”、“女子无须学文化”的观点，这在很大程度上影响着我国妇女接受文化教育的积极性。

一些教规中也存在重男轻女的思想，认为男人是女人的主宰者，是女人的上帝。女人生来就命里注定要侍候男人。在个别地方，一些女孩子只参加宗教启蒙教育，却放弃学校教育。

在部分农村和偏远少数民族地区，长期形成了女子早婚风俗，影响了我国妇女教育的发展和学龄儿童入学率和巩固率的提高。20 世纪 80 年代福

① 马维原．宁夏回族女子教育浅析［M］//．山东省民族事务委员会．中国回族教育史论集．济南：山东大学出版社，1991：231.

建省惠安县小昨乡曾调查，该乡未入学女儿童144人，其中有55人（占38.2%）是由于父母包办过早订婚约而失学。在一些少数民族地区，早婚现象也颇为严重。宁夏自治区教委马维原同志调查发现，宁夏灵武县回族聚居区杜木桥乡碱滩学校的一个班，小学四年级时共有12名女学生，到五年级毕业时已有5人婚配他人，其余7人有6人没有念完初中便出嫁了。

三、女教师数量较少

据统计，1985年，全国大、中、小学校女教师的比重分别为26.7%、28.1%、39.6%。直至1997年也分别只有35.21%、38.16%和48.28%，在少数民族地区女教师更少。据马维原同志的调查，1986年宁夏固原地区中学女教师只占该地区中学教师总数的10.5%，小学女教师每校平均只有0.54人。在少数民族地区，女教师的多少直接影响女学生的入学率，尤其在信仰伊斯兰教地区更是如此。有人讲，多一名女教师，就多一批女学生，是有道理的。

四、学校布局不合理，教学内容脱离实际

在我国一些边远地区，人口稀少，居住分散，山大沟深，高原缺氧，交通不便，给学校设置带来很大困难，有的地区由于设校分散，给一些女学生入学带来不便，往往因为学校距家路远，而无法上学。

另外，学校教育对女学生特点照顾不够，教学内容脱离大多数女学生生活实际。

第四节　加强女性教育的几点思考

一、坚持依法治教，进一步加强《义务教育法》和《妇女权益保障法》的宣传，努力提高各级领导干部和广大群众的认识

妇女教育的普及程度，直接关系到整个中华民族素质的提高。可以说，今天的女童教育，直接关系到明天整个社会妇女和母亲的素质。努力实现女童受教育的平等权利，大力扫除妇女中的文盲，直接关系到我国教育的

“重中之重”目标的实现。加强女童和成年妇女的教育，也是我国人权发展的重要内容。

各级领导和广大群众都应提高贯彻《义务教育法》和《妇女权益保障法》的自觉性，对阻止女童入学的家长或法律监护人应当严格追究法律责任，并通过采取强制性措施令其送女童入学。同时，《中国妇女发展纲要》对2000年妇女教育发展的目标，战略措施等都作了明确规定，各级政府应加紧落实。

二、破除不良的观念和习俗，激发适龄女童的求知欲和热情

改变女童义务教育落后的现状，关键在于破除不良的观念和风俗习惯，激发女童受教育的内在动力，破除不良观念，并非一朝一夕所能完成的，必须经过艰苦的努力，要通过宣传教育，使女童及家长切实感到接受教育的好处。在婚俗上，应逐步改变早婚早育观念和行为，树立晚婚、计划生育、优生优育的正确观念。

三、增加教育投资，在农村及少数民族贫困地区逐步推行免费义务教育，并提供必要生活补助

据1997年统计，全国有5000万贫困人口。我国少数民族大部分处在贫困地带，不少人温饱问题都没有解决好，供养女子就学的困难很大，严重影响一些少数民族女童按时接受规定的义务教育年限。因此，国家对贫困地区及少数民族地区应当继续增加教育经费投入，逐步实行包括书费、学杂费在内的全免费教育。对于特贫困的家庭，国家还应给予适当补助，以利于学龄女童入学。

四、适量办好女子学校和女子班，办学形式多样化

在少数民族地区，尤其是信仰伊斯兰教地区，适量办好女子学校或女子班，将有利于吸引更多的女童入学。应配备好女子学校的领导班子和教师队伍。

在办学形式上，除了办好正规的学校教育之外，在边远农村及少数民族地区应采取更加灵活的形式，鼓励和方便学龄女童入学。在有条件的极贫困地区可以设半日制或夜校；在极偏远地区可以举办寄宿教育、巡回学

校或私人办学。

五、加强学校教育与社会及女学生生活的联系，优化师生关系

学校应当加强与当地社会生产实际的联系，加强乡土教材建设，以便学生学以致用。应当重视照顾女学生的实际需要，课程内容应当有利于满足女童个人生活需要。职业技术学校或职业班，更应当多考虑适合女童心理特点的专业。如开办刺绣、缝纫、编织、饲养、食用菌栽培等技术专业。

教师在教学中应当注重教学育人的原则，把师生关系建立在平等、互尊、互爱的基础上，尊重少数民族女童心理内向的特点，严格制止惩罚女学生和不尊重女学生人格的不良行为。

六、重视少数民族女教师培养

长期以来，在我国少数民族地区女教师比例过少，是影响女童入学率低的原因之一。今后应当加强少数民族女教师的培养，逐步改变现有少数民族教师队伍性别结合不合理的状况。

七、不断改革学校招生制度与毕业生分配制度

为了吸引和稳定女童接受教育的积极性，在招生制度上，应适度放宽女学生升学的条件，招生工作中，尤其要反对性别歧视；同时，在民族中小学还应试办成人妇女班，将条件基本合格、愿意学习的成年妇女纳入学校教育中。

毕业生分配制度的改革，要改革重男轻女的倾向和歧视女性的陋习，体现优才优用的原则，要做好初中和高中以及各类职业学校毕业的女学生的就业安排工作。

八、重视女童的普及义务教育是当代国际发展的趋势，应加强国际合作交流

重视女童的普及义务教育是当代国际教育发展的重要趋势。1975 年，联合国教科文组织召开的第三十五届会议上，国际教育局总报告提出了“为发展而教育妇女”的口号。会议报告指出：“几乎所有存在这一问题的

地方，都应采取行动或者计划给予女孩子与男孩子同等的受教育机会。”[1] 1990 年 3 月，在泰国宗滴恩召开的世界全民教育大会通过的《世界全民教育宣言》指出，“在那些女性入学率和识字率远远低于男性的国家里，其首要任务就是要扩大女童和妇女的入学机会，改变其教育质量，并消除一切阻碍他们积极参加教育的因素。对教育中任何有关性别的陈规陋习都必须加以铲除。”[2] 把对女童和妇女受教育的机会看作是各国教育的首要任务之一，充分反映了国际社会对女童义务教育及妇女教育的高度重视。

① 查尔斯·赫梅尔. 今日的教育为了明日的世界［M］. 王静，译，北京：中国对外翻译出版公司，1983：129.

② 《世界全民教育宣言》（世界全民教育大会文件，中文版），1990 年，第 4 页.

第十五章

中国教育发展民族差距的研究

第一节　不平衡性：我国民族发展的一个重要特征

我国是一个统一的、多民族的国家，全国有56个民族，这是我国的重要国情之一。据全国第四次人口普查统计，全国除汉族外的55个少数民族人口为9120万人，约占全国人口的8.04%。在长期的历史发展中，各民族共同缔造了中华民族绚丽多彩的优秀文化。

新中国成立以后，我国各民族的社会政治地位、文化教育事业得到了迅速的发展。特别是在党的民族政策指引下，我国55个少数民族的教育事业取得了巨大成就。尤其是原来处于刻木结绳记事的一些民族，超越了几个社会发展阶段跨入社会主义之后，不仅从无到有、迅速地发展起了现代教育，而且有了自己的大学生、研究生和出国留学生。几十年来，各少数民族都培养了自己民族的医生、科学家、厂长、经理和大批党政干部。这些翻天覆地的变化，是中华民族发展史上光辉的篇章，是各民族人民团结努力，辛勤工作，付出大量心血的结晶。

但是，由于历史等复杂的原因，我国56个民族在教育发展上很不平衡，各民族间发展水平上的差距，仍非常突出。我国各民族在教育发展水平上的差距，是人类社会发展的不平衡性的反映，也是我国社会主义初级阶段民族问题的一个重要特征。充分认识我国民族发展上的不平衡性特征及其形成的原因，必将有利于我们在建立社会主义市场经济的过程中，按照“各民族平等团结，共同繁荣”的指导思想，更好地做好民族工作，促进共同发展。

第二节 各民族间教育发展的差距分析

一、我国56个民族构成及分布特点

1. 民族构成情况

1990年人口普查数据显示：1990年全国共有人口11.34亿人。其中汉族人口最多，约为10.44亿人，占全国总人口的92%。其他的55个少数民族共计人口9120万人，占全国总人口的8%。在少数民族中，千万人口以上的少数民族为壮族，有1555.58万人；人口在千万以下、百万以上的民族是17个，这18个民族人口数占少数民族总人口数的93.82%，而其他37个少数民族人口数仅占6.18%。

人口数在10万人以内的少数民族共有22个，约占我国少数民族个数的40%，而人口数只占少数民族总人口数的0.5%。其中人口数不足万人的民族有7个，其所占比例更低。

2. 少数民族分布情况

我国少数民族主要分布地区是西南和西北。1990年人口普查数据显示，少数民族人数最多的省份主要是广西（1615万人）、云南（1234万人）、贵州（1123.7万人）和新疆（946万人）。若从少数民族占地区人口比重来看，少数民族人口比例较高的省份主要有西藏（占93.6%）、新疆（占62.42%）、青海（占42.10%）、广西（占39.08%）、贵州（占34.69%）、云南（占33.39%）和宁夏（占33.25%）。

二、全国各民族的文化教育差距

1. 全国各民族文盲、半文盲的民族分布情况

从各民族文盲率的分布看，1990年第四次人口普查数据显示：文盲率低于全国人口文盲率22.21%的少数民族有17个，人口占少数民族总人口37.13%。其中人口在百万人口以上的少数民族有：朝鲜族（文盲率7%）、哈萨克族（12.34%）、满族（11.41%）、蒙古族（17.82%）和壮族（21.17%）；文盲率在22.21%—40%之间的少数民族有15个，其中人口在

百万以上的民族有 7 个，他们是维吾尔族（文盲率 26.58%）、侗族（28.53%）、瑶族（29.93%）、白族（30.15%）、土家族（25.24%）、黎族（28.52%）和回族（33.11%）；文盲率在 40%—60% 之间的少数民族有 13 个，其中百万人口以上的民族有苗族（文盲率 41.85%）、彝族（49.71%）、布依族（42.81%）和傣族（42.21%）；文盲率高于 60% 的少数民族有 10 个，这部分少数民族占少数民族人口总数 8.04%，其中人口在百万以上的民族有藏族（文盲率 69.39%）、哈尼族（60.45%）；少数民族中文盲率最高的有东乡族（82.63%）、门巴族（77.75%）和珞巴族（72.77%）。

表 15－1　1990 年各民族文盲半文盲率分布情况

民族个数	人口总数（万）	占少数民族总人口（%）	文盲半文盲率（%）
17	3395.93	37.13	<22.21
15	3036.29	33.29	22.21—40
13	1964.56	21.54	40—60
10	733.22	8.04	>60

2. 全国各民族文化程度情况（1990 年）

1990 年第四次人口普查的百万以上人口的少数民族中，每千人口中大学文化程度人数最高的分别有：朝鲜族（43.2 人）、蒙古族（18.5 人）、满族（16.5 人）、回族（15.3 人）等。每千人口中高中文化程度人数最高的是：朝鲜族（209.3 人）、蒙古族（103 人）、满族（91.6 人）、哈萨克族（81.3 人）和回族（78.9 人）。每千人口中高中文化程度人数较少的有：哈尼族（16.0 人）、藏族（20.6 人）、彝族（20.8 人）、傣族（21.6 人）和布依族（26.6 人）。

在百万以上人口的少数民族中，各级毛入学率情况差异也较大。相比较而言，小学毛入学率较高的为壮族（115.56%）和蒙古族（104.22%），较低的是藏族（42.11%）和彝族（79.35%）；初中入学率较高的是蒙古族（66.98%）、回族（46.06%）和壮族（38.42%），较低的有藏族（16.05%）和彝族（21.04%）；而在高中和大学阶段，毛入学率相对较高的是蒙古族（大学 4.92%、高中 27.88%）和维吾尔族（大学 3.3%、高中 15.66%）。

第三节　少数民族与全国教育发展平均水平的差距

一、少数民族文盲、半文盲与全国对比情况

1990 年我国少数民族 15 岁以上人口中文盲、半文盲有 1857. 44 万人，占 15 岁以上少数民族总人口的 30. 83%。在文盲、半文盲总数中，有男性 631. 93 万人，女性 1225. 51 万人，各占少数民族 15 岁以上男女总人口的 20. 5% 和 41. 65%。女性文盲人数和女性文盲率都约是男性的 2 倍。

与全国情况比较，少数民族文盲率较全国平均水平高 8. 62 个百分点，更高于汉民族文盲率 9. 3 个百分点。从分性别情况来看，女性间差异更大些，少数民族女性文盲率比汉族女性文盲率高出 10. 5 个百分点。

1982 年全国少数民族 15 岁以上人口中文盲半文盲人数为 1829. 77 万人，占少数民族 15 岁以上人口总数的 44. 45%，其中男性文盲率 30. 81%，女性文盲率 58. 51%。1982—1990 年，少数民族文盲率下降了 13. 62 个百分点，平均每年下降约 1. 7 个百分点。从分性别情况看，男性文盲率平均每年下降约 1. 3 个百分点，女性文盲率平均每年下降约 2. 1 个百分点，说明少数民族女性文盲率下降速度快于男性，与全国情况（总人口文盲率年平均下降 1. 2 个百分点）相比，少数民族扫盲速度快于全国平均水平。

表 15－2　1982、1990 年少数民族 15 岁以上人口文盲、半文盲情况

年份		文盲半文盲人数（万人）			占人口总数百分比	
		合计	男	女	男	女
1982	全国总计	22996. 45	7104. 53	15891. 92	20. 81	48. 86
	汉族	21166. 68	6458. 74	14707. 96	—	—
	少数民族	1829. 77	645. 79	1183. 96	30. 81	58. 51
1990	全国总计	18160. 91	5435. 97	12724. 94	12. 98	31. 93
	汉族	16303. 47	4804. 05	11499. 43	12. 38	31. 15
	少数民族	1857. 44	631. 93	1225. 51	20. 50	41. 65

二、我国少数民族人口小学以上文化程度与全国对比情况

1990年我国少数民族小学以上文化程度人口共5488.35万人，占少数民族总人口的60.1%，在全部文化程度人口中，男性3166.68万人，女性2321.67万人，分别占少数民族两性人口的67.66%和52.15%，均低于全国总人口的同类比例。在少数民族各类文化程度人口中，大学33.52万人，大专50.45万人，高中（含中专）531.13万人，初中1471.36万人，小学7401.89万人。各种文化程度人口构成比重依次为大学（含大专）1.53%，高中9.68%，初中26.81%和小学61.98%。除小学外，少数民族各文化程度人口比重依次比全国人口文化程度构成低0.17、0.30、1.71和6.56个百分点。

若按每千人口中具有各种文化程度人数计，则少数民族每千人中大学（含专科）文化程度9.2人，高中（含中专）58.2人，初中161.1人，小学372.5人，除小学外，分别比全国平均数少4.7人、21.3人和71.9人。

三、少数民族毛入学率与全国的差距比较

与全国人口的各级毛入学率比较，除小学外，少数民族各级毛入学率的男女差异均略小于全国人口的男女差异。

表15－3 1990年少数民族人口各级毛入学率（%）

		大学	高中	初中	小学
全国	合计	2.70	16.93	56.05	112.56
	男	3.38	19.21	62.15	116.90
	女	1.99	14.53	49.59	107.89
少数民族	合计	2.42	13.90	38.04	98.71
	男	2.94	15.18	42.47	107.10
	女	1.90	12.54	32.32	89.89

第四节　我国各少数民族地区间的教育发展差距

一、少数民族文盲、半文盲地域分布情况

1990年普查数据显示：少数民族人口文盲率大于40%的地区有7个省区，他们分别是（按文盲率由高到低排列）：西藏（文盲率72.82%）、甘肃（68.24%）、青海（62.74%）、四川（50.97%）、宁夏（49.71%）、云南（45.5%）和贵州（43.10%）；少数民族女性文盲率在60%以上的少数民族聚居省区有西藏（文盲率85.55%）、贵州（62.28%）和云南（60.32%）。

以上数据表明，对于西藏、甘肃、青海、贵州和云南等少数民族人口聚居大省，扫除文盲，特别是扫除女性文盲的任务仍十分艰巨。

表15-4　1990年各地区少数民族文盲率（%）

地　区	文盲率小计	其中：女	地　区	文盲率小计	其中：女
北　京	8.30	12.13	河　南	18.00	24.24
天　津	8.86	12.42	湖　北	21.65	31.30
河　北	16.37	22.93	湖　南	24.92	36.84
山　西	9.97	14.58	广　东	13.84	17.77
内蒙古	17.54	22.90	广　西	20.99	32.67
辽　宁	10.15	14.46	海　南	27.32	37.34
吉　林	9.13	12.93	四　川	50.97	63.52
黑龙江	10.48	14.62	贵　州	43.10	62.28
上　海	5.67	9.68	云　南	45.50	60.32
江　苏	11.28	16.56	西　藏	72.82	85.55
浙　江	26.49	35.81	陕　西	16.06	21.32
安　徽	24.18	32.71	甘　肃	68.24	81.30
福　建	28.04	41.83	青　海	62.74	79.30

续表

地　区	文盲率小计	其中：女	地　区	文盲率小计	其中：女
江　西	19.99	31.82	宁　夏	49.71	84.88
山　东	20.49	28.52	新　疆	24.58	27.50

二、各少数民族文化程度的地域差别

根据第四次人口普查统计分析，我国不同地域的少数民族人口文化程度的差别较大。见表 15－5。

表 15－5　1990 年少数民族文化程度地域状况（万人）

文化程度	类　别	各少数民族平均	西　南	西　北	东　北	其他地区
大　学	合计	9.2	4.6	10.9	20.0	14.0
	其中：男	12.4	6.8	14.1	25.7	18.4
	女	5.9	2.3	7.8	14.0	9.5
高　中	合计	58.2	37.1	63.1	112.2	80.5
	其中：男	69.4	49.5	68.5	121.7	97.0
	女	46.3	24.1	57.6	102.1	62.9
初　中	合计	161.1	124.1	140.2	296.7	209.6
	其中：男	195.0	165.7	159.7	317.3	246.1
	女	125.5	80.3	119.9	274.8	171.0
小　学	合计	372.5	381.0	349.4	353.5	389.9
	其中：男	399.8	427.0	368.5	345.5	392.4
	女	343.8	332.0	329.5	361.9	386.3

第五节　形成我国各民族教育发展差距的原因分析

一、经济发展状况不同是造成差距的主要原因

历史上，由于多种因素，少数民族主要居住地的西部地区经济基础十

分薄弱。1949 年，西部几乎没有现代工业，生产力发展水平极为低下。新中国成立后，民族地区经济获得了巨大的发展。

统计表明，1991 年全国民族自治地方工农业总产值为 2592.20 亿元，其中农业总产值 1070.60 亿元，工业总产值 1521.60 亿元，若扣除民族自治地方区域变动因素和价格变动因素，1991 年分别比 1952 年增长 10.79 倍、3.93 倍和 51.68 倍。1991 年全国民族自治地方财政收入 203.28 亿元，社会商品零售总额为 878.82 亿元，分别比 1952 年增长 32.72 倍和 43.70 倍，农业人均年收入 555 元，比 1984 年增长 75.56%。

然而民族自治地方的经济发展与全国尤其是与汉族地区比较起来，差距仍很大。主要表现在以下方面。

1. 民族自治地方经济占全国经济比重过低

我国民族自治地方的面积占全国总面积的 64.3%，1991 年，民族自治地方人口占全国总人口的 13.5%，但民族自治地方工农业总产值只占当年全国比重的 7.1%，工业总产值只占全国的 5.4%。显然，这个比例与民族地区面积、人口和资源是不相称的。

2. 民族地区发展速度低于全国平均发展速度

据统计，1953—1978 年，全国工农业总产值年均递增 8.2%，民族自治地方年均递增 6.8%。“六五”、“七五”期间，民族自治地区工农业总产值增长速度比全国水平分别低 1.7 和 1.9 个百分点；工业总产值增长分别低 3.6 和 0.9 个百分点。

3. 人均工农业产值差距较大

1990 年，全国人均工农业产值为 1796.4 元，人均工业产值为 2103.9 元，而民族自治地方两项人均产值则分别为 1486 元和 846.7 元，均大大低于全国平均水平。

4. 财政困难，收支严重不平衡

1991 年民族自治地方财政收入 203.28 亿元，支出 346.1 亿元，超支 70.26%，靠中央财政补贴；而同年全国地方财政收入 2211.2 亿元，总支出 2295.8 亿元，仅超支 3.83%。可见，民族自治地方财政收支的不平衡远较汉族聚居地区严重。

二、人口发展态势及生态环境对教育的影响

全国第四次人口普查资料显示，1990 年大陆少数民族人口已达 9120 万

人，比1992年增长35.53%，高于汉族（12.45%）23个百分点。平均每年净增298.85万人，高于1964—1982年期间少数民族平均年净增数151.77万人和1953—1982年平均净增41.82万人。在我国55个少数民族中，百万人口以上的民族已由1982年的15个增加到1990年的18个。在这样的增长形势下，少数民族人口占全国人口的比例便由1964年的5.78%上升为1982年的6.7%，又上升为1990年的8.04%。

我国少数民族大多居住在边远地区、大石山区、高原和荒漠比较严重的地区。人口稀疏、居住相对分散，给学校的布局乃至学生入学都带来了相当大的困难，尤其是青藏高原高寒缺氧，对教育、教学工作都具有不可低估的影响。

三、传统观念和旧风俗习惯以及宗教的影响

我国各民族间受多种因素影响，在教育的观念上也有所不同。总体上讲，东部地区的各民族，接受现代文明的时间较早，普遍较为重视教育，现代学校教育起步亦早，我国的现代高等教育职业技术教育，大多发起于东部。有的民族尽管聚居在中西部地区，也很重视教育。如湘西地区的少数民族流传有“养儿不上学，不如养头猪”的说法，足见其对教育的重视程度。另外，部分信仰伊斯兰教的地方（如西北），由于观念影响不少女子因不愿与男生同校而使受教育的机会减少等。在我国广西有的少数民族地区，女孩子从十一二岁就要为出嫁作准备，因而不得不中途放弃学业。此外，云南、西藏等个别民族地方，由于宗教势力的影响，一些学龄儿童到了寺院做了小喇嘛。

四、教育内部原因影响

由于历史原因，我国大多数民族地区的现代学校教育起点较低，基础比较薄弱。因而，必然会影响后来教育的改革发展。民族地区的教师和教育管理队伍建设相对缓慢，使教育的质量提高受到一定的局限。

第六节　缩小各民族间教育发展差距的对策思考

目前我国除了一小部分少数民族如朝鲜族等在总体上或教育的某一个

方面超过全国平均水平外，绝大多数少数民族教育的总体发展水平落后于全国平均水平，与建设社会主义市场经济以及民族地区现代化建设的需求很不适应。特别是还有一部分少数民族地区的教育发展还相当困难，与全国平均水平的差距相当大。展望21世纪，实现平等、团结、互助的民族关系和各民族的共同繁荣，必须加大力度，采取积极有效措施，努力发展少数民族教育事业，缩小各民族间、特别是少数民族与全国平均水平乃至民族地区与内地教育发展水平上的差距。

一、必须高度重视发展少数民族教育的意义

各级党委和政府都要以国家的长治久安，从各民族的共同繁荣的战略高度，充分重视发展少数民族教育事业，切实把教育放在优先发展的战略地位。

二、中央应加强对少数民族教育的扶持力度

在政策上，鼓励少数民族及民族地区大力发展教育事业；建议中央加强对少数民族教育改革发展的宏观指导与分类指导；在资金和办学条件上，加大对少数民族地区教育事业发展的扶持力度。建议成立中国少数民族教育发展专项基金会。

三、继续动员全国对口支援少数民族地区发展教育事业

内地各省、直辖市、自治区应在力所能及的情况下，努力在资金和办学条件上帮助少数民族地区发展教育事业，在提高教育管理水平、师资队伍建设以及教育信息等方面对口支援少数民族地区。

四、加大各少数民族教育自身改革的力度

加强少数民族教育与民族群众的生活及当地经济建设的联系，使少数民族教育更好地为民族经济发展和社会全面进步作出贡献；应当努力探索少数民族教育的办学规律和特点，实事求是遵循教育规律办学；必须转变教育观念，克服旧的习惯和风俗乃至宗教对发展教育事业的消极影响。

第十六章
中国教育发展城乡差距的研究

改革开放以来，我国为缩小城乡差别进行了不懈的努力。但是，城乡差别依然是当前我国社会几个突出的主要矛盾之一。这一矛盾的主要方面是农村在诸多方面落后于城市。

第一节 改革开放以来城乡差距的变化

党的十一届三中全会以后，我国农村改革不断深化，农村各项事业迅速发展，使城乡差距发生了较大的变化。

一、城乡经济结构发生了较大变化

一是在经济总量中，农村的份额大大超过城市，我国 GDP 的城乡结构，1984 年农村占 44.9%，城市占 55.1%，城市大于农村；而到 1995 年，农村已达到 57.1%，城市占 42.9%，农村超过城市 14.2 个百分点。

二是在 GDP 增量中，农村的份额大大高于城市。1991—1995 年，全国 GDP 平均增长 11.8%，占增长部分的 68.94%，农村高于城市一倍以上。1997 年，GDP 增长 7.8%，其中农村贡献率仍然是高于城市，换言之，我国经济的高速增长，主要是靠农村经济支撑。

三是农村存款大幅度增加，在财政信贷资金活动中，农民储蓄发挥了重要作用。据统计，1978—1984 年，国家银行向农民贷款大于农民存款 162 亿元，而到 1995 年，农民存款达到 11805 亿元，贷款为 9231 亿元，差额为 2574 亿元。

四是在出口创汇方面，农村占很大比重。

五是农村乡镇企业发展迅速，改变了农村人口的社会结构。目前全国已有1.3亿农民在乡镇企业当职工。

二、农村的城市化进程加快

改革开放激发了农村的发展活力，农村经济连年取得成倍增长，使作为地区性生产、贸易、服务集聚地的镇表现出强劲的向城市扩张的冲动，基础设施和经济发展得到长足的进步。城市数量上升加快，从1978年的193个发展到1997年的668个。由于建立了“地改市、市管县”的新体制，我国城市数量的增长呈现地级市稳步上升、县级市数量快速增长的格局。

城市人口占总人口的比重不断上升是城市化的另一个重要标志。改革前，我国城市化水平（市区非农业人口占全国总人口的比重）一直在8%左右徘徊。而到1997年末，市区人口已占全国总人口的43.8%，市区非农业人口占全国总人口的17.7%。

表16-1　1978—1997年城市化水平变动趋势①（%）

年　份	市区人口占全国总人口的比重	市区非农业人口占全国总人口的比重
1978	12.1	8.3
1984	18.5	10.6
1992	32.8	14.0
1997	43.8	17.7

国家统计局提供。

第二节　我国农村教育事业的基本情况

全国教育人口的大多数在农村。因此我国教育的大头在农村。

① 表16-1根据《人民日报》（1998年10月6日）的数据绘制，数据由国家统计局提供。

一、农村普通中学

1997 年，全国共有 78642 所中学，农村学校数为 64995 所，占全国总校数的 82.65%。其中县城中学校为 19958 所，占 25.41%，乡村中学 45037 所，占 57.24%。

1997 年，全国共有在校中学生 5167.79 万人，农村学生为 4289.54 万人，占全国中学生总数的 83.01%（农村学生中，县镇学生为 1351.89 万人，占 26.15%，乡村学生为 2937.65 万人，占 56.86%。）

1997 年，全国共有中学教职工 454.09 万人，农村中学教职工为 337.86 万人，占全中学教职工总数的 74.4%。农村教职中，县镇教职工为 139.35 万人，占 30.68%，乡村中学教职工为 198.51 万人，占 43.72%。

表 16－2　1997 年全国中学校、学生、教职工分布情况

区域	校　数（个）	比　例（%）	学生数（万人）	比　例（%）	教职工数（万人）	比　例（%）
全国	78642	100	5167.79	100	454.09	100
农村	64995	82.65	4289.54	83.01	337.86	74.40
其中：县镇	19958	25.41	1351.89	26.15	139.35	30.68
乡村	45037	57.24	2937.65	56.86	198.51	43.72
城市	13641	17.35	878.25	16.99	116623	25.60

资料来源：根据《中国教育发展统计简况》（1997 年）整理。

二、农村小学情况

1997 年全国共有小学 628840 所，其中农村小学 597293 所，占 94.98%。农村小学中，县镇小学为 84300 所，占全国小学总数的 13.41%，乡村小学为 512993 所，占全国小学总数的 81.58%。

1997 年，全国小学总数为 13995.4 万人，其中农村学生为 12163.9 万人，占全国小学生总数的 86.91%。农村小学生中，乡村小学生为 9560.4 万人，占全国小学生总数的 68.31%，县镇小学生为 2603.5 万人，占全国的 18.60%。

1997 年，全国共有小学教职工 643.6 万人，其中农村为 538.85 万人，占全国小学教职工总数的 83.72%，农村小学教职工中，县镇占 127.42 万人，占19.80%，乡村教职工为411.43万人，占63.93%。

表16－3　1997年全国城乡小学校数、学生数、教职工分布情况①

类别 区域	校　数 （个）	百分比	学生数 （万人）	百分比	教职工数 （万人）	百分比
全国	628840	100	13995.4	100	643.6	100
城市	31547	5.02	1731.5	13.09	104.75	16.28
农村	597293	94.98	12163.9	86.91	538.85	83.72
其中：县镇	84300	13.41	2603.5	18.60	127.42	19.80
乡村	512993	81.58	9560.4	68.31	411.43	63.93

三、农村职业中学情况

1997年，全国有职业中学10047所，其中农村职业中学6323所，占全国职业中等学校总数的62.94%。农村职业中学中，县镇有3268所，占全国总数的32.53%，乡村职业中学3055所，占全国总数的30.41%。

1997年，全国有职业中学在校生511.89万人，其中农村职业中学在校生298.08万人，占全国总数的58.23%。农村职业中学在校生中，乡村学生134.22万人，占全国总数的26.22%；县镇职业中学在校生163.86万人，占全国总数的32.01%。

1997年，全国共有职业中学教职工46.47万人，其中农村职业中学教师为27万人，约占全国总数的57.77%。农村教职工中，县镇职业中学为16.43万人，占全国总数的35.15%，乡村职业中学教职工为10.58万人，占全国总数的22.64%。

表16－4　1997年全国职业中学校数、学生数、教职工城乡分布情况②

城乡	学校数 （所）	百分比	学生数 （万人）	百分比	教师数 （万人）	百分比
全国	10047	100	511.89	100	46.47	100

① 表16－3根据《中国教育发展统计简况》绘制。

② 表16－4根据《中国教育发展统计简况》（1997年）中的数据编制。

续表

城乡	学校数（所）	百分比	学生数（万人）	百分比	教师数（万人）	百分比
城市	3724	37.07	213.81	41.77	19.47	42.12
农村	6323	62.94	298.08	58.23	27	57.77
其中：县镇	3268	32.53	163.86	32.01	16.43	35.15
乡村	3055	30.41	134.22	26.22	10.58	22.64

资料来源：根据《中国教育发展统计简况》（1997年）整理。

四、农村幼儿教育

1997年，全国有幼儿园182485所，其中城市35819所，县镇39318所，乡村107348所，分别占了19.63%、21.55%、58.83%。

1997年，全国在园幼儿数为2518.96万人。其中农村为2015.58万人，占80.02%。农村幼儿中，县镇人数为562.58万人，占22.33%；乡村为1453.0万人，占57.68%。城市幼儿人数为503.4万人，占19.98%。

1997年，全国幼儿园教职工总数为117.29万人，其中城市45.3万人，占38.62%，农村72万人，占61.39%（其中县镇为27.77万人，占23.68%；乡村44.23万人，占37.71%）。

表16－5　1997年全国幼儿园的城乡分布情况

城乡	幼儿园数（所）	百分比	在园幼儿（万人）	百分比	教职工数（万人）	百分比
全国	182485	100	2518.96	100	117.29	100
城市	35819	19.63	503.4	19.98	45.3	38.62
农村	146666	80.37	2015.58	80.02	72	61.39
其中：县镇	39318	21.55	562.58	22.33	27.77	23.68
乡村	107348	58.82	1453.0	57.68	44.23	37.71

资料来源：根据《中国教育发展统计简况》整理。

五、农村成人教育情况

1997年，全国还有457所农民中等专业学校，3944所农民中学，

441156所农民技术培训学校，农民初等学校192564所，扫盲班140761个。

表16-6 1997年农村成人教育情况

成人教育类型	校 数（所）	学生数（万人）	教师数（万人）
农民中等专业学校	457	22.49	1.973
农民中学	3944	53.20	1.453
农民技术培训学校	441156	5726.88	46.293
农民初等学校	192564	600.933	20.74
农村扫盲班	140761	353.003	15.10

第三节 我国城乡教育差距简要分析

一、人均受教育年限有较大差距

我国是世界上最大的教育大国，由于农村人口基数大，受教育人口多，而且农村人口中的文盲比例高，给农村教育的发展客观上带来了相当大的困难。目前，我国全国平均人均受教育年限为7.08年。其中农村人口人均受教育年限只有5.6年。

二、城乡小学学龄儿童入学率的差距

我国目前的小学学龄儿童入学率已达到98.9%；其中有的城市接近或达到100%；而在广大的农村，尤其是中西部贫困地区，与全国平均水平差距还比较大。有的地方，还达不到80%。与此同时，与城市相比，农村学生小学毕业后，初中毕业后升入高一级学校的机会和比例也要比城市少得多。

三、城乡小学和初中教育的经费投入差距

教育事业的发展以基本的教育经费投入为保障。我国目前城乡教育经费的投入差距是相当突出的。经费投入的差距，必然直接影响到教育发展的各个方面，对教育的条件，办学水平和质量都会产生不同的影响。

表16－7反映了我国城乡教育经费投入的情况。

表16－7　城乡初中与小学生均经费比较（元）

类别	生均经费性成本	生均经费内事业费支出	其中：生均预算内公用经费支出
初中	365.4	492.04	65.95
其中：城市	388.0	—	—
农村	156.0	392.59	38.85
小学	120.2	265.78	22.79
其中：城市	209.5	—	—
农村	95.5	219.31	13.67

资料来源：中国教育经费年度发展报告（1996年），高等教育出版社1997年版。

四、办学条件的城乡差距

由于农村经济状况及各方面的原因，农村教育的办学条件与城市相比还有很大差距。

一是部分农村学校校舍数量不足，且危房仍有相当的比例。

二是实验仪器、图书资料达不到有关规定的标准，与城市学校差距很大。

第四节　制约城乡教育差距的主要因素及对策思考

中国是一个拥有9亿农民的农业人口大国。新中国成立前，旧中国的教育在数千年的历史上也只是封建统治阶级的工具和专利，中国的农民几乎没有权利享受任何专门的教育。绝大多数广大人民群众在艰难、漫长的生活中，只能凭借最为原始的、口耳相传的非理性形式，给年轻一代传授有限的文化知识。新中国成立以后，尽管党中央、国务院多次强调要努力发展农村普及教育和扫除文盲，缩小城乡差别，但由于各方面的原因，我国农村教育事业发展缓慢。

一、经济发展水平落后

经济发展是农村教育的基础条件。长期以来，农村经济薄弱。改革开放以后，我国农业和农村经济虽然有了较大的发展，但仍然低于城市发展的水平。这在很大程度上影响农村教育的发展。一是影响对农村教育的资金投入和支撑能力。山东省教委曾对该省城乡家庭子女受教育支付能力进行了调查研究。能够承受小学教育的家庭，城镇为100%，农村为98%；能够承受初中教育费用的家庭、城镇为100%，农村为90%；能够承受高中费用的家庭，城镇为80%，农村为60%；能够承受大学教育费用的家庭，城镇占60%，农村占40%。二是影响农村对教育的需求程度。

二、政策支持力度不够

国家对农村教育的政策直接影响农村教育发展。新中国成立以来，党中央和国务院十分重视农村教育，但总体上讲政策扶持还很不够。对农村教育改革发展的分类指导、分类管理不够。农村教育经费的财政投入不足；对教育人力资源的开发和支持不力。很多农村教育管理和教学力量不足，尤其是职业技术教育师资；大中城市相对过剩的教育人才往往是“下不去”，或下去了“留不住”。

三、教育思想、观念落后

长期以来，农村教育在办学指导思想上，受升学导向影响严重，许多学校只以升学为目标，教育脱离了农村社会经济发展的需要，脱离了人民群众生活的需要，这在相当大的程度上，影响了群众对教育的信任和依靠程度。其结果必然影响农村教育的发展。

四、缩小城乡教育差距的对策思考

不断提高全社会对农村和农村教育问题重要性的认识，加大国家对农村教育的政策倾斜力度。

大力发展农村经济，提高农村经济对教育的支撑力度，拉动经济对教育的需求程度，从而为农村教育发展提供动力。

尽快采取多种措施、多渠道筹措资金，调动农村社会和各方面办学的积极性，进一步改革和完善农村教育办学体制和管理体制。

切实推进农村教育改革，使农村教育与农村经济、社会全面进步有机地结合起来，不断探索农业教育科技相结合，帮助农民有效脱贫致富的新路子，使教育在农村现代化建设中充分发挥作用。农村教育，只有根植农民群众之中，才会真正得到群众的欢迎和支持，也才会有生命力。

第四篇

21世纪中国教育改革发展展望

第十七章 我国教育改革发展面临的机遇与挑战

第一节　当前教育改革发展面临的机遇

《中国教育改革发展纲要》指出："当前，我国改革开放和现代化建设事业进入了一个新阶段。建立社会主义市场经济体制，加快改革开放和现代化建设步伐，进一步解放和发展生产力，使国民经济整体素质和综合国力都上新台阶，这对教育工作既是难得的机遇，又提出了新的任务和要求。"这个科学判断，完全符合国际国内的客观形势，指出了教育发展的广阔背景，是确定当前乃至21世纪初教育改革发展的根本依据。

一、十一届三中全会以来，经济改革和社会发展成就显著

1992年邓小平同志南巡讲话之后，举国上下进一步解放思想，开拓创新，到处生机勃勃，开创了崭新的局面。广大干部群众精神更加振奋，改革开放步伐加快，转换国有企业经营机制取得新进展，住房体制和价格改革有新的突破，市场作用进一步加强，对外开放的范围更加扩大，其他方面的改革也有许多重要举措。国民经济实现了持续、稳定、快速增长，社会各项事业都有明显进步。为进一步深化改革，创造了良好的条件。

今天，改革开放已成为每个中国人强烈而自觉的需要，成为人们摆脱贫困走向富裕的必然选择，成为实现中华民族振兴繁荣富强的根本动力。

二、建立社会主义市场经济体制已成为经济体制改革的重要目标

党的"十四大"确立了以社会主义市场经济体制为模式的我国经济体

制改革的目标，从而从根本上结束了在实际工作中长期困扰人们的姓“社”与姓“资”的争论，使我们能够更加大胆地吸收和借鉴世界各国，包括发达资本主义国家在内的生产方式和管理方法。

邓小平同志南巡讲话指出：“改革开放迈不开步子，不敢闯，说来说去就是怕资本主义的东西多了，走了资本主义道路。要害是姓‘资’还是姓‘社’的问题。判断的标准，应该主要看是否有利于发展社会主义社会的生产力，是否有利于增强社会主义国家的综合国力，是否有利于提高人民生活水平。计划多一点还是市场多一点，不是社会主义与资本主义的本质区别。计划经济不等于社会主义，资本主义也有计划；市场经济不等于资本主义，社会主义也有市场。计划和市场都是经济手段。社会主义的本质，是解放生产力，发展生产力，消灭剥削，消除两极分化，最终达到共同富裕。”这些精辟的观点，反映了邓小平同志的真知灼见，反映了他对我国现代化建设的深刻体察和远见卓识，从根本上解除了把计划经济和市场经济作为判定社会制度的思想束缚。

1997 年召开的党的“十五大”又进一步确立实行市场经济体制的目标，标志着党对建设有中国特色社会主义认识上的新突破。思想的进一步解放，社会主义市场经济的逐步建立和完善，为我国的教育改革进一步注入了活力，增加了内动力。

三、经济的持续、快速发展为教育改革创造了基本的物质条件

邓小平同志曾经指出：“从我们自己这些年的经验来看，经济发展隔几年上一个台阶，是能够办得到的。从国际经验来看，一些国家在发展过程中，都曾经有过高速发展时期或若干高速发展阶段。日本、韩国、东南亚一些国家和地区就是如此。现在，我们国内条件具备，国际环境有利，再加上发挥社会主义制度能够集中力量办大事的优势，在今后现代化建设的过程中，出现若干个发展速度比较快、效益比较好的阶段，是必要的，也是能够办到的。我们就是要有这个雄心壮志！”

党的“十四大”报告指出，当前国际竞争的实质是以经济和科技实力为基础的综合国力的较量。要实现经济高速发展的目标，必须依靠科技和教育。“科学技术是第一生产力。振兴经济首先要振兴科技。只有坚定地推

进科技进步，才能在激烈的竞争中取得主动。科技进步、经济繁荣和社会发展，从根本上说取决于提高劳动者的素质，培养大批人才。”国民经济的高速发展，为新时期教育改革发展迎来了千载难逢的大好机遇。

随着经济的迅速发展，人民生活水平的提高，我国社会生产部门及人民群众对教育的需求日益增长，与此同时，人们对教育改革发展更加关注，参与教育改革发展的热情也不断增长。这一切都为教育改革发展提供了良好的机遇。

四、国际教育改革进入新一轮高潮，为我国加速教育改革提供了可资借鉴的丰富经验

20 世纪 90 年代末，世界范围内的教育改革进入了一个新的高潮，有人将之称为 20 世纪的第三个教育改革的高潮。

1997 年新年伊始，美国总统克林顿在其第二任期的就职演说中提出，把发展教育作为他任期的首要任务，并提出了改革教育的一系列任务和措施。其内容主要包括：① 建立全国中小学教师教学质量审查和认定制度；② 努力提高美国儿童的阅读能力；③ 普及大学前两年教育，主要是社区学院教育；④ 继续改革公立学校教育；⑤ 建立全国质量标准和相应的考试机制；⑥ 尽快改变现有学校教育基础设施及设备陈旧、落后的状况；⑦ 进一步加强学生的品德教育；⑧ 进一步加强职业培训；⑨ 所有学校到 2000 年都要与国际互联网连通；⑩加强儿童、特别是贫困、弱智儿童的学前教育。

1997 年 11 月 5 日，德国总统赫尔佐克发表长篇讲话，要求全面彻底地改革德国教育。他强调，教育是德国在 21 世纪社会中的立足之本，教育应成为德国全国的“主题”，教育改革必须引起全社会各界的广泛讨论，如果仅仅是教育界的话题，就不可能有实效。赫尔佐克提出了“教育要注重传统价值”“教育体系要多样化”“教育要面向国际”“教育要联系实践”“教育要允许竞争”等六项改革主张。1998 年 8 月 26 日，德国政府在其提出的《加强全球竞争力报告》中，再一次把发展和改革教育放在了突出的地位。

1997 年 5 月 30 日，日本中央教育审议会提出教育改革新方案。该改革方案的宗旨是加强培养孩子的能力。其主要内容包括：适应孩子的个性成长，改善大学、高中的入学选拔制度；实行初中、高中一贯制；采取教育的例外措施等。

1998 年 8 月 28 日法国提出了初等教育改革的框架。改革的目的是实现学校教育的现代化，促进学校教学能力的提高，避免学校教育的失败。

1998 年 8 月意大利政府提出了教育改革新方案。改革的重点包括以下四方面。

（一）改革现行学制；小学由 5 年延长为 6 年，高中则由 5 年压缩为 3 年；

（二）延长义务教育期限，由原来的 8 年延长为 10 年，将一年的学前教育（5—6 岁）纳入义务教育阶段；

（三）改革教学内容，全面提高受教育者的素质；

（四）改革教学计划，使教育更加适应教育者的需要。

1998 年 8 月，乌兹别克斯坦总统卡里莫夫提出旨在促进教育改革发展的“国家人才培养计划”（亦称作“卡里莫夫”模式）。

可见，20 世纪 90 年代末期，随着知识经济的到来，各国都把教育改革放在了十分突出的位置。

第二节　当前教育改革发展面临的挑战

教育的改革发展往往受到社会的政治、经济、科技发展等诸多因素的制约。因此在当今日新月异的改革时代，教育所面临的挑战不仅是多方面的，而且也是十分严峻和激烈的。

挑战之一：我国教育改革发展面临着建设社会主义市场经济的挑战。首先是教育体制不适应。在计划经济体制下形成的教育体制已经运行了几十年，以国家“包”办为核心特征的办学体制，教育管理体制，招生与分配体制，教育投入体制以及学校内部合理体制均不适应社会主义市场经济体制的发展需要。其次是教育的数量和质量不能适应市场经济建设的需要。面向 21 世纪的教育，要培养数以亿计的高素质的劳动者和数以千百万计的专业技术人才，这是对教育工作者的严峻考验。

挑战之二：知识经济的兴起，向我国教育改革发展提出了挑战。知识经济的主要特征是知识在经济发展发挥着主导作用，知识经济的灵魂是知识创新和技术创新。知识经济的兴起对教育改革发展的挑战是全方位的，从传统的教学方法、思想到陈旧的教学内容都必须彻底改革。

挑战之三：国际间的竞争异常激烈，中国与国际社会在科学技术和人才方面的差距在拉大，如果继续发展下去，将直接影响国家的经济安全乃至社会安全，这是最严峻的挑战之一。

挑战之四：持续已久的亚洲金融危机向教育改革、人才培养提出了挑战。

挑战之五：来自于我们教育自身的种种不足和出现的问题。

第十八章 教育改革与市场经济

第一节　经济改革与教育改革

党的“十四大”报告指出，我国经济体制改革的目标是建立社会主义市场经济体制，以利于进一步解放和发展生产力。党的“十五大”报告进一步指出，“建立比较完善的社会主义市场经济体制，是我国从现在到21世纪的前十年这个关键时期必须解决好的两大课题之一。”经济改革对教育改革有着决定性的影响，而教育改革往往又是保证经济改革目标得以实现的战略措施。

一、经济改革必然引起教育的改革

20世纪以来，世界经济可以说经历了三次大的改革。第一次是在20世纪初期，由世界性经济危机所引发。这次经济改革实现了经济的分化，引起各种经济形式和产业结构的大调整，与此同时，要求科学技术也有一个大发展。如美国，产生了进步主义教育改革运动，其主要内容是适应经济分化的需要，建立灵活的适应能力较强的教育制度、课程和教学形式，使学生掌握应付职业流动、劳动变换的本领。这一改革从美国波及了世界其他国家。第二次是在20世纪50年代末60年代初，由美苏两个大国的军事竞争所引起。这次经济改革的特点是高技术化，从而引发了新的教育改革，尤其是基础教育、科学教育、天才教育受到格外重视，课程内容加强了理论知识的系统性，教学方法则强调培养发现和探索的能力。第三次是在20世纪70年代末80年代初，为世界性的新科学技术革命引发。其特点是实现经济的现代化、自动化或电子化。这次经济改革引起的教育改革，在教育结构上，职业技术教育获得较大发展；在教育内容上，由于新的科学技术知识转化为课程内容，产生了新专业和新的学科；在教学方法上，教学设备日益电器化等。

新中国成立50年来每一次经济改革，同样引起教育改革。新中国成立之初，第一次经济改革确立了社会主义经济制度和产业结构。由此引起的教育改革是在计划经济基础上，形成了计划性教育制度，表现为统一招生、统一教学计划、教学大纲和教材，毕业生统一分配等。这一教育模式是适应经济改革的需要而建立的。1958年经济大跃进，“以钢为纲”和“以粮为纲”的经济改革，再次引发了新的教育改革，其内容是强调理论与实践结合、教育与生产劳动结合，教学以社会为课堂，拜工农为师。尽管这次经济改革与教育改革都有失误，但就经济改革必然引起教育改革来说，确实是一个很好的例证。

自从党的“十四大”提出建立社会主义市场经济体制的改革目标以来，中国所进行的包括经济体制、政治体制、科技体制在内的各项改革不断向纵深发展，在向社会主义市场经济体制转轨过程中，整个社会在各个方面发生了深刻变化，既为教育的改革与发展提供了机遇和动力，同时也对教育提出了新的挑战，要求教育尽快适应经济、社会和政治、科技等各方面发展的要求，加快改革步伐，逐步建立起与社会主义市场经济体制相适应的有中国特色的新的教育体制。

二、教育改革对经济改革的促进作用

教育改革是由经济改革引起的，但教育改革对经济改革具有十分重要的影响作用，这也是长期以来被教育改革与经济改革实践所证明的。

教育改革对经济改革具有先导作用。国内外经济改革，大都以教育改革为先导。如日本战后的经济改革与起飞，就是通过教育改革为先导而获得成功的。再如美国20世纪50年代末60年代初的经济改革，也是在教育改革基础上完成了经济改革。我国近十年经济改革经验证明：教育改革之所以有先导作用，一是教育改革具有传播和培育新的思想、观念的作用。经济改革必须通过教育改革的途径来进行发动推行，使人们理解、接受新的改革思想、观念，动员人们积极投入改革。二是教育为经济提供人才。

经济改革需要新型的领导、管理人才参与，这是经济改革的保证。三是教育具有促进经济发展的功能。教育对经济发展有不可替代的作用，而教育的经济功能见效周期较长，为此更要求教育改革先行。为此，在设计一项经济改革计划之后，推行相应的教育改革，实质上是为经济改革创造基础性条件。

第二节 市场经济体制的特征及对教育改革的影响

一、市场经济的特征及对教育改革的影响

实践证明，市场经济作为一种与计划经济完全不同的经济体制，是一种较之计划经济体制更能有效而合理地实现资源配置、优化经济结构、产生较高经济效益，有利于加快经济发展速度、富于竞争力而充满活力的经济体制。建设社会主义市场经济体制的改革目标，充分表现了中国共产党人实事求是的唯物主义态度。十一届三中全会以后，全党冲破了“左”的思想束缚，摒弃了“以阶段斗争为纲”的僵化观念，明确了社会主义的根本任务是发展生产力，突破了认为只有计划经济、“一大二公”才是社会主义的思想禁锢，形成了新的认识，对推进改革开放事业起到了重要作用；“十二大”提出以计划经济为主，市场经济为辅；十二届三中全会指出商品经济是社会经济发展不可逾越的阶段；“十三大”提出社会主义有计划商品经济的体制应该是计划与市场内在统一的体制；十三届四中全会后，提出建立适应有计划商品经济发展的计划经济与市场调节相结合的经济体制和运行机制；1992 年初，邓小平同志南巡发表重要讲话时进一步指出，计划经济不等于社会主义，资本主义也有计划，市场经济不等于资本主义，社会主义也有市场。计划和市场都是经济手段。计划多一点还是市场多一点，不是社会主义与资本主义的本质区别。这个精辟论断对改革开放十几年取得巨大成绩作出了合乎逻辑的科学总结，为改革开放大业进一步指明了前进的方向，从根本上解除了长期以来在社会经济发展上姓“社”与姓“资”的束缚。

市场经济是通过市场组织经济、调节资源配置的一种形式。市场经济

的基本特征：① 经济关系市场化；② 企业经营自主化；③ 市场竞争公平化；④ 宏观调控间接化；⑤ 经营活动规范化。而社会主义市场经济，是在社会主义生产资料公有制的基础上，按照市场和市场机制，配置和调节经济的经济运行方式。它既有市场经济的一般特性，又有社会主义制度对实行商品经济所提出的利益关系和发展目标的制约。其主要特点是：① 生产资料公有制的商品生产者和经营者是市场上占主导地位的参与者；② 市场经济关系中存在着个人、集体和国家利益结合的原则和实现共同富裕的最终目标；③ 国家在全社会根本利益一致的基础上，对市场经济活动进行宏观经济调控。

教育是一种社会现象，是培养人的活动，就其本质来说，不属于经济领域的活动。学校不是盈利组织，不是生产单位。但教育具有多种功能，特别是经济功能，能够带来巨大的社会效益和经济效益，尤其是职业技术教育、成人教育，能够通过提高劳动者的文化素质，直接有效地为经济和社会发展服务。高等教育培养的人才大部分都要送到人才劳务市场中去，参与市场竞争。因此，必须从理论上深刻理解社会主义市场经济与教育的关系。

建立社会主义市场经济体制，是一场前无古人的宏伟事业。同时也是一场深刻的变革。社会主义市场经济不仅触及经济的、政治的、思想意识的、文化的等多方面的问题，而且对教育的影响是全面的、深刻的，也是复杂的、多层面的，其中某些与教育紧密相关的部分直接对教育体制产生影响，例如：计划体制和投资体制的改变，对教育的计划和基本建设管理体制产生影响；明确划分中央和地方分税制的国家预算体制，对教育财政体制产生影响；劳动力市场的建立、劳动力资源配置方式的改变以及劳动、人事、工资制度的改革，对学校的招生、培养、分配就业体制和学校内部管理体制产生影响等。尤其是近两年来，随着经济体制改革的不断深化，教育工作在思想观念、办学体制、办学模式、教育内容和方法、教师队伍建设、毕业生安置、经费筹措等许多方面都面临新的挑战，特别是在稳定教师队伍、筹措教育经费和招生、收费、毕业生就业等方面的改革更加迫切。

总体来看，中国市场经济发展对教育提出的要求以及对教育的影响主要有以下方面。

一是市场经济的发展将促进教育观念的转变，要求社会不仅要重视基础教育，而且要高度重视职业技术教育；不仅要重视学历教育，而且要重视以增加知识、培养能力为主的各种非学历教育。

二是市场经济的发展将进一步促进教育功能的充分发挥。市场经济的发展将对教育的育人功能、政治功能、文化功能的发挥提供更深厚的背景。

三是市场经济将促进教育体制的转变。要求教育在管理体制上变统一计划管理为放权分级管理，逐步建立政府宏观管理、学校面向社会办学的体制。计划经济体制要求的是集权型决策，而市场经济体制则要求分权决策，即由中央集中化的管理模式向较为分散的、地方性的管理模式转变，逐步建立起以经济区域为背景、符合经济建设需要的教育管理体制。同时，市场经济条件下资源配置主体和方式的多元化，也要求教育在办学体制上实现政府办学为主、社会各界参与办学的新体制。

四是市场经济将促进教育人才观的转变。市场经济要求培养的学生具有竞争意识和创新意识，要有广阔的视野、果断决策的能力和开拓精神，是适应市场经济发展的新型人才。

五是市场经济将进一步促进社会生产力的发展，从而为教育事业的改革和发展提供一定的物质条件。

六是要求教育在招生、收费和毕业生就业制度方面进行改革。过去计划经济体制下的招生和毕业生分配主要靠行政计划手段来调配，弊端很多。在市场经济条件下则要求通过劳动力市场对人才资源进行合理配置。同时要求招生、就业制度的改革要与劳动人事制度、干部选拔制度的改革相配套，打破人才部门所有和地区所有的状态，促进人才合理流动。

七是要求改革教育投资体制。由过去单一的政府投资转为教育经费来源的多元化，同时，要求根据不同类别教育的特点和需要，调整教育投资的宏观结构。国家财政应着重增加对基础教育的投入，并实行非义务教育阶段的收费制度，最终逐步建立起国家财政拨款为主、多渠道筹措教育经费为辅的教育投入体制。

八是要求革新教育思想、教育内容和教育方法。市场经济形势多变，竞争激烈，人的一生中一般会多次面临职业转换或失业危险。市场经济特点必然要求专业划分、课程设置和教学管理有一定的灵活性；要求建立新的专业和课程，更新教学内容；要求革新教学方法，多用启发式，发挥学生学习的主动性，尤其强调学生要“学会学习”。

九是要求改革学校内部管理体制，包括改革教学、科研管理制度，以使学校建立起自主办学、自我激励、自我发展的机制，努力提高教育内部人员的素质，更好地发挥广大教育工作者的积极性。同时，要求各级各类学校逐步形成并发展自己的特色，校长应形成自己的教育风格，教师应有自己的教学特色，学生应注意个性培养，以适应市场经济发展的需要。

十是对教育的规模、质量、效益提出了更高要求，迫切需要教育及时输送大量高素质的人才。在人才数量、人才素质、人才的层次和专业结构上的要求更加多元化，对人才质量的要求也从单一技术型向复合型转变。

十一是要求改革原有国有企业办学体制。市场经济条件下，中国大部分国有大中型企业都将在建立现代企业制度的进程中，逐步分离企业非生产性后勤服务单位及其社会服务职能，这就要求逐步改革国有企业办学体制。

十二是要求教育必须调整与经济的关系，使两者协调发展，这必须通过学校管理体制和教学内容的改革来实现。同时要求加强教育与社会的联系，通过高等学校与企业界、科技界的产学研结合、职业学校的产教结合、农村教育的农科教结合等方式，扩展社会对教育的参与和合作。

总之，社会主义市场经济体制的建立，对教育产生了猛烈的冲击，教育要想独立于市场经济之外是不可能的。这种冲击是由教育外部关系规律所决定的，是社会、经济、政治、科技的发展和文化观念的变革给教育战线带来的新压力。有压力才有发展动力，有动力才有改革活力。教育工作者要善于把握机遇，勇于实践，努力使教育适应社会主义市场经济的需要。

二、适应市场经济，深化教育改革

实现社会主义市场经济标志着我国的经济运行机制是以市场为基础的社会主义经济，作为与政治经济密不可分的教育，也必须解放思想、转变观念，进行全面改革。

（一）教育在适应市场经济的过程中既要尊重经济规律，又要按教育规律办事

当前，随着市场经济的建立和发展，在教育改革中出现两种偏向，一

是把教育要遵循自身的客观规律与教育要适应社会发展的需要，自觉地为社会主义建设服务对立起来，提出教育是为社会发展服务还是为人的发展服务，要求教育摆脱社会的影响，忽视了教育与社会的联系，使学校脱离社会。这样，不但使教育失去了外部推进的强大动力，而且培养出来的人不符合社会需要，教学内容和教学方法与实际脱节，极大地影响了教学质量和教育为社会主义建设服务方针的贯彻执行。二是把教育与社会其他领域同一化、等同化，否认教育的独立性和特殊性，抹煞和忽视教育自身的规律，企图用经济规律取代教育规律，简单地照搬管理经济的办法管理学校。在教育为经济建设服务的过程中，有人还提出了教育经济化的观点，主张把学校作为商品生产单位，把学生当商品，按照商品生产的规律改造学校。这种观点显然是和党的教育方针不相符合的，是对教育为经济建设服务原意的曲解。

在建立社会主义市场经济和深化教育的改革中，要结合学习《纲要》，进一步明确教育既要适应经济发展，又要遵循教育规律。教育为两个文明建设服务是通过培养人才来实现的，教育适应社会主义市场经济发展的需要，最根本的是提高民族素质，培养合格的社会主义建设者。在高度重视、充分发挥市场经济在激励人的发展方面所起进步作用的同时，也要看到如果不正确引导，也可能产生拜金主义、享乐主义、个人主义等消极作用。因此，发展市场经济更需要全面贯彻党的教育方针，对学生要加强爱国主义、集体主义和社会主义教育，使他们不断树立正确的人生观、价值观。

（二）教育要适应市场经济发展的需要，必须树立新的教育观念

一是要树立“优先”的观念，落实教育的战略地位。要从战略高度认识教育的“基础”位置和“优先”地位。在建设有中国特色社会主义的新时期，党和国家把教育摆到优先发展的战略地位，是我们党领导社会主义现代化建设在指导思想上的飞跃。越要发展经济，就越要重视教育。只有树立了这一观念，并把教育纳入考核各级党政领导干部工作实绩的轨道，才能使各级领导更加重视教育，使长期困扰教育事业发展的问题得到相应的解决。采取多种渠道，筹措教育资金，改变以往人们认为教育事业是消费事业的陈旧观点，树立教育投资是最有效的投资的新观念。

二是要树立“市场”观念，增强教育适应社会发展的活力。在改革开

放这个大系统中，教育将面临人才市场、职业市场、教育需求市场、商品技术市场、资源市场、文化市场等的选择。为此，必须树立市场观念和市场意识，根据市场经济多变性、竞争性、开放性及信息网络性等特点，制订发展各类教育的新规划，采取教育改革的新举措。

三是要树立“服务”观念，使教育与经济、学校与社会、教学与实践更紧密地结合。使教育发展的规模、速度、结构、目标、内容等要素适应社会主义市场经济的需要，从根本上解决教育同经济“服务”和“依靠”的问题，更好地为经济建设和社会发展服务。与此同时，还要强调教育为社会进步和精神文明建设服务。

四是要树立“质量”观念，努力提高办学水平和效益。经济和科技的竞争归根到底是人才的竞争，要培养出能适应社会主义市场经济的合格人才，必须注重教育质量。《纲要》明确提出贯彻党的教育方针，全面提高教育质量，是使教育在20世纪90年代乃至21世纪初上一个新台阶的关键。因此，要继续优化教育的结构和布局，努力提高办学水平，要提倡教书育人，管理育人，服务育人，建立一支能够确保教育质量的师资队伍。

五是要树立新的“育人”观念。学校教育不但要强调传授系统科学知识的重要性，而且更要注意发展学生的智能。要培养富于开拓精神，具有强烈进取意识，能够适应社会主义市场经济发展需要的新型人才，全面树立教书育人的新观念。

六是要树立“竞争”观念。市场经济的一个突出特点就是具有强烈的竞争性。随着改革开放的深入，从学校与学校、教师与教师之间面临各种激烈的竞争。甚至学生可以自由选择学校，选择教师。优胜劣汰的竞争，会促使各具特色的学校、教师、教材大量涌现，未来教育将更加繁荣。

七是要树立“现代大教育”观念。第一，要实现教育途径多样化，要由封闭式向开放式教育发展，要形成多层次、多规格、多形式的大教育网络。第二，要改革传统教学观中程式化、平面式、封闭式的旧教学观，树立个性化、探索式、开放式的新教学观。第三，打破“学历主义”的束缚，重知识，看水平，并逐渐树立“终身教育”的新观念。第四，要逐步实现教育手段现代化，教育内容综合化，教育评价科学化，教育交流国际化。

八是树立“信息”观念。市场经济的特点之一就是信息多变，信息作为具有新内容、新知识的消息，越来越显示出其社会价值和经济价值。我们在教育实践中，要开拓视野、开阔眼界、了解社会、了解世界，就必须不断接收和处理大量科技信息、教育信息、人才信息等，加速实现教育与外界的交流。

总之，用发展市场经济必然产生的新的思想观念取代旧的观念看法，才能正确分析当前教育界出现的问题，为建立社会主义市场经济体制奠定一个良好的基础。

（三）教育要适应市场经济的需要，必须进行全面改革

一是要改革教育体制。要建立与社会主义市场经济体制和政治体制、科技体制改革相适应的教育体制。国家通过立法、拨款和制定教育方针政策等措施，对学校宏观控制；社会主动参与学校的办学；市场通过人才的供求关系，调节教育发展的规模和人才培养的层次、类型；学校根据自身条件和国家、社会、市场的要求，灵活培养适宜某种层次、类型的人才。建立与社会主义市场经济改革相协调的教育运行机制，必将给学校以至整个教育界带来重大的变化。

二是要改变办学机制。学校必须面向社会，适应市场，办出特色。市场经济的发展强化了人们对学校、专业和教师的选择性，具有鲜明办学特色和优良教学质量的学校将会取得较多的生源，少数缺乏特色且教育质量较差的学校将可能被淘汰。

三是要进一步转变教育思想，进行教学内容、教学方法的改革，克服教育脱离经济建设和社会发展需要的现象。要按照现代科学技术文化发展的新成果和社会主义现代化建设的实际需要，不断更新教学内容，调整课程结构。

四是改进和加强新形势下的思想政治工作。社会主义市场经济体制的建立将会给我国社会带来巨大的影响。为此，江泽民同志在会见中国职工思想政治工作研究会代表时曾经指出："越是深化改革，扩大开放，越是发展社会主义市场经济，就越要适应新的形势，全面加强和改进全党全社会的思想政治工作。"在新形势下，学校思想政治工作要坚持以马克思主义为指导，研究新时期思想政治工作中的新问题、新情况，探讨新时期思想政治工作的新方法、新途径。

第十九章
教育改革与知识经济

正当人类即将跨入21世纪的时刻，一个新的“社会形态”和“经济形态”，即“知识社会”和“知识经济”的时代正悄然向我们走来，教育改革面临新的挑战。

第一节　“知识经济”的由来及其特征

一、知识经济概念的提出

从全世界的经济发展看，进入20世纪70年代以来，决定经济发展命运的因素越来越取决于科学技术的力量，人才和智力因素在综合国力的竞争中所占有的地位越来越突出。经济发展中的这些变化，是“知识经济”这一概念产生的现实基础。

20世纪70年代以后，人们对于人才和智力在经济竞争和发展中的作用日趋突出的社会现象，作了不同的理论概括，如“电子技术时代”、“后工业社会”、“后工业经济”、“信息经济”、“高技术经济”等。1990年联合国研究机构首次提出了“知识经济”的说法，比较准确地概括了现代经济的性质；1992年，我国经济学家吴季松在联合国教科文组织《国际社会科学》杂志第132期撰文提出了由自然科学、技术和社会科学支配的经济——“智力经济”的概念；1996年亚太经济组织明确定义了“以知识为基础的经济”（knowledgt bassed economy）；1997年2月，美国总统克林顿采用了

"知识经济"的说法。① 1998 年 10 月 4 日，世界银行又以《用以发展的知识》为标题，发表了《1998—1999 年世界发展报告》。由上可见，人类社会对于知识、人才和智力在经济发展中作用的认识越来越深入，对这种新经济形态的性质定位越来越准确。

二、知识经济的特征

对于处于社会主义初级阶段的中国来说，迎接知识经济的挑战，必须加强对知识经济特征及其运行规律加以研究，以使得我们能够有足够的准备来应付知识经济可能带来的各种机遇和挑战。

有关专家认为：知识经济的主要特征包括以下几个方面：一是知识经济是促进人与自然协调，可持续发展的经济，它具有可持续化特征；二是知识经济是以无形资产投入为主的经济，它具有资产投入无形化特征；三是世界经济一体化，即知识经济是在世界经济一体化条件下的经济；四是经济决策的知识化，即知识经济是以知识决策为导向的经济；五是在价值取向上，知识经济更加注重智力和知识的价值及其占有；六是在市场观念上，知识经济与市场经济是互为依存和促进的；七是知识经济十分注重知识、智力、信息乃至高技术等资源的有效组合和充分发挥作用，力求通过现代管理实现规模化、网络化、国际化和产业化来解决高技术产业的资金、技术、市场和风险问题，以努力实现高于传统工业数十倍的劳动生产率；八是知识经济是以创新为核心的经济形态，创新是知识经济的灵魂。

第二节　知识经济的兴起给教育带来的挑战

一、知识经济对教育的挑战

知识经济正在向我们走来，21 世纪必将是知识经济占国际经济主导地位的世纪。知识经济的竞争实质是知识创新和技术创新的竞争，归根到底是创新型人才和智力的竞争。知识经济对人才、技术、智力等要素的高度

---

① 吴季松．21 世纪社会的新趋势——知识经济［M］．北京：北京科学技术出版社，1998.

重视，必将极大地促进教育发展和科技人才培养的步伐。可以说，知识经济为教育事业的发展带来的是前所未有过的大好机遇，为教育事业发展提供了强大的动力。与此同时，知识经济的兴起，也对教育的改革提出了严峻的挑战和要求。

一是知识经济以知识为基础，以掌握知识的人才为支柱。因此，它对我国教育提出的首要问题就是必须加快人才培养的步伐，扩大科技人才的总量，提高公民受教育的程度。

二是知识经济以创新为灵魂，要求造就全面发展的新人。学校必须转变教育思想，改变教学方法，努力培养广大青少年学生的创新精神和创新能力。

三是知识经济注重与市场与产业的结合，这就要求我国的教育要重视与生产劳动环节，与产业部门的实际结合起来。

四是知识经济要求教育事业面向社会全体公民。必须教育学生学会学习，并建立保障全体公民学习的社会机制——“终身教育”体系。

面对知识经济对教育提出的挑战和要求，我们所面临的形势是十分严峻的。

一是我国科技人才队伍不够壮大。目前，我国平均每万人中，科技人员的数量只有 200 人，中等发达国家是 2000 人，发达国家是 4000 人，这个差距触目惊心。整个国家受过高等教育的人数仅占同龄人口的 5%，而中等发达国家是 20%，发达国家占 40%，这个差距之大是可想而知的。

二是我国农村问题更为突出。知识经济的时代支撑经济的是知识，支撑农村经济的是农村劳动者的知识，他们不具备知识，我们的农业现代化，农村实现知识经济的发展是不可能的。现在农村人口中，还有一亿三千五百万文盲。青壮年文盲还有 3 千万人。农业部农村固定观察站对 297 个村的 2 万农户进行 12 年之久的跟踪调查研究，发现教育和人均收入是制约农村发展的两大难题，而劳动力受教育的平均水平只有 5.7 年，还到不了小学毕业。文盲和半文盲占了劳动力的 13%，小学文化占了 41%，这样的劳动力的知识状况，不可能建设现代化的农业。

三是我国传统的教育思想教学方法根深蒂固，注重知识教育多，重视创造性培养极少。所谓的“中国小学教育是‘听话教育’，中学教育是‘分数教育’，大学教育是书本知识教育”，在一定程度反映了我国教育存在的弊端。尤其是在中小学打基础阶段，由于升学的压力，学生个性发展和创造性培养远没有得到应有的重视。

四是终身教育，终身学习，还没有成为全体社会公民的普遍愿望，没有成为多数社会成员自我完善的内在要求。

二、教育的基本对策

知识经济的兴起，使人类社会对知识价值不得不重新估“价”。衡量社会不同阶层财富的标准会发生根本性的变化，对知识的占有程度将起到决定性的作用。而教育作为人类社会知识传播的桥梁，必须作出积极的回应。

（一）必须大大加快我国教育普及的速度，努力提高大众的科学文化素质和道德修养。在20世纪末实现“两基”的基础上，应提高对农村（农民）、少数民族地区、边远地区、贫困地区人口的教育普及程度。

（二）必须加强对全体劳动者创新意识、创新能力的培养。各级各类学校，无论是成人教育，还是青少年儿童的普及教育，无论是专业技术教育，还是大众文化教育，都要努力培养受教育者的创新意识和创新能力。

（三）不断构建和完善我国各级各类学校教育的知识结构体系。必须从当今世界科技的新趋势，不断改革和更新教学内容，使青年一代及时掌握具有时代特征的知识体系。

（四）必须教会学生学习、获取新知识的科学方法和自觉意识。各级各类学校必须加强对学生学习方法的培养，高等院校尤其要注意培养学生的自学能力和探索未知世界的能力。

第二十章
教育改革与社会主义初级阶段的基本国情

第一节　初级阶段的基本国情是教育改革发展的基础

改革开放以来，特别是党的“十四大”以来，在建设有中国特色社会主义理论的指导下，我国在建设社会主义市场经济过程中取得了举世瞩目的重大成就。但是，人口多，底子薄，地区发展不平衡，生产力不发达的状况还没有根本改变；社会主义制度还不完善，社会主义市场经济体制还不成熟，社会主义民主法制还不够健全；封建主义、资本主义腐朽思想和小生产习惯势力在社会上还有广泛影响。这一切决定了我国仍处在社会主义初级阶段。

党的“十五大”明确指出，社会主义初级阶段的历史进程在我国至少要经历100年。这是对我国的基本国情实事求是的概括和总结。正视这一基本国情、深刻认识这一基本国情，是我们做好各项工作的出发点。

党的“十五大”，对我国社会主义初级阶段的基本特征，作了系统、完整的阐述：社会主义初级阶段，是逐步摆脱不发达状态，基本实现社会主义现代化的历史阶段；是由农业人口占很大比重、主要依靠手工劳动的农业国，逐步转变为非农业人口占多数、包含现代农业和现代服务业的工业化国家的历史阶段；是由自然经济半自然经济占很大比重，逐步转变为经济市场化程度较高的历史阶段；是由文盲半文盲人口占很大比重、科技教育文化落后，逐步转变为科技教育文化比较发达的历史阶段；是由贫困人口占很大比重、人民生活水平比较低，逐步转变为全体人民比较富裕的历史阶段；是由地区经济文化很不平衡，通过有先有后的发展，逐步缩小差距的历史阶段；是通过改革和探索，建立和完善比较成熟的充满活力的社会主义市场经济体制、社会主义民主政治体制和其他方面体制的历史阶段；是广大人民牢固树立建设有中国特色社会主义共同理想，自强不息，锐意进取，艰苦奋斗，勤俭建国，在建设物质文明的同时努力建设精神文明的历史阶段；是逐步缩小同世界先进水平的差距，在社会主义基础上实现中华民族伟大复兴的历史阶段。

党的十五届三中全会又进一步指出，我国社会主义初级阶段是不发达的阶段，农村尤其不发达。具体表现为六个方面：① 生产力落后，主要靠手工劳动；② 市场化程度低，自给、半自给经济占相当比重；③ 农业人口多，就业压力大；④ 科技教育文化落后，文盲、半文盲数量较大；⑤ 农民生活水平比较低，还有几千万人没有解决温饱；⑥ 城乡差别大，农村发展很不平衡。

下面是我国社会主义初级阶段的有关特征的数量分析。

一、经济总量有明显增长，但整体经济素质还有待提高

中国经济总量明显增长，但与国外相比，整体经济素质不高，特别表现为商品投入低产出。以 1994 年为例，中国每百元工业增加值消耗能源总量是日本的 32 倍，耗电量是日本的 15 倍。

二、经济结构、产业结构不合理及经济效益低下制约着中国经济长期稳定的发展

几年来，中国加大了产业结构调整力度，产业结构有所改善。1996 年，中国第一产业增加值占国内生产总值的 20%，比 1990 年下降约 7 个百分点，与此同时，第二产业上升了 7 个百分点，所占比重达 49%。但与发达国家相比，中国第一产业比重偏高，第三产业比重偏低，第二产业虽然发展较快，但整体经济效益不好，国有大、中型企业亏损严重。

在发达国家，三种产业结构大体与就业结构相似，因而三种产业的劳动生产率比较接近，而中国差别较大。中国的农业人口比重大，1994 年第一产业劳动生产率仅相当于全部产业的 34.6%，比 1990 年下降 10.6 个百分点，低于韩国的 51.5%。

三、主要工业品人均产量低于世界平均水平，人民生活质量尚待提高

中国主要工农业产品中，谷物、棉花、油菜籽、煤、布、水泥和电视机等产量多年保持世界首位，肉类、发电量、化肥、原油、糖产量居世界前列，但由于中国人口众多的特殊国情，人均产量仍然较低，特别是主要工业产品产量低于世界平均水平。

中国居民生活质量已有了很大提高，在吃、穿、住等方面的一些消费状况已达到世界平均水平，但交通、通讯事业发展的滞后，不仅制约着生产的发展，也制约了消费水平的进一步提高。目前，中国电话机普及率低于发展中国家平均水平；中国人均轿车拥有量也极低，仅相当于世界平均水平的1/10左右。

四、中国仍是低收入国家

按世界银行方法计算，1995年中国人均GNP比1990年增长67.6%，达到629美元，但仍远低于世界平均水平的4880美元。发达国家平均为24930美元，发展中国家平均为1090美元，中国仍处于低收入国家行列。

五、教育、科技水平仍相对落后

1992年中国成人识字率为73%，已经高于世界平均水平，但高等教育相对较为落后。据联合国教科文组织统计，中国大学生入学率为3.8%，略高于发展中国家3.3%的平均水平，但远低于发达国家15.5%的平均水平。中国要提高经济增长的质量和转换经济增长方式，发展高等教育的任务仍很艰巨。

科学技术是第一生产力。目前发达国家科技对经济增长的贡献率达到60%以上，而中国仅为30%。1995年底，中国科学家和工程师人数为155万人，居世界首位，而研究与开发经费占国内生产总值的比重仅为0.5%，远低于发达国家平均2%的水平。

六、我国人均占有资源少，且浪费严重

水资源短缺。世界上现有100多个缺水国家，中国居13位，人均占水

量2400立方米，占世界人均1/4，而从水资源来看，中国居于第6位，水资源28124亿立方米，降水62076亿立方米。20世纪50年代，中国共有大小天然湖泊24880个，大于1平方千米的2448个。80年代，仅剩2305个，减少了175个。全国城市100万人口以上的有32个，有30个缺水，北京人均淡水量4立方米，仅为东京人的1%。600多个中小城市，300多个缺水。

森林资源不足。全世界的森林覆盖率为25%，我国只有13.92%，人均为世界水平的1/6。

土地资源有限。我国是多山的国家，山区、丘陵的面积占国土总面积的69%，人均耕地在全国592个贫困县中，有496个是山区县，未脱贫的5000多万人口主要集中在这些地区。

第二节　我国社会主义初级阶段教育的基本特征

我国处于社会主义的初级阶段，教育科技文化落后。主要表现在以下几方面。

一、教育自身发展起点低

一是表现为劳动力人口文化素质较低。据1990年第四次人口普查，全国15岁以上人口中的文盲、半文盲有1.5亿人，占人口总数比例为15.88%，在农业人口中专门技术人才很少，每万人中有6.6人，每467公顷耕地有1人。经济部门的职工，初中和初中程度以下的占70%，技术工人4000万人，三级工以下的占70%。

二是表现为教育质量亟待提高。40多年来，教育为国家培养了大量合格的劳动后备军和专门人才。但从总体上来看，教育质量存在的问题还比较多。我国学龄儿童入学率虽然已达到98.98%，但流失率较高，初中入学率不到70%。有的地区按时毕业率只有30%左右，有的地方甚至不到10%。

三是表现为办学条件较差。从各级各类学校的办学条件来看，有相当一部分没有达到国家规定的基本标准。以小学为例，由于经费不足，多年来一直强调实行“一无两有”（校校无危房，班班有教室，人人有课桌凳）

的低标准，即使这样，在我国农村的不少地方，至今都还没有完全“达标”。农村多数中小学没有实验室、图书室。

二、教育经费长期投入不足

努力增加教育投入是落实教育战略地位的根本措施，是教育发展的基础条件。近二十多年来，中央和地方各级政府以极大的努力增加教育投入，教育经费有明显增长。1991 年我国教育经费总额为 731.51 亿元，比 1980 年增长 4 倍，其中财政预算支出 482.2 亿元，比 1980 年增长 3.3 倍。国家预算内教育经费占财政支出的比例，从 1978 年的 7.7% 提高到 1998 年的 12.18%，绝对数从 76.23 亿元提高到 321 亿元，增长 3.2 倍；年平均增长率为 15.46%，高于财政增长速度。此外，各种教育税收、企业教育支出、校产免税，加上群众集资，也有很大增长。据 1988 年的《中国教育统计年鉴》预算外教育资金投入，1986 年为 86.31 亿元，1987 年为 95.41 亿元，1988 年为 127.22 亿元。

但是，尽管如此，由于我国经济落后，教育规模大，基础薄弱，教育投入仍然处于较低水平。1997 年教育经费总额占国民生产总值的 2.49%，占预算内财政总支出的 12.7%，均低于发展中国家的平均水平（1988 年发展中国家的公共教育经费占国民生产总值的比重是 4.1%）。由于教育经费总体偏低，教育经费在国民生产总值中的比例时有下降；加上物价上涨、教职工调整工资等因素，教育经费中人头费的比重日益增大，生均公用经费明显减少。1990 年与 1984 年相比，中学由 35.31% 下降到 24.4%，小学由 24.73% 下降到 16.49%。在公用经费中，大部分又用于水电修缮等，用于教学业务的经费过少，这对保证教育质量是极为不利的。

教育经费占国民生产总值的比例，根据联合国教科文组织 1983—1985 年统计口径计算，全世界平均为 5.8%，其中发达国家为 6.2%，发展中国家为 4%，我国 1998 年才达到 2.56%。据三十八届国际教育大会的材料，发展中国家教育经费占国民生产总值的比重，20 世纪 60 年代为 2.8%，70 年代为 3.3%—3.9%，80 年代一直保持在 4% 的水平，均高于我国。如联合国教科文组织《统计年鉴》列举的埃及，人均收入超过 400 美元，教育经费占 5.2%；人均收入较低的印度，教育经费占 3.7%。

各国发展的历史表明，经济要发展，教育要先行。可是多年来我国教育投资在 GDP 的比重始终在 2.5% 左右徘徊，不仅大大低于发达国家，而且明显低于许多发展中国家。这种状况不仅难以适应教育加速发展的需要，也难以满足现有教育事业的需求。我国是个发展中人口大国，拥有世界上最大的教育规模，教育经费紧缺的问题始终是发展教育的一个难题。

三、教育改革任重道远

一是我国是一个教育大国。教育发展很不平衡，农村教育发展落后。由于地域辽阔，民族众多，经济发展不平衡，导致了教育发展不平衡，比较突出的是：农村教育发展水平相差较大；多数少数民族与全国平均水平差距较大；区域间（如东部、中部、西部之间、省市、区之间，地、市之间，县、市之间）均不平衡，有的差距相当大。此外，在有些地方，性别之间的教育差距也很大。

二是计划经济体制下形式的教育体制，有待进一步改革。我国的教育体制，包括办学体制、管理体制、招生与分配体制以及经费投入体制都带有很强的计划经济体制的痕迹，存在着条块分割，力量分散与经济结合不紧等问题，与迅速发展的社会主义市场经济还有许多不适应的方面，亟待加以改革。

三是教育思想、教育方法手段相对滞后。几千年来的传统教育思想（如学而优则仕、读书做官等），与现代社会特别是与市场经济体制格格不入，然而至今仍影响深刻。计划经济体制下形成的招生与毕业生分配制度，更是加深了人们对教育功能的曲解，片面追求升学率长时期难以扼制。进而教育教学方法僵化、死板，置学生个性、创造性发展而不顾。其结果是德智体全面发展的教育方针受到影响。

第二十一章

实施科教兴国战略，促进教育发展的宏观思考

第一节　实施科教兴国战略的重大意义

建设有中国特色的社会主义，教育和科技担负着神圣的历史使命，是整个中华民族发展和振兴的根本。发展教育和科技是促进我国经济持续增长、社会全面进步的必要条件，也是提高全民族素质、发挥我国人力资源优势、加快社会主义现代化建设步伐的必由之路。

一、教育与科学是国家昌盛、民族振兴的必由之路

人类社会几千年的文明历史，从某种意义上说是教育与科学发展的历史。教育和科学是国家昌盛、民族振兴的根本。

纵观世界各发达国家，之所以能够成为经济强国，根本原因在于重视教育和科技。德国是最早实施普及义务教育的国家，早在1763年就要求实施七年义务教育。英、法、意、美、日等国也都是在19世纪开始实施义务教育的。与时同时，上述各国还十分重视科学实验和研究工作，善于将科技发明及时转化为现实生产力。英国和意大利等国很早就成立了科学院，把科学实验和研究放在一个重要的地位。再看“二战”后各经济强国，无论是曾在“二战”中战败的日本和联邦德国，还是20世纪七八十年代兴起的“亚洲四小龙”“五小虎”，也都是依靠了科技发展和人才的力量，取得经济和社会的迅速发展。

回顾中华民族近代社会发展的艰难历程，鸦片战争之后，中华民族之

所以要签订一个又一个丧权辱国的不平等条约，之所以要遭受一次又一次烧杀抢掠，根本原因就是缺乏以强大科学技术和经济实力为后盾的军事力量与帝国主义侵略者相抗衡。血的历史教训昭示我们“落后就会挨打”，不重视教育和科学，就没有未来。

联合国教科文组织发表的《世界科学报告》指出，科学知识和教育间的差距，造成了各国家和地区向经济发展的差距。人类社会即将进入21世纪，知识经济初见端倪，和平与发展是当今世界的两大主题。科学和教育在人类发展中，肩负着越来越重要的历史使命。科学和教育已成为国家兴盛，民族振兴的根本性制约因素。

二、科教兴国是以中国共产党为代表的中国人民和无数仁人志士梦寐以求的理想，是党中央治国战略思想的重要组成部分

面对19世纪中华民族遭受的屈辱和被动挨打的惨痛教训，以中国共产党为代表的中国人民和无数仁人志士，深刻地意识到，中华民族要振兴，就必须进行社会改革，必须大力发展科学技术和教育。中国共产党的早期领导人发起的“五四”运动，高举科学和民主伟大旗帜，奏响了20世纪中华民族追求科学进步和民主政治的号角。新中国成立以后，发展教育和科学，始终是革命和建设的重要内容。

毛泽东同志早在20世纪20年代，就对中国的农民问题，包括对农民的教育问题进行了深刻的论述。新中国成立以后，毛泽东同志多次强调要努力发展农村普及教育和扫除文盲，加强科学知识的普及。

邓小平同志在长期的革命生涯中，也十分重视教育和科技的发展。特别是党的十一届三中全会以后，邓小平同志提出的新时期马克思主义生产力学说，深刻地揭示了科技和教育在当代经济发展和社会主义现代化建设中的关键地位和作用。早在1978年召开的全国科学大会上，邓小平同志依据第二次世界大战以来科技领域发生的变革和新兴科学迅速发展的事实，深刻阐述了“科学技术是生产力”这一马克思主义的基本观点。1988年，邓小平同志又进一步提出了“科学技术是第一生产力”这一马克思主义的科学命题。他还多次强调指出，四个现代化，科学技术是关键；而科学技术人才的培养，基础在教育。他指出：“我们的国家，国力的强弱，今后发展后劲的大小，越来越取决于劳动者的素质，取决于知识分子的数量和质

量。一个十亿人口的大国，教育搞上去了，人才资源的巨大优势是任何国家比不了的。有了人才优势，再加上先进的社会主义制度，我们的目标就有把握达到。”他多次告诫各级领导，要像抓经济工作那样抓教育工作，少讲空话，多干实事，再穷也要重视教育，要千方百计，今后在别的地方忍耐一些，甚至牺牲一点速度，也要问题解决好。他指出：“忽视教育的领导者，是缺乏远见、不成熟的领导者，就领导不了现代化。”邓小平同志关于科技和教育的论述，为科技和教育发展政策的确定，奠定了重要理论基础。

早在20世纪80年代末江泽民同志就指出：“发展教育和科学是社会生产力和民族素质的提高具有重大深远的意义。我们的教育和科学还比较落后，更要采取有效措施，自觉地抓好这项工作。”1991年，江泽民同志在建党70周年大会上的讲话中又指出：“百年大计，教育为本。教育是社会主义物质文明和精神文明建设极为重要的基础工程。它对提高全体人民的思想道德和科学文化素质，对培养一代又一代社会主义事业的接班人，具有重大的战略意义。我们必须加强教育工作，大力发展教育事业。”① 他还指出：“教育是伟大的事业。历史经验证明，一定要把教育搞上去，国家才能够昌盛。”② 为了真正落实“百年大计、教育为本”，进入20世纪90年代以来，以江泽民同志为核心的党中央，从中国的国情出发，结合当今世界各国教育、科技的发展，又进一步提出了科教兴国的重大发展战略。江泽民同志反复强调：“经济发展和社会进步，归根到底要取决于国民素质和全社会科学文化水平的提高”。“科教兴国，是我们的国策”。“实施科教兴国战略，是关系我们改革成功、国家强盛和民族振兴的重大决策。国家的发展需要人才。教育是人才培养之基和立国之本。科学技术是第一生产力。当代教育的发展和科技的飞速进步，越来越成为推动经济发展和社会进步的强大力量。我们要始终坚持把教育和科技摆在经济、社会发展的重要位置，大力提高全民族的科学文化素质，加快推进经济建设转到依靠科技进步和提高劳动者素质的轨道上来”。③

党的“十四大”提出：“科技进步、经济繁荣和社会发展，从根本上说取决于提高劳动者的素质，培养大批人才，我们必须把教育摆在优先发展

① 《人民日报》1991年7月2日。

② 《人民日报》1991年12月20日。

③ 《人民日报》1997年12月27日。

的战略地位，努力提高全民族的思想道德和科学文化水平，这是实现我国现代化的根本大计。”1995 年，党中央、国务院召开全国科学技术大会，正式提出实施科教兴国发展战略。同年，在党的十四届五中全会通过的《中共中央关于制定国民经济和社会发展“九五”计划和 2010 年远景目标纲要建议》中，把实施科教兴国战略列为今后 15 年直至 21 世纪加速我国社会主义现代化建设的重要方针之一。1996 年，全国人大八届四次会议正式通过了《中华人民共和国国民经济和社会发展“九五”计划和 2010 年远景目标纲要》，科教兴国成为基本国策。1997 年，党的“十五大”再次强调了实施科教兴国战略。1998 年，第九届全国人民代表大会选举产生的新一届政府，把实施科教兴国作为本届政府的最大任务。

三、科教兴国战略是党的第三代领导集体面对世界科技和经济发展潮流作出的英明决策

当世界即将进入 21 世纪之际，科技进步已成为各国经济发展的决定性因素。国际竞争越来越表现为以知识经济为基础，以高科技产业为先导的综合国力的竞争。党中央、国务院确定科教兴国的战略方针，是面对世界科技和经济发展潮流而作出的正确选择。

新中国成立以来，特别是改革开放以来，我国经济建设和社会进步取得了举世瞩目的成就。从 1978—1997 年，国内生产总值提高了 5.44 倍，平均年增加速度为 9.9%。最近 20 年，我国农、林、牧、渔的产量增长了 3.2 倍，在人口增长 2.5 亿的情况下，人均粮食产量从 302 千克提高到 414 千克，我国的经济高速增长，综合国力迅速提高。但是我们还必须清醒地看到，我国经济水平和世界发达国家的差别仍然很大，科技和教育水平总体上还比较落后。

1997 年我国人均国民生产总值只有 6050 元，按市场外汇比价约为 730 美元，仍属于低收入发展中国家。我国的人均劳动生产率仅相当于发达国家的 1/40，相当于中等发达国家的 1/20。与此同时还必须看到，我国的人口还在持续增长，由于人口基数大，到了 21 世纪的三四十年代，人口预计将达到 16 亿人左右，届时粮食和其他食品的总产量只有比现在提高 30% 以上才能保证基本的需求。

从科学技术在产业中的应用来看，目前我国高科技的产业只占整个工

业的10%，我国出口产品中高科技的产品只占6.8%，而且主要是农产品和纺织品。我国是一个农业大国，目前我国农业生产中的科技贡献份额只占35%左右，而发达国家科学技术在农产生产中的贡献率达到70%—80%。

面对日趋激烈的国际竞争和实现21世纪发展目标的艰巨任务，党中央提出实施科技兴国战略，无疑具有重大的现实意义和深远的历史意义。正如江泽民同志所指出的“党中央、国务院决定在全国实施科教兴国战略，是总结历史经验和根据我国现实情况所做出的重大部署”。只有通过大力发展教育和科技事业，把经济发展切实转到依靠科技进步和提高劳动素质的轨道上来，才能提高工业、农业和和行业的技术水平，也才能真正提高社会生产力综合国力和人民生活水平，从而加快现代化进程，缩小与发达国家的差距，实现跨世纪发展的宏伟目标。

第二节　加快实施科教兴国步伐，促进教育改革的思考

自1995年中共中央、国务院提出科教兴国战略决策以来，各级党委和政府及有关部门围绕贯彻落实这一战略方针做了大量工作，取得了较为显著的成效。但是还必须看到，由于历史发展等诸多方面的原因，目前科教兴国战略的实施还面临着十分艰巨的任务，全党、全国人民都必须进一步提高对科教兴国战略的认识，加大贯彻落实的力度，真抓实干，加快我国科教兴国战略的历史进程。

一、使科教兴国真正成为全民族的广泛共识和实际行动，是当前实施科教兴国战略的关键

邓小平同志始终高度重视科技、教育工作，对于发展科技、教育事业，搞好科技、教育工作，以及科技、教育与经济和社会发展之间的密切关系都做过一系列精辟而深刻的论述。邓小平科技、教育思想是邓小平理论的重要组成部分，是实施科教兴国战略的理论基础和行动指南。各级领导干部和广大群众要认真学习、深刻领会邓小平科技、教育思想，提高实施科教兴国战略的自觉性，增强时代紧迫感和历史责任感，使科教兴国战略真

正成为全民族的广泛共识和实际行动，使我国经济建设真正转移到依靠科技进步和提高劳动素质的轨道上来，继续保持证国民经济持续、快速、健康发展，在全社会形成良好的道德风尚。只有坚定不移地实施科教兴国战略，党的十五大提出的我国跨世纪的宏伟目标才能得以实现。

二、尽快建立适应社会主义市场经济要求的科技、教育体制，是加快科教兴国战略实施的体制保障

自 1985 年实施科技、教育体制改革以来，我国科技、教育体制在许多方面都发生的积极的变化，不仅使科技、教育事业自身的发展焕发出巨大活力，也为促进经济的快速增长作出了重要贡献。但是，面对我国经济体制的巨大变革，面对知识经济时代的到来，我国现行科技、教育体制还都远远不能适应形势发展的需求，经济、科技、教育部门分割、相互脱节的问题仍然没有从根本上解决，科技、教育系统组织结构和布局中的分散重复现象严重，市场机制还未能在科研、教育工作中有效发挥作用。

1995 年《中共中央、国务院关于加速科技进步的决定》指出，要真正从体制上解决科研机构重复设置、力量分散、科技与经济脱节的状况，加强企业技术开发力量，促进科技与经济的有机结合。1993 年《中国教育改革和发展纲要》也指出，“教育体制改革要采取综合配套、分步推进的方针，加快步伐，改革包得过多、统得过死的体制，初步建立起与社会主义市场经济体制和政治体制、科技体制相适应　的新体制”。教育体制改革，重点应放在办学体制改革、管理体制改革、招生和毕业生就业制度，教育经费投资体制改革等方面。当前问题的核心，是把上述要求真正落到实处。

三、加快教育事业发展，提高国民整体素质，是实施科教兴国战略的基础性工程

培养同现代化相适应的数以亿计高素质劳动者和数以千万计的专门人才，关系到科教兴国的全局。

第一，各级政府要确保基础教育和扫盲工作在教育事业发展中的基础性地位。普及九年义务教育是培养数以亿计高素质劳动者和数以千万计专门人才的奠基工程，关系到国民整体素质的提高，关系到社会主义精神文明和物质文明的建设。政府应在普及义务教育工作中担负起主要责任，当

前应通过设立中央专项基金和对口援助等方式，切实加强对农村、贫困地区、少数民族地区义务教育的支持力度。知识经济的时代需要高水平的基础教育，已经实现普九的地区要做好定期复查和巩固工作，不断提高质量。有条件的地区要进一步普及高中阶段教育。

第二，应采取多种形式，加快高等教育发展步伐，适应国家和社会的需求。面临市场经济发展对人才需求程度的日益增强，群众受教育的愿望普遍提高。一方面要通过体制改革和结构调整提高办学的整体效益，充分发挥现有普通高校的潜力；另一方面应充分利用高等教育自学考试、函授、夜大、电大、成人高校等多种高等教育形式以满足社会需要。

第三，应努力发展多种形式的职业技术教育，全面提高从业人员的文化和劳动技能素质，为第一线培养直接参与生产、管理的技术人员和各类实用人才。企业要依法在职业教育和企业职工中切实负起责任。

第四，我国教育的难点和重点都在农村，要加大农村教育综合改革的力度。农村教育要坚持“农科教结合”和“三教统筹”，推进燎原计划和星火计划、丰收计划的结合，把农村学校真正办成面向广大农村和农户传播科学技术和现代文明的重要基地，为当地建设服务。应拓宽专门人才通向农村的渠道。

第五，应大力发展成人教育，未来社会要求人们必须不断地学习新的知识和技能。目前应充分利用已有教育资源，逐步建立符合我国国情的现代终身教育体系。

四、加强科技和教育人才队伍建设，是科教兴国战略得以实现的重要保障

当前，我国科技、教师队伍的结构不尽合理，学科带头人紧缺，新老交替形势严峻；优秀专门人才流失严重，优秀拔尖人才尤为缺乏；相当部分的科研人员、学校教师的业务能力、创新精神和思想水平，与事业发展的要求存在着相当大的差距；科技人员和教师的待遇尤其是中青年骨干的待遇偏低，严重影响这两支队伍的稳定。

邓小平同志指出，“只有人才不断涌现，我们的事业才有希望”。“我们不仅要从思想上，而且要从工作制度上创造出有利于杰出人才涌现和成长的必要条件”。为此一是要采取坚决措施，加速培养造就一支结构合理、素

质优秀的科技和教育人才队伍。主要立足国内，同时采取措施，吸引海外优秀人才。当前，要抓住新老交替的契机，围绕学科建设、国家重点建设和重点科研项目，加快培养学科带头人与中、青年教师和科研骨干。二是应加强人事制度改革。要科学设岗，平等竞争，择优聘任，优胜劣汰，建立相对稳定的骨干层和出入有序的流动层相结合的队伍管理模式。随着国家对科技、教育投入的增加，应大力改善优秀人才的待遇。

第二十二章 进一步深化教育改革的指导思想和基本原则

第一节 面向21世纪教育改革的指导思想

1997年党的“十五大”的召开，标志着我国社会主义建设又进入了一个新的阶段。党中央提出为了实现“九五”和2010年国民经济和社会发展的各项奋斗目标，当前要努力实现两个具有全局意义的根本性转变，一是经济体制从传统的计划经济体制向社会主义市场经济体制转变，二是经济增长方式从粗放型向集约型转变。“十五大”还进一步提出了社会主义初级阶段各项工作的行动纲领，提出要努力造就数以亿计的高素质的劳动者和千百万计的专门技术人才。在此形势下，教育改革面临的任务十分艰巨。

在当前和今后一个历史时期，进一步推进教育改革，必须坚持以邓小平理论为指导，坚持实事求是的思想路线，从中国社会主义初级阶段的国情出发，科学地有组织、有步骤地实施。在战略上，要切实把教育改革发展摆在十分突出的优先地位，要把教育改革发展作为实施科教兴国战略的根本性基础加以重视；在步骤上，要循序渐进，因地制宜，分类指导，分类推进；在组织实施上，要把改革作为一个系统工程，实施综合改革；在方法上，要充分发挥和调动全社会的积极性，特别是要发挥好广大教育工作者的积极性。

教育改革的根本目的，是多出人才，快出人才。改革的实质是转变培养人才的方式，使之更加适应社会主义市场经济体制的需要。要正确处理好教育改革与发展的关系，以改革促发展；正确处理好数量与质量的关系，把质量放在更加重要的地位；还要正确处理好德育和智育的关系，更加重视人的道德与精神文明价值的培养。

第二节　面向21世纪教育改革的基本原则

一、方向性原则

第一，教育改革必须坚持社会主义方向，按照党和国家对教育工作和教育事业的发展与改革所提出的指导思想和指导方针办教育。培养什么人，怎样培养人的问题历来是教育的核心问题。教育改革必须坚持社会主义方向，也是党在社会主义初级阶段基本路线的要求。邓小平同志指出，中国搞的是社会主义现代化，如果只说四个现代化，却不讲社会主义，就离开了问题的本质，也就离开了中国的发展道路。邓小平同志在1992年南巡讲话中指出："不坚持社会主义，不改革开放，不发展经济，不改善人民生活，只能是死路一条。"① 教育改革必须坚持以马克思主义为指导。邓小平同志一贯强调，坚持马克思主义是我们各项事业胜利的根本保证。坚持用马克思主义指导教育改革，从根本上讲，是要以马克思主义的科学世界观和方法论指导我们的教育工作，以马克思主义经典作家所揭示的教育基本原理为基础，进一步探索有关教育发展和改革的具体规律，丰富和发展马克思主义的教育原理。

第二，教育改革必须坚持党的领导。邓小平同志十分重视党对社会主义各项事业的领导。他明确指出："从根本上说，没有党的领导，就没有现代中国的一切。"② "没有党的领导，也就不会有社会主义制度。"③ 在新形势下，坚持党对教育改革的领导，要求各级党的领导要充分重视教育事业发展与改革，不断加强各级教育部门和学校的党组织建设，充分发挥党组织的战斗堡垒作用。

第三，要坚持正确的政治方向，加强道德教育的改革，努力造就在德、智、体等各方面全面发展，有理想、有道德、有文化、有纪律的一代新人。

---

① 邓小平. 邓小平文选（第三卷）［M］. 北京：人民出版社，1993：370.

② 邓小平. 邓小平文选（1975—1982年）［M］. 北京：人民出版社，1983：230.

③ 同②：346.

要逐步建立适应现代化建设的道德教育体系、内容和方法；要正确处理好道德教育和政治教育的关系（新中国成立以来，相当一个时期人们模糊了政治教育与道德教育的界限）；要吸收人类社会道德遗产，特别要重视总结和吸收中华民族的优秀文化传统；要努力提高德育工作的针对性，不搞形式主义。

第四，必须树立全面发展与个性发展相统一的观念。必须彻底改革长期以来形成的“千校一面、万人一书”的办学模式，要正确认识全面发展的含义，不能用平均发展来代替全面发展。应当根据社会主义建设对人才的多种需要，促进学生个性的全面发展。

二、实效性原则

教育改革要讲求实效，要使教育改革在社会主义建设中真正能够促进社会生产力的发展，促进社会的全面进步。坚持这一原则，即是要通过改革充分实现教育的各种功能，使其更好地为提高民族素质服务。

教育改革应当促进生产力的发展，为生产力发展服务，这是社会主义本质所决定的。早在1980年，邓小平同志就指出：“根据我们自己的经验，讲社会主义，首先就要使生产力发展，这是主要的。只有这样，才能表明社会主义的优越性。”

教育改革的实效不仅在于能够促进社会生产力的发展，还在于要能够促进社会主义精神文明建设，促进社会的全面进步。邓小平同志指出：“我们要建设的社会主义国家，不但要有高度的物质文明，而且要有高度的精神文明。”[①] 在建设高度物质文明的同时，建设高度的社会主义精神文明，树立优秀的共产主义道德风尚，发展高尚的丰富多彩的文化生活，提高全民族的科学文化水平，这也是社会主义的本质特征和根本要求。党的十一届六中全会通过的《中共中央关于加强社会主义精神文明建设的决定》指出，社会主义精神文明建设的根本任务，是适应社会主义现代化建设的需要，培养有理想、有道德、有文化、有纪律的社会主义公民，提高整个中华民族的思想道德素质和科学文化素质。

贯彻实效性原则的要求是：第一，教育改革要更加自觉地服务于大力

① 中共中央文献研究室. 邓小平同志论教育［M］. 北京：人民教育出版社，1990：148－149.

发展社会生产力。邓小平同志对社会主义的重要本质是发展生产力的理论揭示，要求我们充分注意教育主要属于上层建筑，并且反作用于生产力发展这一特征，以使教育改革更加自觉地为经济改革和大力发展生产力服务。第二，要从我国的基本国情，特别是社会主义初级阶段的实际出发，在人才培养的规格上，要适应发展生产力的客观要求，并坚持政治与业务统一，德智体全面发展。第三，要根据邓小平同志关于“科学技术是第一生产力”、“建设现代化，科技是关键，教育是基础”的论断，重视现代科学教育和职业教育的发展和改革。这是我国教育的一个薄弱环节，也是现代化大生产对教育结构与内容改革的迫切需要。第四，要切实加强教育与生产劳动的相结合。虽然长期以来我们党都在提倡教育与生产劳动相结合，但从总体上看，解决的并不理想。应当切实贯彻邓小平同志的指示：“为了培养社会主义建设需要的合格的人才，必须认真研究在新的条件下，如何更好地贯彻教育与生产劳动相结合的方针。”① 第五，坚持实效性原则，要求在教育改革中绝不能搞形式主义、花架子。在教育改革发展的目标设计时，要从实际可能出发，确定切实可行的指标和措施。同时不能只看眼前的局部效益，而是要有长远的战略眼光，着眼于未来发展的需要。这也是教育事业实现社会效益周期长的特点所决定的。

三、平等性原则

通过教育改革，努力使全体公民不分民族、种族、性别、职业、财产状况、宗教信仰等，受到平等的教育，从而最广泛地提高广大劳动者的科学文化素质。这是我国社会主义本质的要求。邓小平同志关于建设有中国特色社会主义的理论认为，社会主义的本质特征除了大力发展生产力，另一个重要特征就是“消灭剥削，消灭两极分化，最终达到共同富裕。”② 邓小平同志的这一理论思想，不仅要求在大力发展生产力的基础上，促进经济上的人民共同富裕，同时还要求促进文化教育事业上人民的共同发展。

贯彻平等性原则的要求是：按照《宪法》和《教育法》关于“公民不分民族、种族、性别、职业、财产状况、宗教信仰等，依法享有平等的受教育机会”的精神，充分重视普及教育。实现人民的共同富裕和共同繁荣

---

① 中共中央文献研究室．邓小平同志论教育［M］．北京：人民教育出版社，1990：62－63.

② 邓小平．邓小平文选（第三卷）［M］．北京：人民出版社，1993：373.

的基本要求是促进教育的普及。普及义务教育是实现现代化的最重要基础。早在1958年，邓小平同志就指出："教育方面要解决的问题，主要是普及与提高的问题。""我们在什么时候都要坚持'两条腿走路'，做到在普及基础上的提高和在提高指导下的普及。"①

从我国普及义务教育的现状来看，数量的扩展十分重要，没有数量就不能保证教育机会的普及性、平等性，但同时质量问题更为重要，应该引起高度重视。普及义务教育，应在课程设置上适当引入职业技术教育的因素和内容，结合劳动技术课的讲授，使学生掌握基本的劳动技能和生产知识以及必要的生活本领。这是调动群众积极性的一个重要方面。

应当改革和完善现行义务教育制度，逐步实现免费制。免费性是义务教育制度的重要特征。尽早实现免费的义务教育，特别对农村和贫困地区来说，意义十分远大。为了确保义务教育的经费投入和尽早建立义务教育免费制度，还必须广泛吸收资金，逐步建立和完善以财政拨款为主、多渠道筹措义务教育经费的体制。

要重视在贫困弱势群体中普及教育。全国没有普及小学教育的县主要集中在少数民族地区和贫困地区。普及少数民族地区和贫困地区教育是我国当前和今后教育普及的重点和难点之一。

随着我国九年制义务教育规模的不断扩大，特殊儿童和女童的普及教育问题十分突出。我国现有大约600万名残疾儿童（7—15岁），这将是我国今后若干年实施九年制义务教育不可忽视的难点之一。消除男女性别教育机会的差别，必须提高广大妇女及女童的教育意识，使她们自觉参加普及教育，变歧视为扶持是教育改革的方向。

农村教育的发展，8亿农村人口素质的提高，直接决定着整个中华民族的素质。要完全改善有着8亿人口的农村的教育条件并提高其质量，还有待于整个社会的长期、不懈的共同努力和奋斗。

四、综合性原则

教育改革是一项复杂的系统工程，涉及教育外部、教育内部不同层次的各个方面，必须进行系统、全面、整体的改革。

① 中共中央文献研究室. 邓小平同志论教育［M］. 北京：人民教育出版社，1990：16.

十一届三中全会以来所进行的社会改革，是全方位的改革。早在 1978 年 10 月，邓小平同志就指出，实现社会主义现代化“是一场根本改革我国经济和技术落后面貌，进一步巩固无产阶级专政的伟大革命。这场革命既然要大幅度地改变目前落后的生产力，就必然要多方面地改变生产关系，改变上层建筑，改变工农业企业的管理方式和国家对工农业企业的管理方式，使之适应于现代化大经济的需要。”① 显然，当今中国改革的内容是广泛而又深刻的，是全方位的改革。也正因为如此，小平同志指出：“只有深化改革，而且是综合性的改革，才能保证 20 世纪内达到小康水平。”我国改革的全方位性要求教育改革也必须走综合改革之路。

教育内部的各项事业也都是相互联系的，而且这种联系往往是有规律的并构成完整的有机系统。这种系统性要求我们在教育的实践中坚持从整体性出发，把握整个系统的各个不同层次的动态结构，在实践中协调各个层次之间的关系，保证整个实践进程的顺利进行。

贯彻综合性原则的主要内容和要求是：第一，必须坚持教育改革为社会主义现代化建设服务，社会主义现代化建设必须依靠教育的指导思想。应当把教育改革置于社会政治、经济发展的全局中综合考虑，注意克服就教育论教育的弊端。第二，不能孤立地进行教育改革。教育改革要与社会政治、经济、科技、劳动人事制度等改革紧密结合起来，使之成为一个整体，统筹规划、协调进行。第三，要加强教育内部的综合改革。要从人、财、物的条件出发，对教育制度、教育内容、教育方法与技术，教育投资体制，师资队伍建设等各个方面全盘考虑，进行综合的改革。近年来，我国在农村教育综合改革方面探索了丰富的经验，如农科教结合、基础教育、职业教育、成人教育三教统筹等，已显示出强大的生命力，成为我国教育改革和整个农村改革的重要组成部分。实践证明，只有进行教育的综合改革，才能充分地发挥改革的功能。今后应当继续推进农村教育中基础教育、成人教育、职业教育的统筹，促进教育结构的优化，提高教育投资的效益。高等教育也要进一步加强与社会的联系，提高办学质量。

五、群众性原则

我党历来提倡一切为了群众一切依靠群众，从群众中来到群众中去的

---

① 邓小平. 邓小平文选（第二卷）［M］. 北京：人民出版社，1983：135.

群众路线。教育改革中要坚持党的群众路线，依靠群众的力量进行改革，并坚持改革为群众服务的思想。人民群众是我们党的力量源泉和胜利之本。长期以来，党和政府倡导的各项重大改革都是在广大群众的努力下顺利实现的。正如邓小平同志曾经指出："我们党提出的各项重大任务，没有一项不是依靠广大人民的艰苦努力来完成的。"① 依靠人民建设社会主义，是建设有中国特色社会主义理论的重要内容。

当前我国教育改革面临着艰巨任务，只有依靠人民群众，调动起广大人民群众，特别是广大教育工作者的积极性和创造性，才能实现。1993 年 2 月，中共中央、国务院印发的《中国教育改革和发展纲要》确定 20 世纪 90 年代教育发展的目标是：到 20 世纪末，要基本普及九年义务教育，基本扫除青壮年文盲；大力发展职业教育和成人教育；以提高教育质量和办学效益为重点发展高等教育。《纲要》还提出了深化教育改革的基本要求，即调整教育结构，把提高劳动者素质摆在突出位置；改革办学体制；改革教育管理体制；改革普通高等学校、普通高中、中等及中等以上各类职业学校招生、收费和毕业生就业制度；加强和改进学校德育工作，努力提高教育质量。上述目标及改革任务十分艰巨，面临的困难也是多方面的。没有广大群众的支持，尤其是广大教育工作者的努力，是难以实现的。

在教育改革中坚持群众性原则的主要内容和要求是，第一，从根本上讲，要继续坚持"人民教育人民办，办好教育为人民"这一指导思想。"人民教育人民办，办好教育为人民"的思想是广大教育工作者在实践中总结提出的，这一思想充分反映了党的群众路线，也是党全心全意为人民服务的宗旨在教育工作上的体现。这一思想的精神实质是，只有依靠人民才能办好教育，办好教育的根本目的是为了人民，两者相辅相成。这一思想充分表达了社会主义教育改革的出发点和落脚点，是立足于人民，体现了中国社会主义教育的本质特色。值得指出的是，有的同志狭隘地认为，"人民教育人民办"，只是让人民拿钱办教育，并以此来否定"人民教育人民办，办好教育为人民"的思想是不适当的。第二，是要激发广大群众关心教育改革、参与教育改革的热情。第三，是要放手发动群众，特别是教育战线的广大干部和教职员工，大胆开拓，勇于创新，不断探索具有中国特色的

① 邓小平．邓小平文选（第三卷）［M］．北京：人民出版社，1993：4.

教育改革路子。第四，要动员广大农民群众的积极性。邓小平同志多次指出：农民没有积极性，国家就发展不起来；依靠农民，调动农民积极性，关系国家发展大局。我们要充分发挥农民群众在改革农村教育中的积极作用，并提高广大农民的科学文化素质，推动农村的社会主义现代化。

六、依法保障性原则

教育改革必须逐步走依法保障的路子，在法制的保护下推动改革的进程。坚持依法保障性原则是社会主义法制建设的迫切要求。

贯彻依法保障性原则的主要内容和要求是：第一，要强化依法治教的思想观念，提高教育立法在整个教育工作中的地位；第二，要通过教育立法来确定和保证教育改革的基本方向，明确教育改革中的有关基本关系，规范教育权、受教育权以及与之相对应的权利和义务等；第三，要通过教育立法这一杠杆推动教育改革，实践证明，离开了法的支持，大规模的教育改革便不可能持久而成功地进行；第四，要通过教育立法来巩固教育改革的成果，从而使经过广大教育工作者在长期实践中探索和总结的宝贵经验规范化。

七、开放性与民族性相结合的原则

我国新时期的教育改革是在世界范围内教育改革大潮的背景下进行的，这便决定了它必须是开放型的，而不是封闭型的。在当今世界，随着科学技术和社会的迅速发展，国际间的交往越来越密切，任何一个国家都不可能再自我封闭，孤立存在，否则就要落后，失去生存和发展的机会。小平同志就指出："中国要谋求发展，摆脱贫困和落后，就必须开放"。需要强调的是，在改革开放的同时，还要坚持发扬本民族的优秀文化传统，不断完善和丰富中华民族教育的思想和内容，使之更加适应社会主义现代化的建设。

贯彻开放性与民族性相结合的原则的主要内容和要求是：第一，要注意了解和学习世界上科学技术发展的最新成果，吸收各国的一切先进的教育改革经验及其思想成果，并与我国教育改革的实践结合起来，努力做到"洋为中用"。第二，为了适应当前社会主义现代化建设的两个根本性转变，必须努力培养立足本国、放眼世界的新型合格人才。第三，要努力通过改革开放，对外宣传中华民族优秀文化传统，特别是在教育上的丰富遗产，要努力在与国际的交流中，取长补短，不断完善具有中国社会主义特色的教育。

八、科学性原则

教育的改革发展有其内在的规律。在教育改革过程中，要遵循教育改革和发展的内在规律，按照事物的规律办事。

贯彻科学性原则的内容和要求是：第一，要坚持教育改革决策的科学性。教育改革是创造性的实践活动。特别是我国“穷国办大教育”，即经济财力有限、受教育人口多，发展教育的任务重。这在宏观上就要求决策者不仅要有正确的理论指导，而且能够充分地考虑现实的条件，实事求是地确定改革的目标、任务。历史的经验教训表明，改革过程中最大的失误往往是决策性失误。保证决策科学性的一个重要方面是要科学地设计教育改革的方案。教育改革包含着广泛的内容，各个方面的改革都是通过具体的方案来实施的。因此，方案设计的科学性就十分重要。改革的方案必须在充分论证和进行试点的基础上进行设计。保证决策科学性的重要条件之一是决策的过程要民主化。

第二，要科学地组织实施改革方案并进行科学的评估检查。改革的方案一经确定，就需要切实地付诸实践，其组织实施的过程应当保持有效性、逻辑性、灵活性和创造性。邓小平同志一贯重视改革的“组织施工”。早在1985年党中央制定《关于教育体制改革的决定》的时候，邓小平同志就指出：“现在组织有了，蓝图有了，关键是要真正重视，组织好施工。”《中国教育改革和发展纲要》《中华人民共和国教育法》都进一步绘制了我国教育改革和发展的蓝图，设计了总体方案，“组织施工”仍然是关键。同时，应当客观地对改革方案实施的效果及时进行评估和检查，及时发现问题，纠正和完善改革的方案。

第三，教育和教学活动的组织及其方法要科学。要按照教学的规律和学生的身心发展特点组织教学活动，促进学生身心的健康全面发展。必须加强教育科学的研究。树立教育改革和教育事业发展必须依靠教育科研的观念，加强教育科研队伍的建设。

参考文献

［1］中国教育年鉴编辑部．中国教育年鉴［G］．北京：人民教育出版社，1949－1997．

［2］国家教育委员会政策法规司．十一届三中全会以来重要教育文献选编［G］．北京：教育科学出版社，1992．

［3］卓晴君．中国改革全书：教育改革卷（1978－1991）［G］．大连：大连出版社，1992．

［4］中国改革与发展报告专家组．中国改革与发展报告（1978－1994）［G］．北京：中国财政经济出版社，1978－1994．

［5］郑杭生．中国人民大学社会发展报告：1994－1995［R］．北京：中国人民大学出版社，1996．

［6］周贝隆．面向21世纪的中国教育——国情·需求·规划·对策［M］．北京：高等教育出版社，1990．

［7］翁杰明，等．中国发展状况与趋势（1996－1997）［M］．北京：中国社会出版社，1996．

［8］李守信，等．中国教育发展问题研究［M］．北京：中国计划出版社，1988．

［9］陆大道，等．中国区域发展报告［R］．北京：商务印书馆，1997．

［10］胡鞍钢，等．中国地区差距报告［R］．沈阳：辽宁人民出版社，1995．

［11］田慧生．中国教育的现代化［M］．昆明：云南人民出版社，1997．

［12］教育部办公厅，机关党委．邓小平理论指引下的中国教育二十年［M］．福州：福建教育出版社，1998．

［13］编者不详．教育改革重要文献选编［G］．北京：人民教育出版社，1986．

［14］瞿葆奎．中国教育改革［M］．北京：人民教育出版社，1991．

［15］袁振国．教育改革论［M］．南京：江苏教育出版社，1991．

［16］何东昌．中国农村教育综合改革的伟大实践［M］．北京：教育科学出版社，1993．

［17］吴德刚．中国全民教育问题研究［M］．北京：教育科学出版社，1998．

[18] 吴德刚. 中国义务教育 [M]. 西安：陕西人民教育出版社，1993.
[19] 吴德刚. 中国少数民族人才培养与教育问题研究 [M]. 西宁：青海人民出版社，1996.
[20] 吴德刚. 中国西藏教育改革发展的理论研究 [M]. 昆明：云南教育出版社，1995.
[21] 吴德刚. 中国农村教育综合改革回顾与展望 [M]. 北京：中央电大出版社，1999.

后　记

十一届三中全会以来，在党的路线、方针、政策指引下，在广大教育工作者的辛勤努力下，我国的教育改革不断深入。为了较为概括地反映改革开放20年来教育改革的历程，同时也是为了进一步研究在新的历史条件下教育改革的现状和趋势，我在大量文献基础上，结合自己工作实践的体会，编写了这本书，把它作为礼物献给关心我国教育改革的各位朋友，同时也献给共和国成立50周年。

作为一个综合性的研究报告，本书参考了许多专家、学者的研究成果，有的在书中作了注释，有些则未注明，在此一并表示衷心的感谢。

本书在策划、撰写过程中，许多专家和同事曾参与过讨论并提供了有价值的资料，有的还帮助审定了书稿，在此也深表感谢。这些专家和同事是：韦鹏飞先生、康宁女士、王卫国先生、王晓平博士、杨虹女士、王凤玲女士、马思援先生、段旻雯女士、杨祖湘先生、胡延品先生、王定华先生、陈海东先生、叶之红研究员、于兴国先生、李含荣先生、王永海先生……

由于工作变动的原因，该书的写作时间比原计划少了许多，错误和不足之处在所难免，敬请读者批评指正。

吴德刚

1999年7月于西藏拉萨

2010年11月改于北京

责任编辑　李　芳
版式设计　宗沅雅轩　孙欢欢
责任校对　曲凤玲
责任印制　曲凤玲

图书在版编目（CIP）数据

中国教育改革发展研究/吴德刚著．—北京：教育科学出版社，2010．12
（吴德刚中国教育问题研究系列）
ISBN 978－7－5041－5446－0

Ⅰ．①中…　Ⅱ．①吴…　Ⅲ．①教育改革—研究—中国②教育事业—发展—研究—中国　Ⅳ．①G521

中国版本图书馆 CIP 数据核字（2010）第 243463 号

出版发行　教育科学出版社

社　　址	北京·朝阳区安慧北里安园甲 9 号	市场部电话	010－64989009
邮　　编	100101	编辑部电话	010－64981232
传　　真	010－64891796	网　　址	http://www.esph.com.cn

经　　销	各地新华书店		
制　　作	北京大有图文信息有限公司		
印　　刷	保定市中画美凯印刷有限公司		
开　　本	169 毫米×239 毫米　16 开	版　　次	2011 年 1 月第 1 版
印　　张	18.75	印　　次	2011 年 1 月第 1 次印刷
字　　数	285 千	定　　价	41.00 元
